Schriften

des

Vereins für Socialpolitik.

129. Band. Zweiter Teil.

Gemeindebetriebe.

Neuere Versuche und Erfahrungen über die Ausdehnung der kommunalen Tätigkeit in Deutschland und im Ausland.

Zweiter Band.

Zweiter Teil.

Leipzig,
Verlag von Duncker & Humblot.
1909.

Die Gemeindebetriebe der Stadt Düsseldorf.

Von

Dr. Otto Most,

Direktor des Statistischen Amts der Stadt Düsseldorf.

Der Gemeindebetriebe zweiter Band. Zweiter Teil.

Mit einem Stadtplan und einer Situationsskizze.

Im Auftrag des Vereins für Socialpolitik

herausgegeben von

Carl Johannes Fuchs.

Leipzig,

Verlag von Duncker & Humblot.

1909.

Altenburg,
Piererſche Hofbuchdruckerei
Stephan Geibel & Co.

Inhaltsverzeichnis.

Berichtigung.

Auf S. 10 Zeile 19 von oben sind die beiden Ziffern 18 und 16 miteinander zu vertauschen.

Vorbemerkung.

Von Amtsgeschäften ständig stark in Anspruch genommen und durch Rücksichten auf den beschränkten Raum behindert, konnte der Verfasser der nachfolgenden Darstellung nicht überall die vielleicht wünschenswerte Breite und Tiefe geben. Immerhin war er, namentlich hinsichtlich der industriellen Anstalten, bestrebt, auch für weiter Zurückliegendes zu der bereits vorhandenen Literatur sowohl durch Ergebnisse des Aktenstudiums wie durch die Art der Behandlung neue Ergebnisse zu Tage zu fördern, die vielleicht im Rahmen dieser Veröffentlichung um so eher einen Platz beanspruchen dürfen, als Düsseldorf nach verschiedenen Richtungen hin als vorbildlicher Träger eines modernen deutschen „Munizipalindustrialismus" gelten darf.

Vornehmlich ist versucht worden darzulegen: Zunächst die Vorgeschichte und Begründung der Kommunalisierung und die wachsende Bedeutung der gemeindlichen Betriebe für die Allgemeinheit; zu zweit das Wesen und die Wandlungen der gemeindlichen Preis- und Tarifpolitik; drittens die Bedeutung der Gemeindebetriebe für die Ausdehnung der wirtschaftlichen und damit künftighin politischen Interessensphäre der Großstadt sowie viertens — last not least — für deren Finanzgebarung.

Um den organischen Zusammenhang zu bewahren, wurde dabei jedes Betriebsunternehmen unter Beobachtung dieser Richtlinien gesondert betrachtet; daß die innere Einheit trotzdem gewahrt ist, wird der Leser hoffentlich bemerken. Einige Hauptziffern und Hauptergebnisse für alle Betriebe gemeinsam finden sich zudem im „Schlußworte" noch besonders hervorgehoben. Der Zoologische Garten, der als einziger im Deutschen Reich rein städtisches Unternehmen ist, blieb im Einverständnis mit dem Herausgeber außerhalb der Bearbeitung.

Als Quellen dienten neben den städtischen Verwaltungsberichten und Etats der letzten 50 Jahre sowie Auskünften und Mitteilungen der betreffenden Verwaltungszweige für sämtliche Abschnitte außer Abschnitt VI, dem das erst jüngst erschienene Werk „Die Assanierung von Düsseldorf", herausgegeben von Theodor Weyl (Leipzig, 1908) zugrunde gelegt wurde, die betreffenden Akten; für die Genehmigung zu ihrer Benutzung schuldet der Verfasser Herrn Oberbürgermeister Marx besonderen Dank.

Für Abschnitt II, 1 leistete die Tübinger Inauguraldissertation von Sinner über „Die Düsseldorfer Straßenbahnen" (1906) mannigfache Dienste, während den sich daran anschließenden Abschnitt über den Hafen Herr Hafendirektor Zimmermann beigesteuert hat. Als dauernd wertvolle Hilfsmittel wurden schließlich die von Simonis[1] und Meydenbauer[2] redigierten Festschriften und das inhaltreiche Buch von Brandt „Studien zur Wirtschafts- und Verwaltungsgeschichte der Stadt Düsseldorf im 19. Jahrhundert" (Düsseldorf 1902) durchweg, sowie die ältere „Geschichte der Stadt Düsseldorf in 12 Abhandlungen" (Düsseldorf 1888) hier und dort verglichen, zu Rate gezogen und benutzt.

Die Darstellung schließt im allgemeinen ab mit den Ergebnissen des Verwaltungsjahres 1907 und der Haushaltsvoranschläge auf das Jahr 1908, doch haben auch die in der Zeit zwischen Niederschrift des Manuskriptes (Dezember 1908) uud Beendigung der Korrektur (Anfang April 1909) gefaßten Gemeindebeschlüsse betr. die Eingemeindung einer Reihe von Vororten noch gebührend Berücksichtigung finden können.

[1] Düsseldorf im Jahre 1898. Festschrift für die Teilnehmer an der 70. Versammlung deutscher Naturforscher und Ärzte. Düsseldorf 1898.

[2] Die Stadt Düsseldorf und ihre Verwaltung im Ausstellungsjahre 1902 Festschrift im Auftrage des Oberbürgermeisters, Düsseldorf 1902.

Der Verfasser.

I.

Die industriellen Werke.

1. Die städtischen Gaswerke.

a. Vorgeschichte, Gründung und Entwicklung.

In der städtischen Gasversorgung, dem ersten Industriezweige, welchen die Düsseldorfer Gemeindeverwaltung in eigene Regie genommen hat, hat diese den Privatbetrieb abgelöst, aber nicht in organischer Fortsetzung, sondern in der Gegenüberstellung eines völlig neuen Unternehmens. Die Geschichte ihrer ersten Jahrzehnte ist darum für die Beurteilung der Frage „Gemeinde- oder Privatbetrieb" von besonderem Interesse.

In Düsseldorf ist die Verwendung des Gases zur Straßenbeleuchtung mit zuerst unter den Städten des Kontinents in ernstliche Erwägung gezogen worden. Noch bevor in Hannover und Berlin als ersten deutschen Städten die Imperial-Kontinental-Gasassoziation ihre Gasfabrikation begonnen hatte, schlug im Jahre 1825 die Londoner European-International-Gascompany dem damaligen Oberbürgermeister von Fuchsius vor, die Stadt Düsseldorf in der bislang vorhandenen Laternenzahl — es waren deren 284 mit insgesamt 474 Lichtern — „mit Ölgas dergestalt zu beleuchten, daß die dadurch hervorzubringende Helle diejenige der gegenwärtig bestehenden Beleuchtung zweimal übersteige". Als Entschädigung forderte die Gesellschaft denselben Betrag, welchen die Ölbeleuchtung bisher erfordert hatte (1858 Taler jährlich), und für 12 Jahre das ausschließliche Recht, „Gasröhren unter den Straßen und Plätzen der Stadt hinzuleiten".

In sofortiger Erkenntnis der Bedeutung der neuen Lichtart, erklärte sich die Stadtverwaltung zur Annahme dieser Vorschläge bereit, aber finanzielle Schwierigkeiten, in welche die genannte Gesellschaft geriet, machten den Abschluß unmöglich.

Erst 20 Jahre später, nachdem man sich inzwischen mit der „verbesserten" Ölbeleuchtung eines Kölner Unternehmers beholfen hatte und andere benachbarte Städte, wie Aachen, Köln und das kleine Lennep bereits zur Gasstraßenbeleuchtung übergegangen waren, kam man auf das Projekt zurück, veranstaltete eine Submission zwecks Übernahme der städtischen Straßenbeleuchtung mit der Bedingung, daß diese mit Gas zu bewerkstelligen sei, und übertrug daraufhin am 20. Juni 1846 einer einheimischen Firma die öffentliche Beleuchtung auf 20 Jahre und für einen gleichen Zeitraum das ausschließliche Recht der Rohrlegung zur Gasabgabe an Private. Zunächst auf die Verwendung von Steinkohlengas verpflichtet, ging die Unternehmerin 2 Jahre später mit Genehmigung der Stadtverwaltung zu Ölgas über.

Die Vergütung für die Beleuchtung der Straßen und öffentlichen Gebäude wurde vertraglich auf $2\frac{22}{25}$ Pf. pro Flamme und Stunde, der Höchstpreis für den Privatkonsum auf $3\frac{3}{4}$ Pf. für den Kubikfuß, d. h. 121,13 Pf. pro cbm festgesetzt.

Trotz der unleugbaren Vorteile der neuen Beleuchtungsart wurde dieser Preis von vornherein in der Allgemeinheit als zu hoch empfunden und der Absatz blieb, auch nachdem in den 50er Jahren der Preis für Privatkonsum auf $2\frac{1}{2}$ Pf. pro Kubikfuß, d. h. 80,75 Pf. pro cbm ermäßigt und für die größeren Abnehmer eine Rabattierung zugestanden war, nur beschränkt. Mehrfach gelangten Eingaben aus der Bürgerschaft mit berechtigten Klagen über die Kostspieligkeit des Gases an die Stadtverwaltung; auch die Straßenbeleuchtung wurde nicht nur im Laufe der Vertragsdauer immer mangelhafter, sondern forderte auch verhältnismäßig ganz ansehnliche Beträge; so daß der Stadthaushaltsplan 1860 5360, für die letzten Jahre des Vertrages sogar 7400 Taler bei einer Abschlußsumme des Stadthaushaltsetats von insgesamt 200000 Taler hierfür vorsah. Infolgedessen beschloß die Stadtverordnetenversammlung vom 14. März 1863 die Gasbeleuchtung nach Ablauf des Vertrages *selbst zu übernehmen*. Die Vorschläge der bisherigen Vertragsfirma auf Verlängerung des Vertrages bis zum Jahre 1900 (!) unter Beibehaltung der bisherigen Sätze für die öffentliche Beleuchtung und Festlegung eines Maximalpreises für den Privatkonsum auf 2 Taler für 1000 Kubikfuß, d. h. 19,38 Pf. pro cbm Steinkohlengas wurde als indiskutabel abgelehnt, infolge der feindseligen Haltung der Gesellschaft auch auf das vertraglich ausbedungene Recht, die Gasfabrik und das Rohrnetz der Unternehmerin zu erwerben, verzichtet. Man beschloß vielmehr eine *völlig neue Anlage* zu errichten.

Schon beim Bau dieser ersten gewerblichen Gemeindeanstalt kam das bis heute vorherrschende Prinzip des Regiebaus in Anwendung: er erfolgte nicht, wie damals in fast allen anderen Städten, durch Unternehmer, sondern unter Leitung des künftigen Direktors. Die Erdarbeiten begannen am 28. August 1865, die regelmäßige Beleuchtung am 20. September 1866. Das gesamte Anlagekapital belief sich auf 1 259 782 Mk., das Röhrensystem hatte bei Inbetriebsetzung eine Gesamtlänge von 194 000 Fuß (= 60916 m), die Zahl der Straßenlaternen betrug 753 und die Leistungsfähigkeit war eine jährliche Erzeugung von 50—60 000 000 Kubikfuß = 1 547 000—1 857 000 cbm; doch war die Anlage, zunächst ausgerüstet mit zehn Retortenöfen, zwei Dampfkesseln und zwei Gasometern zu je 105 000 Kubikfuß = 3251 cbm, für eine Erhöhung der jährlichen Produktion auf rund 100 000 000 Kubikfuß = 3 095 900 cbm von vornherein eingerichtet.

Während, wie hervorgehoben, die Privatgasfabrik in den 20 Jahren ihres Monopols nur wenig an Absatzgebiet gewinnen konnte, nahm die Inanspruchnahme des gemeindlichen Gaswerks, das von Anfang an nur Steinkohlengas herstellte, rasch zu; 1867 wurde der Betrieb durch den Ankauf einer Privatgasanstalt[1] und Ausdehnung des Rohrnetzes auf die Außenbezirke wesentlich erweitert. Gleichzeitig ging man zur rationelleren Verwendung der Nebenprodukte über, und schon 1870 mußte ein dritter Gasometer eingestellt, 1873 aber eine zweite Gasbereitungsanstalt (in räumlichem Zusammenhange mit der ersten) gebaut werden. Die Leistungsfähigkeit der Gesamtanlage wurde dadurch mit nunmehr vier Gasometern auf 7 3/4 Millionen Kubikmeter, das Anlagekapital auf 2 222 665 Mk. erhöht.

Die Steigerung des Konsums hielt, wie Tabelle 1 deutlich macht, auch in den folgenden Zeiten der geschäftlichen Depression, unter der die Gasanstalten der meisten benachbarten Städte sichtbar zu leiden hatten, weiter an — nach einem städtischen Verwaltungsberichte jener Zeit ein Zeichen für die Gunst des Absatzgebiets und eine praktische Widerlegung der vielfachen seinerzeit gegen die Übernahme der Gasversorgung in städtische Regie geäußerten Bedenken, die in einer gutachtlichen Äußerung von sonst hervorragend sachverständiger Seite ihren prägnantesten Ausdruck dahin gefunden hatten, „daß die lokalen Verhältnisse der Stadt gar nicht derart sind, um die Möglichkeit eines solchen (sc. wie für die starke Vergrößerung des Konsums notwendigen) Aufschwunges des Verkehrs und der Industrie ernsthaft anzunehmen. Die Lage, Beschaffenheit und Tradition Düsseldorfs bestimmen es zum Aufenthaltsort einer mehr der idealen und gemütlichen

[1] Zwei kleinere Privatgasanstalten für eigenen Bedarf haben bald darnach ihre Tätigkeit eingestellt, so daß seitdem die städtische Anlage ein tatsächliches Monopol besitzt und ihr Versorgungsgebiet mit dem Stadtgebiet zusammentraf, bis es seit 1899 (vgl. Abschnitt c) sich über dessen Grenzen ausgedehnt hat.

Lebensweise huldigenden Bevölkerung, aber nicht zum Stapelplatz einer rein materielle Tendenzen verfolgenden Handels- und Industriewelt". —

Im Jahre 1888 war die Gasproduktion auf nahezu 7 000 000 cbm, d. h. auf fast das dreifache des Jahres 1869 gestiegen, und es wurde eine abermalige Erweiterung durch Errichtung eines völlig neuen Gaswerkes an der östlichen Peripherie (Flingern: vgl. den Stadtplan) vorgenommen. Die Wahl des Platzes war bedingt durch die bevorstehende Verlegung der Bahnhöfe und die fortschreitende Bebauung in der Gegend der alten Anstalt.

Das neue Werk wurde im Jahre 1890 in Betrieb gesetzt und arbeitete zunächst gemeinschaftlich mit dem alten Gaswerk, bis letzteres im Jahre 1898 außer Betrieb gesetzt wurde. In diesem Jahre übernahm die neue, inzwischen weiter ausgebaute Anstalt die gesamte Gasfabrikation; sie besitzt heute eine Leistungsfähigkeit von rund 30 000 000 cbm.

Die Produktionsentwicklung erhellt aus folgenden, der Tabelle 1 entnommenen Ziffern: Die Zahl der Privatkonsumenten betrug 1869 — 1987, 1. April 1908 — 18 857; Straßenlaternen waren vorhanden 1869 — 837, 1908 — 5521; die Rohrleitungen hatten 1869 eine Gesamtlänge von 229 097 Fuß, d. h. 71 936 m, 1908 von 452 996 m, die Jahreserzeugung umfaßte 1869 — 74 334 300 Kubikfuß, d. h. 2 298 417 cbm, 1907 — 28 369 400 cbm. Welchen Anteil an der starken Zunahme, namentlich trotz der Konkurrenz der Elektrizität während des letzten Jahrzehnts, die Verwendung des Gases zu anderen als Beleuchtungszwecken hat, erhellt daraus, daß von dem Gasverbrauch der Privatkonsumenten entfielen auf:

	Leuchtgas	Heiz- und Kochgas	Kraftgas
1887/88	4 301 344 cbm	236 104 cbm	
1897/98	6 118 083 „	4 907 007 „	
1907/08	11 172 671 „	11 909 137 cbm	1 337 270 cbm
Zunahme seit 1887	6 871 327 cbm	13 010 303 cbm	
In Prozent des Standes von 1887	159,75	5 510,41	

An Nebenprodukten

wurden gewonnen:

1869	4 535 650	kg	Koks,
	354 350	„	Teer und
	6 012,5	„	schwefelsaures Ammoniak;
1907	67 297 200	„	Koks,
	4 248 018	„	Teer und
	920 000	„	Ammoniak.

Tabelle 1. Betriebsentwicklung der städtischen Gaswerke zu Düsseldorf 1866 bis 1907.

Jahr	Einwohnerzahl der Stadt	Gasabgabe Privatkonsum cbm	Öffentliche Beleuchtung cbm	Selbstverbrauch und Verluste cbm	Insgesamt cbm	Zahl der Privatkonsumenten	Straßenflammen	Gesamtlänge der Röhrenleitungen m
1866	56 200						753	60 916
1867 (15⅓ Mon.)	58 500		2 210 040	207 954	2 417 994	1 764	772	69 394
1868	61 400		1 847 267	124 239	1 971 506	1 966	811	70 271
1869	63 300		2 138 540	159 877	2 298 417	1 987	837	71 936
1870	67 200	1 911 453	401 958	149 395	2 462 806	2 150	855	75 856
1871	68 800	2 180 654	427 272	186 491	2 794 417	2 276	871	79 364
1872	70 900	2 623 434	514 377	242 870	3 380 681	2 563	914	82 689
1873	73 700	3 016 703	571 792	292 971	3 881 466	2 688	966	94 583
1874	76 500	3 157 651	602 621	354 167	4 114 439	2 796	1 007	100 926
1875	79 400	3 157 876	661 782	465 152	4 284 810	2 859	1 062	104 757
1876	82 300	3 386 426	691 852	409 125	4 487 403	2 986	1 112	109 824
1877	85 100	3 608 677	724 526	321 188	4 654 391	3 004	1 132	111 895
1878	88 000	3 271 630	740 817	329 266	4 341 713	2 824	1 152	112 696
1879	91 100	3 107 097	838 323	237 511	4 182 931	2 782	1 162	114 100
1880	94 200	3 493 834	845 856	227 957	4 567 647	2 802	1 220	116 814
1881	97 600	3 694 837	857 600	343 705	4 896 142	2 846	1 261	119 775
1882	101 400	3 865 545	885 896	416 739	5 168 180	2 911	1 289	121 832
1883	105 300	4 175 662	910 341	415 958	5 501 961	2 937	1 324	124 213
1884	109 300	4 305 783	953 303	489 494	5 748 580	3 051	1 371	126 937
1885	113 500	4 200 710	966 982	503 190	5 670 882	3 112	1 413	130 373
1886	118 300	4 248 611	1 020 368	461 108	5 730 087	3 132	1 475	138 235
1887	123 800	4 537 448	1 065 963	484 789	6 088 200	3 236	1 564	144 798
1888	129 600	5 078 121	1 146 293	553 215	6 777 629	3 392	1 719	153 196
1889	135 600	5 507 615	1 295 145	572 451	7 375 211	3 512	1 9[illegible]3	163 154
1890	141 900	6 336 473	1 604 911	588 044	8 529 428	3 753	2 169	169 330
1891	148 000	6 923 433	1 675 420	739 709	9 338 562	4 064	2 448	183 332
1892	153 800	7 205 878	1 848 439	854 539	9 908 856	4 360	2 680	196 505
1893	159 200	7 079 378	1 885 256	837 082	9 801 716	4 566	2 885	208 217
1894	166 500	8 107 532	2 014 801	959 727	11 082 060	4 977	3 026	215 029
1895	173 000	9 031 820	2 129 835	1 137 295	12 298 950	5 792	3 274	230 201
1896	180 700	9 890 117	2 225 206	1 263 887	13 379 210	6 230	3 548	241 573
1897	190 000	11 025 090	1 985 728	1 357 672	14 368 490	6 936	3 798	257 246
1898	198 700	11 909 951	1 410 225	1 304 104	14 624 280	7 706	4 069	271 859
1899	204 200	13 252 081	1 421 647	1 326 172	15 999 900	8 406	4 332	285 667
1900	211 200	14 845 906	1 498 320	1 486 174	17 830 400	9 438	4 463	296 379
1901	220 450	15 282 481	1 563 520	1 513 299	18 359 300	10 46[illegible]	4 736	319 410
1902	225 100	17 267 903	1 832 758	1 715 939	20 816 600	11 569	4 576	343 376
1903	232 200	18 639 661	1 795 788	1 657 351	22 092 800	11 299	4 767	364 399
1904	240 600	19 969 815	2 017 621	1 709 464	23 696 900	14 660	5 010	382 880
1905	249 700	21 995 624	1 991 715	1 605 361	25 592 700	16 658	5 275	409 075
1906	259 400	23 870 202	2 036 390	1 770 208	27 676 800	17 552	5 398	435 431
1907	266 600	24 419 078	2 133 907	1 816 415	28 369 400	18 857	5 521	452 996

Da der Kohlenverbrauch in dem dazwischenliegenden Zeitraum von 7 745 500 kg auf 94 459 500 kg gestiegen ist, ergibt sich deren intensivere Ausnutzung wie folgt:

Auf je 100 kg vergaster Kohlen:	1869	1907
erzeugtes Gas cbm	29,72	30,03
gewonnener Koks kg . . .	79,60	71,24
„ Teer kg . . .	4,50	4,50
„ Ammoniak kg . .	0,78	0,97

b. Die Preise für den Konsum des Stadtgebietes[1].

Die Grundsätze der Preispolitik für Hauptprodukte einerseits und Nebenprodukte andererseits sind naturgemäß völlig verschieden, da letztere durch die Gestaltung der allgemeinen Marktlage, jene aber infolge des bestehenden örtlichen Monopols durch einseitige Festsetzung seitens der Stadtverwaltung bedingt werden, zudem auch einen nicht unwesentlichen Faktor der Konsumpolitik (d. h. der planmäßigen Bemühungen zur Erhöhung des Absatzes) darstellen.

Als die Stadtgemeinde die Gasversorgung in die Hand nahm, setzte sie den Preis vorläufig auf 2 Taler pro 1000 Kubikfuß, d. h. 19,38 Pf. pro cbm fest, d. h. also ebenso hoch, wie ihn die Privatgesellschaft in ihrem Antrag auf Konzessionserneuerung (S. 2) bis zum Jahre 1900 stipuliert zu haben wünschte.

Schon Anfang 1869 aber wurde angesichts des guten Ergebnisses der ersten beiden Geschäftsjahre beschlossen, „daß von den pro 1868 über die etatsmäßige Summe hinaus erzielten Betriebsüberschüssen 25 %, jedoch mindestens 5000 Taler und höchstens 10 000 Taler dem zu bildenden Reservefonds überwiesen, im Verhältnis des dann noch bleibenden Rests aber die Gaspreise für das Jahr 1869 ermäßigt werden". Infolgedessen erhob man vom 1. April 1869 ab nur noch 17 Pf. pro cbm unter gleichzeitiger Einführung eines Rabattsystems, dessen Sätze je nach Umfang des Konsums zwischen 4 und 25 % schwankten. Aber schon 1872 sah man sich, angesichts der erheblich gestiegenen Kohlenpreise (vgl. Tabelle 2) und Arbeitslöhne genötigt, den Normalpreis von 17 Pf. auf 20 Pf. zu erhöhen unter Gewährung eines Rabatts von 4 bis 20 % für Jahreskonsume von mehr als 3000 cbm.

Im städtischen Verwaltungsbericht des genannten Jahres wurde dazu bemerkt: „Durch diese Erhöhung werden die entstandenen Mehrausgaben

[1] Vergl. Tab. 2.

Tabelle 2. Preisentwicklung für Haupt- und Nebenprodukte der städtischen Gaswerke 1866 bis 1907.

Jahr	Kosten der Kohlen pro 100 kg Mk.	Abgabepreis des Gases im Privatkonsum			Verkaufspreis von		
		Leuchtgas pro cbm Pf.	Heiz- u. Kochgas pro cbm Pf.	Kraftgas pro cbm Pf.	Koks pro 100 kg Mk.	Teer pro 100 kg Mk.	Ammoniak pro 100 kg Mk.
1867 (15⅓ Mon.)	—	19,38	19,38	19,38	—	—	—
1868	—	19,38	19,38	19,38	1,08	2,60	0,25[1]
1869	—	17	17	17	1,05	3,25	19,80
1870	1,20	17	17	17	1,16	2,93	36,00
1871	1,31	17	17	17	1,40	2 45	36,00
1872	1,48	20	20	20	1,75	2,57	39,33
1873	2,21	20	20	20	2,23	3,28	35,46
1874	2,16	20	20	20	1,72	4,41	—
1875	1,42	20	20	20	1,54	4,24	—
1876	0,98	18	18	18	1,22	3,59	34,30
1877	0,87	18	18	18	—	—	—
1878	0,79	18	18	18	0,86	3,54	36,03
1879	0,76	18	18	18	0,99	3,42	35,09
1880	0,88	18	18	18	1,07	4,11	37,27
1881	0 90	18	18	18	0,94	4,70	38,35
1882	0,94	18	18	18	0 92	5,33	39,46
1883	1,00	18	18	18	0,91	5,76	33,70
1884	0,97	18	12	12	0,90	5,13	27,27
1885	0 97	18	12	12	0,94	3,85	23,67
1886	0,95	18	12	12	1,00	2,20	21,16
1887	0,95	16	8	8	0,98	1,90	23,14
1888	0,98	16	8	8	1,02	2,74	23,28
1889	1,13	16	8	8	1,27	3,62	24,59
1890	1,76	16	8	8	1,53	3,99	23,48
1891	1,62	16	8	8	1,31	4,21	21,56
1892	1,37	16	8	8	1,16	3,75	20,51
1893	1,20	16	8	8	1,04	3,11	21,70
1894	1,24	16	8	8	1,03	3,12	25,57
1895	1,27	16	8	8	1,08	3,06	19,71
1896	1,31	16	8	8	1,12	3,91	15,64
1897	1,28	16	8	8	1,16	3,91	15,86
1898	1,29	16	8	8	1,22	2 58	17,58
1899	1,32	16	8	8	1,25	2,43	20,02
1900	1,34	16	8	8	1,57	2,77	22,66
1901	1 47	16	8	8	1,50	2,72	21,62
1902	1,42	16	8	8	1,10	2 33	22,13
1903	1,42	16	8	8	1,02	2,69	23,29
1904	1,52	16	8	8	1,09	2,70	23,74
1905	1,35	16	8	8	1,16	2,49	24,48
1906	1,42	16	10	8	1,33	2,72	23,82
1907	1,52	16	10	8	1,54	2,68	23,28

[1] Ammoniakwasser.

nur teilweise aufgebracht und muß die Deckung des Restes von der höheren Einnahme aus dem Verkauf des Koks und aus dem gesteigerten Konsum erwartet werden."

In der zweiten Hälfte der 70er Jahre sanken die Kohlenpreise wieder erheblich; man setzte deshalb den Normalpreis 1876 auf 18 Pf. pro cbm herunter und erhöhte die Rabattsätze auf 5 bis 25 %, freilich mit der einige Jahre darauf erfolgenden Einschränkung, daß die höheren Sätze der Rabattskala nicht mehr wie bislang bis zum ersten Kubikmeter zurück, sondern nur bis zur nächst niedrigen Grenze in Anrechnung gebracht wurden.

Im Frühjahr 1883 wurden angesichts des zunehmenden Konsums, trotz stark gestiegener Kohlenpreise, die Rabattsätze wiederum erhöht (auf 10 bis 30 %), und am 1. Januar 1884 wurde, unter Beibehaltung des bisherigen Preises für Leuchtgas, derjenige für Koch-, Heiz- und Kraftgas auf 12 Pf. herabgesetzt. Nachdem dann seit 1886 die Kohlenpreise wieder etwas gesunken waren, trat am 1. Januar 1887 eine weitere Reduktion ein; gleichzeitig wurde freilich der Rabatt für Leuchtgas auf 1 bis 3,5 Pf. pro cbm vermindert, während für den Heiz- und Kraftgasverbrauch ein Rabatt von vornherein ausgeschlossen war. Um den Gaskonsum zu motorischen Zwecken, namentlich bei Kleingewerbetreibenden weiter zu fördern, wurde am 1. April 1887 der Preis für Kraft-, Heiz- und Kochgas auf 8 Pf. reduziert; doch haben die seitdem fortdauernd gestiegenen Kohlenpreise und Arbeitslöhne am 1. April 1906 wiederum eine Erhöhung des Preises für Heiz- und Kochgas auf 10 Pf. pro cbm erforderlich gemacht, vornehmlich mit Rücksicht darauf, daß die mit der Jahreszeit sehr ungleichmäßige Verwendung dieser Gasart das Rohrnetz besonders ungünstig beeinflußt und dessen fortdauernde Erweiterung notwendig macht. Der Kraftgaspreis blieb dagegen der alte[1], so daß heute der Normalpreis beträgt für:

1. Leuchtgas 16 Pf., vermindert bei einem Jahreskonsum von

über	3000	bis	20 000	cbm	um	1	Pf.	pro	cbm
„	20000	„	40 000	„	„	2	„	„	„
„	40000	„	70 000	„	„	2,5	„	„	„
„	70000	„	100 000	„	„	3	„	„	„
„	100000					3,5	„	„	„

2. Koch- und Heizgas . . . . . 10 „ (ohne Rabatt)
3. Kraftgas . . . . 8 „ „ „

[1] Für Kraftzwecke wird das Gas in erster Linie von Kleingewerbetreibenden verwendet; die 301 Konsumenten dieser Art unterhielten am 31. März 1908 309 Kraftmaschinen mit zusammen 1593 PS.

Etwas höher stellt sich der Preis für den Konsum durch Gasautomaten, nämlich auf 17 Pf. für Leuchtgas und 11 Pf. für Heizgas, was berechtigt ist angesichts des Umstandes, daß der Betrieb weit teurer ist wegen der durch die Kassenboten erforderlichen Kontrolle, der nicht seltenen Zerstörung der Automaten oder Unterschlagung der darin gesammelten Beträge usw., vor allem aber weil der Konsument für Miete und Aufstellung nichts zu zahlen hat, während bei den übrigen Verbrauchern die Gasmessermiete in früheren Jahren je nach Flammenzahl 4 bis 32 Mk., neuerdings 2 bis 25,20 Mk. jährlich beträgt.

In den ersten Jahren der Verwendung des Gases zu Heizzwecken gab die Gasanstalt zwecks Propaganda auch Gasherde, je nach Größe für 1,50 Mk. bis 2,00 Mk. monatlich zur Miete ab; die Nachfrage war zunächst rege, doch blieb sie dann, nachdem sich inzwischen eine leistungsfähige Privatinstallation entwickelt hatte, allmählich aus, und neuerdings findet eine Herdvermietung nicht mehr statt. Aus demselben Grunde hat das städtische Gaswerk 1905 aufgehört, Installationen im Inneren des Grundstückes auszuführen, nachdem sie schon Jahre zuvor auf ein Minimum reduziert worden waren.

Über die Schwankungen in den Preisen der Nebenprodukte im Vergleich zu den Kohlenpreisen unterrichtet ebenfalls Tabelle 2.

c) Die Gasversorgung der außerhalb des Stadtkreises gelegenen Gebiete.

Im letzten Jahrzehnt hat sich das Versorgungsgebiet der städtischen Gaswerke erheblich über die gemeindlichen Grenzen ausgedehnt.

Den Anfang machte die auf dem linken Rheinufer Düsseldorf gerade gegenüber gelegene Gemeinde Heerdt (1905: 10065 Einwohner). Als in den Jahren 1896 bis 1898 ein privates Konsortium, die spätere Rheinische Bahngesellschaft, Düsseldorf und Heerdt durch eine feste Rheinbrücke verband (vgl. den Stadtplan), schloß die Stadt Düsseldorf mit der Gesellschaft einen Vertrag ab, wonach das städtische Gaswerk die Versorgung der Gemeinde Heerdt unter folgenden Bedingungen übernahm:

Der Gaspreis beträgt einheitlich 10 Pf. pro cbm ab Hauptmesser am Heerdter Brückenkopf; die Weiterführung des Gases zu den Konsumenten ist Sache der Unternehmerin; der Vertrag läuft vom 1. Januar 1899 ab auf 30 Jahre mit der Maßgabe, daß für den Fall, daß die Gasentnahme aus den Düsseldorfer Werken vorzeitig eingestellt wird, die Gesellschaft eine Entschädigung von 3½ Pf. für jeden Kubikmeter Gas zu zahlen hat, der an dem jährlichen Durchschnittskonsum von 100 000 cbm für den bereits abgelaufenen Teil der Periode fehlt; die Gasabgabe erfolgt ferner nur solange, als die Entnahme von Gas und Wasser für das Gebiet der Gemeinde Heerdt ausschließlich aus den Werken der Stadt Düsseldorf erfolgt oder eine Entnahme von mindestens 200 000 cbm Gas garantiert bleibt; trifft keine dieser beiden Voraussetzungen mehr zu, so ist die Unternehmerin verpflichtet, die Rohrleitungen vom Beginn der Brücke auf der Düsseldorfer Seite ab sowie die Hauptmesser zu erwerben und der Stadt Düsseldorf die Kosten der zu erwerbenden Anlage abzüglich 2 % Amortisation pro Jahr zu erstatten; die Unternehmerin garantiert einen Mindestkonsum von 12 000 cbm und verpflichtet sich, von ihren Konsumenten keine höheren Preise als die in Düsseldorf erhobenen zu nehmen.

Die Gesellschaft ihrerseits schloß gleichzeitig mit der Gemeinde Heerdt entsprechende Verträge unter Wahrung des Monopols ab, jedoch ist letztere am 1. Juli 1907 unter Zustimmung der Stadt Düsseldorf in das Vertragsverhältnis anstelle der Gesellschaft getreten. Im Jahre 1907 wurden 873 665 cbm Gas an Heerdt abgegeben. Die Privatkonsumenten bezahlen für Leuchtgas in Oberkassel, dem Düsseldorf nächst gelegenen Teil der Gemeinde, 18 Pf., im übrigen 16 Pf., für Heiz- und Kochgas einheitlich 10 Pf. pro Kubikmeter.

Auf ähnlicher Grundlage bewegt sich der Vertrag, der im November 1901 mit der östlich von Düsseldorf gelegenen Gemeinde Erkrath (3000 Einwohner) abgeschlossen wurde. Auch hier führt Düsseldorf das Gas nur bis zur Stadtgrenze, ebenfalls unter Berechnung eines Einheitspreises für alle Verwendungsarten; er beträgt 12 Pf. pro Kubikmeter unter Gewährung der Hälfte des regulativmäßigen Rabatts. Der Vertrag läuft 20 Jahre, — für Erkrath unkündbar, für Düsseldorf unter Vorbehalt jederzeitiger Kündigung mit zweijähriger Frist — vom 1. Januar 1902 ab; während dieser Zeit darf die Gemeinde Erkrath weder Gas von anderer Seite beziehen, noch eine eigene Anstalt errichten oder durch andere errichten lassen. Die abnehmende Gemeinde garantiert einen Mindestverbrauch von jährlich 9000 cbm. Tatsächlich wurden 1907 111 975 cbm Gas nach Erkrath geliefert.

Schließlich übernahm die Stadt im Jahre 1906 in einem auf 15 Jahre und darnach auf unbestimmte Zeit abgeschlossenen Vertrage die ausschließliche Gasversorgung auch der südöstlich gelegenen Ortschaft Wersten (1905: 4573 Einwohner), ebenfalls unter Gewährung des Monopols, jedoch mit dem Unterschiede, daß während der ersten 15 Jahre nicht

Düsseldorf, sondern Wersten ein Kündigungsrecht mit einjähriger Frist sich vorbehielt; nach 15 Jahren sollte auch Düsseldorf dies Recht haben.

Für den Privatkonsum waren die für Düsseldorf selbst geltenden Bedingungen maßgebend, während das Kubikmeter Gas zu Straßenbeleuchtungszwecken für 10 Pf. ohne Rabatt zu liefern war. Die Leitung hatte die Stadt Düsseldorf auf eigene Kosten zu legen; im Falle der Kündigung durch Wersten sah der Vertrag den Ersatz der Herstellungskosten mit bestimmten Zuschlägen, im Falle der Kündigung durch Düsseldorf dagegen Entfernung der Leitung auf dessen Kosten vor.

Dieser Vertrag wurde jedoch bald hinfällig, da Wersten am 1. April 1908 in Düsseldorf eingemeindet wurde und seitdem in der gleichen Weise wie das alte Stadtgebiet versorgt wird. —

In allen diesen Fällen handelte es sich um die Neueinführung der Gasbeleuchtung durch die Düsseldorfer Gaswerke; anders verhält es sich mit den übrigen Teilen des heutigen Versorgungsgebiets außerhalb der Stadtgrenzen, in dem bereits ein Privatunternehmen zu diesem Zwecke bestanden hatte.

Am 6. Mai 1895 wurde die „Aktiengesellschaft Gas- und Elektrizitätswerke Gerresheim" gegründet und der Betrieb am 6. Oktober desselben Jahres eröffnet.

Laut besonderer auf 25 bezw. 46 Jahre lautender Verträge übernahm die Gesellschaft die ausschließliche Gasversorgung der Stadt Gerresheim (1905: 14434 Einwohner) sowie der Landgemeinden Eller (1905: 8120 Einwohner) und Ludenberg mit Morp und Vennhausen (1905: 3833 Einwohner).

Der Gaspreis wurde für Privatkonsumenten auf 18 Pf. unter Gewährung eines Rabatts von 5 bis 25 % je nach Höhe des Konsums für Leuchtgas, auf 12 Pf. ohne Rabatt für Heiz-, Koch- und Kraftgas festgesetzt. Die öffentliche Straßenbeleuchtung wurde nach bestimmten Sätzen pro Flamme und Brennstunde vergütet. Der Stadt Gerresheim wurde ferner „von demjenigen Reingewinn, der sich nach den gesetzmäßigen Abschreibungen, Verteilung der Tantiemen und der Dotierung des Reservefonds, Amortisationen über 7 % für das Anlage- und Betriebskapital (Hypotheken, Prioritäten) ergibt", die Hälfte, der Landgemeinde Eller ein Drittel als Interessenanteil zugesichert. Im Rechnungsjahre 1904/05 gaben die Werke insgesamt 622325 cbm Gas ab und konnten bei einem Reingewinn von 24026,87 Mk. 7 % Dividende verteilen.

Am 1. April 1906 ging das Vermögen der Aktiengesellschaft im Nennwert von 300000 Mk. zum Preise von 300 % als Ganzes unter

Ausschluß der Liquidation in den Besitz der Stadt Düsseldorf über und wird ihr Unternehmen seitdem von dieser betrieben. Mit Gerresheim und Ludenberg sind fürs erste die alten Lieferungsverträge bestehen geblieben; insbesondere erfolgt ihre Versorgung weiter durch die Gerresheimer Werke; mit Eller dagegen wurde Mitte 1908 ein Nachtragsvertrag geschlossen, wonach die Versorgung künftig von der Düsseldorfer Hauptanstalt aus erfolgt und worin die oben erwähnten Bestimmungen über den Gewinnanteil dahin abgeändert wurden, daß die Stadt Düsseldorf der Landgemeinde Eller für jedes in ihrem Gebiete an Privatpersonen abgegebene Kubikmeter Gas je 1 Pf. vergütet.

Die gesamte Gaserzeugung belief sich im ersten Jahre des Düsseldorfer Besitzes auf 779 250 cbm gegen 689 590 cbm im Jahre zuvor, im zweiten Jahre auf 852 812 cbm.

Der technische und wirtschaftliche Betrieb des Gaswerkes Gerresheim ist äußerlich, trotz Personal-Union in der Leitung, von demjenigen der städtischen Gaswerke getrennt. Die Bilanz schloß am 31. März 1908 mit 470 500,32 Mk. ab, das Gewinn- und Verlustkonto mit 63 554,14 Mk., der Reingewinn belief sich auf 40 527,60 Mk. gegen 34 460,64 Mk. im letzten Jahre des Privatbetriebs. Dieser Reingewinn wurde wie folgt verwandt:

5 % Reservefonds aus 40 527,60 Mk.	2026,38 Mk.
4 % Dividende aus 300 000 Mk.	12000,— „
15 % Tantieme	3975,18 „
3 % weitere Dividende	9000,— „
Stadt Gerresheim	4090,84 „
Gemeinde Eller	1336,65 „
Rest für die Stadt Düsseldorf	8098,55 „

Der der Stadt Düsseldorf zufließende Gewinn betrug demnach insgesamt 29 098,55 Mk. bei einem Anlagekapital von 950 738 Mk. —

Die Stadt Düsseldorf hatte hiernach die Gasversorgung aller im Kreise um ihr Gemeindegebiet herum gelagerten Ortschaften, hinsichtlich derer in kürzerer oder längerer Zeit die Frage der Eingemeindung spruchreif werden konnte, mit Ausnahme der nördlich gelegenen Ortschaften L o h a u s e n - S t o c k u m (1905: 1676 Einwohner), das zur Zeit noch ohne Gasversorgung ist, und des Dorfes R a t h, in dem ein privates Werk das Monopol besitzt. Der Beschluß der Düsseldorfer Stadtverordnetenversammlung vom 6. März 1906 „den Herrn Oberbürgermeister zu ermächtigen, der Aktiengesellschaft Gas- und Elektrizitätswerke in Rath ein Angebot auf Übernahme ihres Vermögens als Ganzes unter Ausschluß der Liquidation unter bestmöglichsten Bedingungen und zu einem ihm angemessenen Preis zu machen", wurde zwar befolgt, führte aber zunächst nicht zum Ziele, da ein entsprechendes Angebot in der Generalversammlung der Aktiengesellschaft vom 31. März 1906 abgelehnt wurde. Erst im März 1909 konnte der Ankauf zum Preise von 240 000 Mk. (gleich dem Nennwerte der Aktien) vorgenommen werden.

Inzwischen ist auch die Eingemeindung sämtlicher vorerwähnter Ortschaften (mit Ausnahme Erkraths und einiger kleiner Parzellen) beschlossen worden, nach deren Vollzug die Lieferungsbedingungen in den neuen Stadtteilen die gleichen wie in Alt-Düsseldorf sein werden.

d. Finanzielles.

Die städtischen Gaswerke haben vom ersten Jahre ihres Bestehens ab einen Gewinn erzielt. Die Art seiner Verwendung ist jedoch nicht immer die gleiche gewesen.

Während der Reingewinn des Jahres 1866/67 zur Amortisation des Anlagekapitals mit verwandt wurde, trat schon für 1868 jener oben erwähnte Beschluß in Kraft, wonach er teils zur Bildung eines Reservefonds, teils zur Reduktion der Gaspreise verwandt werden sollte. Infolgedessen wurde, wie ebenfalls schon mitgeteilt, der Gaspreis vom 1. April 1869 ab unter diesen Gesichtspunkten reduziert und in den Jahren 1869/70 ein Reservefonds von insgesamt 30 000 Mk. gebildet. Schon im Jahre darauf aber wurde dieser Reservefonds wieder aufgelöst, sein Betrag zur Amortisation verwendet und der gesamte Reingewinn der Stadtkasse zugeführt. Im Haushaltsvoranschlag erscheint ein Posten „Gewinn der Gasanstalt" im Etat der Stadtkasse zum ersten Male für 1874 mit 15 000 Mk. Angesichts der günstigen Entwicklung des Betriebs konnte dieser Betrag aber schnell erhöht werden. Schon der Etat von 1876 stellt bei 1 585 000 Mk. Gesamteinnahme der Stadtkasse 137 000 Mk. als zu erwartende Abführung der Gasanstalt ein.

Vom Rechnungsjahre 1877 ab wird das Verfahren dahin abgeändert, daß der, den etatsmäßigen Ansatz übersteigende Reingewinn nicht mehr zur Stadtkasse fließt, sondern zur außerordentlichen Abschreibung verwandt wird; am 31. März 1878 wurden demnach von dem Gewinn des vorausgegangenen Jahres in Höhe von 178 649 Mk. 146 300 Mk. gemäß dem Etatsansatze der Stadtkasse überwiesen, 32 349 Mk. aber zur außerordentlichen Abschreibung verwandt. 1885 schließlich wurde der heute noch geltende Grundsatz aufgestellt, daß von diesen überschießenden Gewinnbeträgen nur die Hälfte außerordentlichen Abschreibungen, die andere Hälfte aber außerordentlichen Aufwendungen der Stadtkasse dient.

Städtische Gasanstalt Düsseldorf.

Soll. **Bilanzkonto 1907.** **Haben.**

Soll	Mk.	Pf.	Mk.	Pf.
An Baukonto				
Grundstücke	683 604	40		
Gebäude	943 763	20		
Gasbehälter	433 762	68		
Retortenöfen	661 340	—		
Apparate	756 602	89		
Eisenbahnanschluß, Hof- und Wegeanlagen	146 997	86		
Rohrleitung	783 482	07		
Gasmesserkonto	317 360	76	4 726 913	86
„ Versuchsapparatekonto			3	—
„ Mobilarkonto			3	—
„ Kapitalkonto des Wasserwerks			630 000	—
„ Kokskonto			25 230	—
„ Teerkonto			57 600	—
„ Ammoniakkonto			32 665	—
„ Gasabgabekonto			7 231	—
„ Gaskohlenkonto			134 368	—
„ Konto der öffentlichen Beleuchtung			3	—
„ Erweiterung der Röhrenleitung			68 867	71
„ Kassakonto			489 766	12
„ Betriebsutensilien- u. Unkostenkonto			3	—
„ Öfenunterhaltungskonto			3	—
„ Hausanschluß- u. Magazinkonto			16 269	43
„ Effektenkonto			126 091	87
„ Gaswerk Gerresheim-Anlagewert			950 738	03
„ Kapitalkonto des Elektrizitätswerkes			1 500 000	—
„ Dampfmaschinenbetriebskonto			4 340	—
„ Gasmesser-Mietekonto			192	40
„ Gaskonsumentenkonto			17 382	85
„ Diverse Debitoren			12 735	18
			8 800 406	45

Haben	Mk.	Pf.
Per Stadtkassenkonto	3 703 681	40
„ Sparkassenkonto	2 903 942	55
„ Kapitalkonto der Straßenbahn	1 705 000	—
„ Kapitalkonto Gerresheim	51 000	—
„ Gewinn- u. Verlustkonto	436 782	50
	8 800 406	45

Städtische Gasanstalt Düsseldorf.

Soll. Gewinn- und Verlustkonto 1907. Haben.

Soll	Mk.	Pf.	Mk.	Pf.
Rabattkonto			30 439	19
Retortenfeuerungskonto			147 879	—
Gehaltskonto			77 481	22
Pensionskonto			4 548	37
Dampfmaschinenbetriebskonto			49 511	45
Gaskohlenkonto			1 517 628	96
Öfenunterhaltungskonto			42 295	40
Betriebsarbeiter-Lohnkonto			199 977	73
Generalunkostenkonto			51 119	08
Wasser-, Stromverbrauch, Heizung und Beleuchtung des Betriebs			60 175	90
Utensilien u. Unkosten d. Betriebs			69 225	05
Reinigungsmaterialkonto			23 110	08
Grundstücks- u. Gebäude-Unterhaltungskonto			25 390	84
Apparate-Unterhaltungskonto			23 158	19
Rohrleitungs-Unterhaltungskonto			13 452	03
Konto der öffentlichen Beleuchtung				
Aufstellung von Laternen	10 675	28		
Unterhaltung " "	141 520	73		
Gaskonsum	147 086	10	299 282	11
Zinsenkonto			238 124	83
Stadtkassenkonto, etatsmäßige Abführung an die Stadtkasse			780 000[1]	—
Baukonto, etatsm. Abschreibungen:				
äude 3% v. Mk. 1 271 958,75	38 158	76		
behälter 6% v. Mk. 625 412,13	37 524	73		
rtenöfen 10% v. Mk. 719 600,—	71 960	—		
arate 10% v. Mk. 877 731,06	87 773	11		
nbahnanschluß, u. Wegeanlage 6% v. Mk. 232 250,52	13 935	03		
rleitung 4% v. Mk. 333 010,63	13 320	43		
messer 12½% v. Mk. 231 558,45	28 944	81	291 616	87
Baukonto, Rohrleitung, außerordentl. Abschreibung			100 000	—
Gasmesser-Mietekonto			145	10
Gaskonsumentenkonto			6 370	83
Diverse Debitoren			293	55
Bilanzkonto			436 782	50
			4 488 008	28

Haben	Mk.	Pf.
Per Pächtekonto	10 000	—
" Gasabgabekonto	3 195 677	58
" Ferrocyankonto	13 028	40
" Kokskonto	877 215	83
" Teerkonto	104 101	64
" Ammoniakkonto	168 014	07
" Hausanschluß- u. Magazinkonto	15 313	56
" Gasmesserunterhaltungskonto	64 637	68
" Kapitalkonto Gerresheim	32 191	02
" Effektenkonto	7 828	50
	4 488 008	28

Laut Beschluß der Stadtverordnetenversammlung vom 28. Juli 1908 wurde die Hälfte des schusses von 436 782,50 Mk. = 278 391,25 Mk. der Stadtkasse überwiesen, die andere Hälfte zu Erweiterungen des Gaswerkes und zu Abschreibungen verwendet werden.

[1] Davon 25 000 Mk. Beitrag zu den Verwaltungskosten und 75 000 Mk. für die Tief-

Was die Betriebsausgaben auf Gasproduktionskonto

	1907 (28 369 900 cbm) im ganzen	1907 auf 1000 cbm erzeugtes Gas	1906 (27 699 900 cbm) im ganzen	1906 auf 1000 cbm erzeugtes Gas
	Mk.	Mk.	Mk.	Mk.
An Gaskohlen	1 517 628,96	53,49	1 385 630,15	50,02
„ Unterfeuerung der Öfen	147 879,00	5 21	141 334,60	5,10
„ Betriebsarbeiterlöhne	199 977,73	7,05	204 069,39	7,37
„ Unterhaltung der Gasöfen	42 295,40	1,49	41 201,45	1,49
„ Reinigung des Gases	23 110,08	0,81	20 360,27	0,73
„ Wasserverbrauch, Stromverbrauch, Heizung u. Beleuchtung des Betriebes	60 175,90	2,12	} 121 734,57	4,39
„ Betriebsutensilien und Unkosten	69 225,05	2 44		
„ Dampfmaschinenbetrieb	49 511,45	1,75	38 482,00	1,39
„ Unterhaltung d. Grundstücke und Gebäude	25 390,84	0,90	} 30 332,20	1,10
„ Unterhaltung d. Apparate	23 158,19	0,82		
„ Unterhaltung der Rohrleitungen	13 452,03	0,47	14 500,12	0,52
„ Gehälter	77 481,22	2,73	57 211,84	2,07
„ Pensionen	4 548,37	0,16	12 866,32	0,46
„ Generalunkosten	51 119,08	1,80	77 999,94	2,82
Summe	2 304 953,30	81,24	2 145 722,85	77,46

Die Reineinnahmen für die

Für Koks	877 215,83	30,92	786 105,56	28,38
„ Teer	104 101,64	3,67	100 690,44	3,63
„ Ammoniak	168 014,07	5 92	152 773,65	5,52
„ Verschiedenes	13 028,40	0,46	9 009,00	0,32
Summe	1 162 359,94	40,97	1 048 578,65	37,85

Die Reineinnahme für das Kubikmeter Gas betrug im Durchschnitt des Gesamtverbrauchs für Leucht-, Heiz-, Koch- und Kraftzwecke nach Abzug der Rabatte:

1898	11,89 Pf.	1903	11,39 Pf.
1899	11,71 „	1904	11,36 „
1900	11,54 „	1905	11,24 „
1901	11,46 „	1906	12,30 „
1902	11,39 „	1907	12,22 „

im besondern anlangt, so betrugen diese:

1905 (25 588 200 cbm) im ganzen	1905 auf 1000 cbm erzeugtes Gas	1904 (23 723 200 cbm) im ganzen	1904 auf 1000 cbm erzeugtes Gas	1903 (22 052 700 cbm) im ganzen	1903 auf 1000 cbm erzeugtes Gas
Mk.	Mk.	Mk.	Mk.	Mk.	Mk.
1 221 261,06	47,73	1 205 064,30	50,80	1 030 437,24	46,73
133 376,10	5,21	117 897,00	4,97	108 427,00	4,91
168 544,02	6,59	155 892,82	6,57	133 845,44	6,07
34 938,97	1,36	50 651,51	2,13	31 703,95	1,44
19 727,22	0,77	18 158,98	0,77	15 615,49	0,71
112 963,99	4,41	105 926,17	4,47	77 381,90	3,51
37 142,87	1,45	30 117,78	1,27	24 925,31	1,13
23 469,93	0,92	18 796 47	0,79	11 748,85	0,53
17 115,96	0,67	12 431,02	0,52	12 117,71	0,55
55,483,39	2,17	} 61 263,99	2,58	55 580,10	2,52
12,751,48	0,50				
80 771,90	3,16	76 749,32	3,24	68 474,93	3,10
1 917 546,89	74,94	1 852 949,36	78,11	1 570 257,92	71,20

gewonnenen Nebenprodukte betrugen:

662 385,82	25,88	539 287,36	22,73	468 134,50	21,23
91 274,50	3,57	86 965,24	3,67	87 911,72	3,99
157 118,91	6,14	139 119,59	5,86	128 326,41	5,82
9 754,95	0.38	5 452,79	0,23	12 903,00	0,58
920 534,18	35,97	770 824,98	32,49	697 275,63	31,62

Die Selbstkosten der kostenfrei erfolgenden Straßenbeleuchtung betrugen:

für Gas	147 086,10	Mk.
für Bedienung und Unterhaltung der Laternen .	141 520,73	„
für Aufstellen von Laternen	10 675,28	„
insgesamt	299 282,11	Mk.

Das Gesamtanlagekapital betrug am 1. April 1908: 14 925 243 Mk., der Buchwert 4 726 914 Mk., der Feuerversicherungswert für Mobilien 506 200 Mk., für Immobilien einschließlich Maschinen 5 569 700 Mk.

Die etatsmäßige Abführung an die Stadtkasse betrug 1880 bis 1893 je 150 000 Mk. und ist von da ab mit Vergrößerung des Betriebs und Anwachsen der kommunalen Aufgaben auf dem Gebiete der allgemeinen Wohlfahrtspflege allmählich bis auf 680 000 Mk. im Rechnungsjahre 1908 gestiegen.

Hieraus und aus der unter c mitgeteilten Geschichte der Preispolitik ergibt sich als Leitgedanke für die Verwendung des Gewinns aus den städtischen Gaswerken, daß diese nicht dazu verwendet werden, die Konsumpreise unter ein bei den heutigen Verhältnissen als normal anzusehendes Niveau sinken zu lassen, sondern einerseits angesichts der technischen Eigenart der Gasproduktion zu entsprechend hohen Abschreibungen und anderseits dazu, der Stadtgemeinde zur Durchführung ihrer allgemeinen Kulturaufgaben Mittel zur Verfügung zu stellen, die sonst nur durch Anziehen der Steuerschraube zu schaffen wären.

Im übrigen leistet das Gaswerk, wie aus der Gewinn- und Verlustrechnung ersichtlich, noch einen Beitrag zu den allgemeinen Verwaltungskosten (z. Zt. 25 000 Mk.) und ersetzt mit 75 000 Mk. der Tiefbauverwaltung die Kosten für die durch das Gasrohrnetz verursachten Tiefbauarbeiten.

Einzelheiten über die allgemeine Finanzgebarung der städtischen Gaswerke sind den vorstehend abgedruckten Übersichten (Gewinn- und Verlustkonto 1907 und Bilanzkonto 1907) zu entnehmen.

2. Das städtische Wasserwerk.

a. Vorgeschichte, Gründung und Entwicklung.

Das städtische Wasserwerk in Düsseldorf ist nur wenige Jahre jünger als die Gasanstalt und damit eines der ältesten Werke Deutschlands. Von den Städten der Rheinprovinz kann nur das städtische Wasserwerk in Essen auf eine um einige Jahre (Inbetriebsetzung 1856) längeren Betrieb zurückblicken. Während aber hier schon jahrhundertelang eine künstliche städtische Wasserzuleitung vordem tätig gewesen war und deren Ersetzung durch ein städtisches Wasserwerk im wesentlichen durch Wassermangel verhältnismäßig früh zwingend notwendig wurde, führten in Düsseldorf in erster Linie Bedenken über die Beschaffenheit des bislang benutzten Wassers, insbesondere nach der hygienischen Seite hin, dazu. Um die Mitte des Jahrhunderts, wo mehrfach Epidemien um sich griffen, die bei einigermaßen einwandfreier Beschaffenheit des Trinkwassers auch nicht entfernt gleichen Umfang hätten annehmen können, wollten die Klagen in der Öffentlichkeit nicht wieder verstummen.

Nach umfänglichen Vorerörterungen im Schoße der städtischen Verwaltung trat die Stadtverordnetenversammlung zum ersten Male im September 1865 der Angelegenheit näher, indem sie eine Kommission zum Studium von Kosten, Leistungsfähigkeit und Rentabilität der bereits vorhandenen Werke einsetzte.

Gleichzeitig wurde mit mehreren Privatunternehmern unverbindlich in Verhandlung getreten, in deren Verlauf der als Erbauer einer ganzen Reihe von Wasserwerken bekannte Oberbaurat Moore der Stadt das Anerbieten machte, das Werk mit etwa 900 000 Mk. Anlagekapital zu bauen und darnach von der Stadt gegen eine jährliche Pacht von 5 $^1/_2$ % des Anlagekapitals unter 25 jähriger Vertragsdauer zu übernehmen. Dies Angebot wurde aber abgelehnt, weil, wie es in der Druckschrift des Oberbürgermeisters Hammers von 1866 heißt, „schon der ärmeren Klassen wegen die Herbeischaffung eines so unentbehrlichen Bedürfnisses nicht an Private überlassen, sondern seitens der Gemeinde dafür gesorgt werden solle. Für diese sei die Herbeischaffung des für den persönlichen und wirtschaftlichen Bedarf ihrer Mitglieder sowie für die allgemeinen kommunalen Zwecke nötigen Trink- und Nutzwassers eine der vorzüglichsten in ihren natürlichen Wirkungskreis fallenden Aufgaben."

Die Bürgerschaft nahm an dem Projekt regsten Anteil, wie aus zahlreichen mehr oder weniger umfassenden Preßveröffentlichungen jener Tage hervorgeht; die königliche Regierung griff ebenfalls fördernd ein, indem sie in ihrer Verfügung vom 12. Juli 1867 hervorhob, daß „der Staub, die Exhalationen der Ruinen und Moräste fast unerträglich seien und die Frage um so dringender werde, als noch im November 1866 mehrere öffentliche städtische Brunnen wegen der zunehmenden Choleragefahr hätten gesperrt werden müssen."

Wenn es in dieser Verfügung dann freilich unter Hinweis auf die bereits getätigten Verhandlungen weiter hieß: „Es ist nicht denkbar, daß die Vertretung der Stadt das äußerst günstige Anerbieten Moores von der Hand weisen könnte", betonte die Stadtverordnetenversammlung demgegenüber erneut, daß, so günstig der Vertrag auf den ersten Blick erscheine, alle Erfahrungen doch dahin übereinstimmten, daß Wasserwerke, „sollten sie wirklich gemeinnützig sein, von den Stadtverwaltungen selbst verwaltet werden müßten." Allerdings erwog man zunächst, ob es nicht zwecks Herabminderung des Risikos empfehlenswert sei, wenigstens eine Beteiligung von Privatkapital, dem dann in beschränktem Maße freilich wohl auch ein Einfluß auf die Verwaltung zu gewähren sein würde, zuzulassen; doch ging man späterhin auch hiervon ab.

Entscheidend für die schließliche Akzeptierung des reinen Kommunalprinzips war neben den Erwägungen allgemeiner Art die Überlegung, „daß der Selbstverbrauch einer Stadt einen erheblichen Teil des ganzen Wasserverbrauchs bilde, wofür ihr alsdann nur der Selbstkostenpreis zur Last falle", und wie es außerdem „aus sanitären Rücksichten und zum Zwecke der Feuerlöschung allein schon wichtig sei, daß die Stadt stets über ein genügendes Quantum Wasser zu verfügen habe, ohne von dritten, durch andere Rücksichten geleiteten Personen, abhängig zu sein".

Nachdem, um einen Anhalt für den mutmaßlichen Konsum zu gewinnen, mehrere Aufrufe veranlaßt worden waren und vielseitigen Anklang gefunden hatten, beschloß die Stadtverordnetenversammlung am 23. Juni 1866 den Bau und den Betrieb eines Wasserwerks als städtischer Anstalt unter der Bedingung, daß eine Rentabilität von mindestens 3 % jährlich schon während der ersten drei Betriebsjahre garantiert werden würde. Nachdem dieser Nachweis in außerordentlich eingehender Berechnung erbracht zu sein schien (vgl. Unterabschnitt d), folgte ein vorbehaltloser Beschluß am 6. Oktober 1868. Im Jahre darauf wurde zur Deckung der Kosten eine Anleihe von 780 000 Mk. in 5 prozentigen Stadtobligationen aufgenommen.

Der Bau selbst begann am 15. Mai 1869 und wurde so gefördert, daß schon am 1. April 1870 der partielle, am 1. Mai 1870 der volle Betrieb der ganzen Anlage eröffnet werden konnte.

Als geeigneter Platz für die Anlage war ein etwa 3 km südlich von der Stadt gelegenes Terrain, durchschnittlich 10 m über dem Nullpunkt des Rheinpegels gewählt worden, nachdem die Prüfung ein mächtiges, grobstückiges Kieslager von einer Tiefe bis zu 24 m und die eingehende Wasseruntersuchung nach Menge und Beschaffenheit vorzügliche Resultate ergeben hatte. Das Pumpwerk wurde mit einer Leistungsfähigkeit von 8808 cbm in 24 Stunden und 2 Corliß-Dampfmaschinen ausgerüstet; die Hauptrohrleitung umfaßte bei Inbetriebsetzung von der Pumpstation bis zum Eintritt in die Stadt 2860 m, von da bis zum Austritt aus der Stadt 3520 und von da bis zum Hochreservoir auf dem Grafenberg (vgl. den Stadtplan) 3670 m, insgesamt 10 050 m, wozu noch die Ableitungsrohre mit einer Länge von 30 000 m hinzukommen. Das ursprüngliche Anlagekapital betrug 299 000 Taler.

Anders wie in der ersten Periode der von privater Seite betriebenen Gasversorgung, fand die kommunale Wasserversorgung sofort Anklang und gewann schnell Verbreitung. Die Zahl der Konsumenten betrug am

1. Juli 1870: 218, am 1. Januar 1871: 416, am 1. Juli 1871: 543 und am 1. Dezember 1871 bereits 707. Schon 1871 und 1872 mußten daher zwei weitere Brunnen abgeteuft werden. 1874 war der Konsum bereits so gestiegen (vgl. Tabelle 3), daß gleichzeitig auch zwecks größerer Sicherheit der Wasserversorgung ein zweiter Hauptrohrstrang von der Pumpstation nach dem Hochbassin gelegt und der Bau eines zweiten Pumpwerks ausgeführt werden mußte.

Von 1876 an etwa nahmen die Konsumenten weniger sprunghaft als bislang zu, da in diesem Jahre etwa der Anschlußprozeß der in Betracht kommenden, bereits bebauten Privatgrundstücke im allgemeinen beendet war; der Konsum dagegen stieg weiter außerordentlich stark, und da seine unverhältnismäßige Vergrößerung zum wesentlichen Teil auf die Verbraucher nach Tarif (vgl. Unterabschnitt b) entfiel, trat man dem Gedanken näher, dem Vorgehen anderer Städte entsprechend, durch obligatorische Einführung der Wassermesser der in jedem Verwaltungsberichte aus den letzten siebziger Jahren beklagten Wasservergeudung ein Ziel zu setzen. Nach mehrjährigen Verhandlungen aber stand man von diesem Plane ab, und das „Prinzip der reichlichen Wasserversorgung" drang durch. Die Folge davon war eine neuerliche, 1888 abgeschlossene Erweiterung des Werks durch den Bau eines dritten Pumpwerks mit zwei liegenden Verbundmaschinen, die zusammen in der Stunde 1119 cbm schöpften.

In der folgenden Zeit nahm mit dem Anwachsen der Einwohnerzahl und der Vermehrung der industriellen Betriebe der Wasserverbrauch weiter ständig zu, verlor aber gleichzeitig an Regelmäßigkeit; während z. B. im Jahre 1884 der durchschnittliche Tagesverbrauch 9081 cbm und der höchste 15 130 cbm betrug, lauteten die Ziffern 1899: 23 579 und 38 619 cbm. Da die gesamte Tagesleistung der drei Pumpwerke bei mittlerem Wasserstande 7300 + 7700 + 22 300 = 37 300 cbm betrug, bei niedrigem Wasserstande dazu die Werke nicht einmal völlig ausgenutzt werden konnten, wurde am 24. April 1900 die Errichtung eines vierten Pumpwerkes beschlossen und in den Jahren 1901 und 1902 vollendet. Diese neueste Anlage besteht ebenfalls aus zwei liegenden Verbundmaschinen und besitzt eine Leistungsfähigkeit von 40 000 cbm für den Tag. Neuerdings genügt auch sie nicht mehr, und die ersten Schritte zu weiterer Änderung des Werkes (Zwangsenteignung der dazu benötigten Grundstücke) sind bereits getan.

Die vier Pumpwerke liegen sämtlich auf dem gleichen Terrain; das Rohrnetz ist 1890/91 durch zwei weitere Hauptwasserrohrstränge vergrößert

Tabelle 3. Betriebsentwicklung des städtischen

Jahr	Einwohnerzahl einschl. der mit Wasser versorgten Außengemeinden	Gesamtabgabe im Jahr cbm	Durchschnittliche Tagesabgabe pro Kopf in Litern	Tagesabgabe stärkste cbm	Tagesabgabe geringste cbm	a Wasserabgabe an Privatkonsumenten nach Wassermessern cbm	b Wasserabgabe an Privatkonsumenten nach Tarif cbm
1	2	3	4	5	6	7	8
1871	70 094	538 000	21	.	.	.	.
1872	72 525	696 161	26	3 986	418	328 419	319 444
1873	74 718	1 060 294	39	4 965	1 000	450 025	557 803
1874	76 979	1 292 024	42	6 352	1 432	597 720	636 461
1875	80 568	1 497 189	50	7 385	1 672	597 825	853 169
1876	83 261	1 648 104	54	11 225	1 737	631 980	961 179
1877	87 698	1 972 344	62	9 147	2 069	682 965	1 198 809
1878	90 037	2 204 137	67	11 453	3 303	677 105	1 449 852
1879	93 543	2 490 920	73	10 535	3 583	760 235	1 638 115
1880	95 907	3 146 214	90	14 780	4 403	1 018 885	1 980 974
1881	99 533	2 969 034	82	16 990	4 377	1 038 105	1 510 356
1882	103 404	2 835 821	75	12 037	4 369	1 035 815	1 366 739
1883	107 039	3 226 021	82	16 493	4 787	1 146 252	1 538 167
1884	111 224	3 314 689	82	15 130	4 124	1 249 465	1 475 530
1885	116 736	3 397 040	80	17 171	5 086	1 387 355	1 468 166
1886	123 260	3 691.290	82	16 011	4 975	1 441 376	1 653 515
1887	132 000	3 903 633	81	17 869	5 049	1 652 200	1 654 985
1888	136 000	3 995 388	80	17 563	5 793	1 748 882	1 635 663
1889	140 000	4 430 031	81	19 508	6 839	2 015 600	1 740 628
1890	146 900	4 503 016	84	19 090	6 986	2 162 640	1 623 009
1891	152 300	4 774 668	86	20 898	6 613	2 337 591	1 645 910
1892	156 600	5 382 954	95	25 571	8 175	2 628 303	1 730 941
1893	162 600	5 831 440	98	25 978	8 863	2 874 153	1 936 143
1894	166 500	5 462 099	90	26 301	8 526	2 995 770	1 445 759
1895	175 000	6 100 304	95	24 527	8 104	3 527 856	1 516 718
1896	182 000	6 169 321	93	29 361	9 361	3 935 285	1 469 966
1897	205 300	6 847 828	91	29 727	9 033	4 589 420	1 417 318
1898	213 000	7 738 717	99	33 490	11 251	5 230 145	1 613 737
1899	224 000	8 606 267	105	38 619	12 717	6 017 590	1 704 367
1900	228 000	8 890 891	107	40 886	13 167	6 661 255	1 261 091
1901	250 000	8 846 416	97	40 780	13 247	6 790 182	994 179
1902	255 500	10 458 368	112	48 065	13 831	7 904 635	1 274 140
1903	264 800	11 078 937	115	49 511	17 965	7 850 440	1 847 605
1904	275 850	13 711 071	136	65 868	21 006	9 508 104	1 735 850
1905	287 450	14 407 063	137	58 920	24 746	10 828 990	1 460 183
1906	303 500	15 169 626	137	61 544	27 877	11 776 008	1 260 041
1907	320 500	16 284 384	139	59 270	27 348	12 411 669	620 000

[1] Die Anschlußgemeinden Ludenberg, Gerresheim, Eller, Oberkassel-Heerdt und Erkrath

Wasserwerks zu Düsseldorf 1871 bis 1907.

c	d	e	In % zur Gesamtabgabe betrug die Wasserabgabe					Zahl der mit Wasser versorgten Grundstücke		Gesamtlänge des Rohrnetzes
Wasserabgabe für öffentliche Zwecke: für Straßenbesprengung, Bedürfnisanst., Rinnsteinspül., Theater, Versch. cbm	Wasserabgabe für öffentliche Zwecke: Springbrunnen cbm	Verluste durch Verletz. des Rohrsystems bei Rohrbrüchen u. Hydrantenproben, für Minderangabe der Wassermesser, sowie für Feuerlöschzwecke usw. cbm	zu a	zu b	zu c	zu d	zu e		darunter nach Messer	m
9	10	11	12	13	14	15	16	17	18	19
.	.	.	.	.	.	.	.	707	139	40 050
40 705	7 593	.	47,17	45,89	5,85	1,09	.	1 116	150	.
45 154	7 312	.	42,44	52,61	4,26	0,69	.	1 524	186	.
51 655	6 188	.	46,26	49,26	4,01	0.47	.	1 970	196	54 860
41 725	4 470	.	39,93	56,98	2,80	0,29	.	2 418	226	68 511
43 045	8 900	3 000	38,35	58,32	2,61	0,54	0,18	2 790	242	71 400
59 650	26 320	4 600	34,63	60,78	3,03	1,33	0,23	3 030	205	72 213
55 550	17 230	4 400	30,72	65,78	2.52	0,78	0,20	3 222	215	74 146
75 545	11 025	6 000	30,52	65,76	3,04	0,44	0,24	3 360	257	75 864
121 075	15 280	10 000	32,38	62,96	3,86	0,48	0,32	3 521	321	76 979
100 965	22 705	296 903	34,96	50,87	3,40	0,77	10.00	3 758	458	81 177
98 100	51 585	283 582	36,53	48,20	3,45	1,82	10,00	4 020	507	82 693
108 500	110 500	322 602	35.53	47,68	3,36	3,43	10,00	4 276	682	86 959
131 440	126 785	331 469	37,70	44,51	3,97	3,82	10,00	4 663	876	90 268
99 055	102 760	339 704	40,84	43,22	2,92	3,02	10,00	4 990	997	93 776
106 085	121 185	369 129	39.05	44,79	2,87	3,29	10,00	5 278	1 131	96 265
111 290	94 795	390 363	42,33	42,39	2,85	2,43	10,00	5 669	1 262	100 818
135 450	75 855	399 538	43,77	40,94	3,39	1,90	10,00	6 072	1 541	107 975
137 235	93 565	443 003	45,50	39,29	3,10	2,11	10,00	6 423	1 937	122 404
163 065	104 000	450 302	48,03	36,04	3,62	2,31	10,00	6 752	2 235	126 010
162 600	151 100	477 467	48,96	34,47	3,41	3,16	10,00	7 061	2 611	134 660
342 910	142 505	538 295	48,82	32,16	6,37	2,65	10,00	7 473	3 030	138 869
299 625	138 375	583 144	49,28	33,21	5,14	2,37	10,00	7 936	3 458	148 613
322 660	151 700	546 210	54,85	26,47	5,90	2.78	10 00	8 327	4 102	151 801
300 700	145 000	610 030	57,83	24,87	4,92	2,38	10,00	8 817	4 876	164 621
279 020	176 580	308 470	63,79	23,83	4,52	2,86	5,00	9 131	5 615	171 487
299 765	198 935	342 390	67,02	20,70	4,38	2,90	5,00	9 450	6 258	177 923
312 190	195 710	386 935	67,59	20.85	4,03	2,53	5,00	9 872	6 606	186 198
314 715	139 285	430 310	69,92	19,80	3,66	1,62	5,00	10 403	7 185	195 533
283 685	240 315	444 545	74,92	14,19	3,19	2,70	5,00	10 805	8 523	201 435
271 910	347 825	442 320	76,76	11,24	3,07	3,93	5,00	11 263	9 171	231 285
202 180	554 495	522 918	75,58	12,18	1.93	5,31	5,00	11 926 [1]	9 483	249 392
224 425	602 520	553 947	70,86	16,68	2,02	5,44	5 00	12 534	9 976	259 228
450 170	645 840	1 371 107	69,35	12,66	3,28	4,71	10,00	13 044	10 615	272 057
424 950	612 410	1 080 530	75,16	10,14	2,95	4,25	7,50	13 462	11 220	295 907
439 235	556 620	1 137 722	77,63	8,31	6,56		7,50	13 789	11 755	314 657
519 845	800 000	1 932 870	76,22	3,81	8,10		11,87	14 017	12 224	331 428

zählen nur je als ein Grundstück.

und die Behälteranlage durch einen Hochbehälter von 3600 cbm Fassungsvermögen, welcher neben dem ersten erbaut wurde, erweitert worden.

Das Versorgungsgebiet der städtischen Wasserwerke war von Anfang an mit dem städtischen Gebiet identisch, bis auch hier im Laufe des letzten Jahrzehnts über die Düsseldorfer Gemarkung hinaus gegangen und eine Reihe umliegender Ortschaften angeschlossen worden ist (vgl. c).

Die Betriebs- und Produktionsentwicklung wird durch folgende, der Tabelle 3 entnommene Ziffern illustriert. Die Zahl der mit Wasser versorgten Grundstücke betrug 1874: 1970, am 1. April 1908 14 017, das Rohrnetz hatte 1874 eine Gesamtlänge von 54 860 m, 1908 von 331 428 m; abgegeben wurden 1874: 1 292 024 cbm, 1907 16 284 384 cbm.

Der Prozentsatz der Wasserabgabe für öffentliche Zwecke ist dabei (unter mancherlei Schwankungen in dazwischenliegenden Jahrzehnten, wie Tabelle 3 im einzelnen zeigt) heute ungefähr der gleiche wie zu Beginn des Betriebs, dagegen hat sich seit etwa 1880 das Verhältnis zwischen dem Konsum nach Wassermesser und dem Konsum nach Tarif völlig verschoben, so daß letzterer, der, wie oben erwähnt, vordem die Mehrheit ausmachte, sich heute zu ersterem wie 1:20 verhält. Die Abgabe auf den Kopf der Bevölkerung ist erheblich, namentlich im letzten Jahrzehnt mit seinem hohen, gewerblichen Aufschwunge gewachsen; er betrug 1907 mit 139 l pro Jahr rund das Siebenfache wie im ersten Jahre des Betriebes.

An Brennmaterial wurden verwandt 1874: 820 000, 1907 7 220 450 kg Kohlen und Koksgrus; zur Förderung von 100 cbm Wasser waren 1874 durchschnittlich 63,48 kg, 1907: 44,34 kg erforderlich.

b. Die Preise für den Konsum des Stadtgebietes.

In dem ersten der oben erwähnten Aufrufe vom 25. Januar 1868, in denen der Oberbürgermeister an der Spitze einer Zahl hervorragender Bürger zum Anschluß an das in Aussicht genommene städtische Wasserwerk aufforderte, wurden als voraussichtliche Preisbedingungen folgende mitgeteilt:

„Der Preis des Wassers berechnet sich bei Privathäusern nach der Zahl der bewohnbaren Räume, der Küchen, Waterklosets und Badezimmer eines Hauses derart, daß jeder dieser Teile mit einem Taler, eine Waschküche aber mit 3 Taler jährlich veranschlagt wird und die hiernach ermittelte Summe den von dem Hause zu entrichtenden jährlichen Betrag bildet. Ein Haus von zwölf Teilen und Waschküche z. B. würde alles Wasser für den Hausbedarf bis in die obersten Etagen für 15 Taler pro Jahr erhalten. Wer Pferde oder Vieh besitzt, zahlt außerdem für einen Wagen, ein Pferd, Rindvieh usw. 1 Taler pro Stück jährlich.

Für einen Privatgarten werden 2 1/2 Sgr. pro Quadratrute = 14,21 qm, für ein Treibhaus 1/2 Sgr. pro Quadratfuß = 0,098 qm Fläche und für einen Springbrunnen mit einer Ausflußöffnung von 1/8 Zoll Durchmesser, 5 Taler jährlich gezahlt.

Bei gewerblichen Anlagen, z. B. Dampfmaschinen, Brauereien, Schlächtereien, Bauunternehmungen, Ziegeleien, Handelsgärtnereien, sowie bei Gasthöfen, Badeanstalten, Krankenhäusern, Kasernen und ähnlichen Gebäuden, wird das Wasser nach einem Wassermesser geliefert, und es werden für 1000 Kubikfuß (225 Ohm) = 30,90 cbm 15—30 Sgr. gezahlt, je nach der Höhe des jährlichen Konsums.

Alle diese Preise würden bei einer Steigerung des Gesamtkonsums sich entsprechend ermäßigen.

Die Kosten der ersten Einrichtung betragen bei einfacher Leitung nur bis ins Erdgeschoß 15—20 Taler, bei komplizierten Leitungen und solchen bis in die obersten Etagen etwas mehr. Diese Kosten sind zwar von den Konsumenten zu tragen, werden aber auf Verlangen der letzteren von der Stadt vorgeschossen und mit 5 % Zinsen in 10 Jahren ratenweise wieder eingezogen."

Schon im zweiten Aufrufe des Oberbürgermeisters vom 15. Juli 1868 wurde ein billigerer Preis in Aussicht gestellt und zwar derartig, daß er „bei einem Hause mittlerer Größe für alles Wasser zum Hausbedarf jährlich durchschnittlich 12 Taler betragen wird". Überdies wurde in Aussicht gestellt, daß bei der Feststellung der Konsumhöhe allen besonderen Verhältnissen des Hauses und seiner Bewohner, welche auf den größeren oder geringeren Wasserverbrauch von Einfluß sind, Rechnung getragen werden solle.

Die Versprechungen dieser Aufrufe wurden nicht nur gehalten, sondern in dem Regulativ für die Entnahme von Wasser aus dem städtischen Wasserwerk vom 24. November 1869 wesentlich übertroffen.

Nach diesem Regulativ, das bis zum 1. Juli 1877 in Geltung stand, wurde entweder nach Tarif, d. h. nach staffelmäßig abgestuften Bauschsummen, oder nach dem Stande der Wassermesser bezahlt. Nach Wassermessern, die von der Direktion des städtischen Wasserwerks käuflich oder gegen Miete zu beziehen waren, wurde Wasser nur zum Gewerbebetriebe und in den Fällen verabfolgt, wo der durchschnittliche Tagesverbrauch mindestens 3 cbm betrug — hierbei kosteten die ersten 15 000 cbm des Jahreskonsums 8 Pf. pro Kubikmeter, jedes weitere Kubikmeter 6,50 Pf. —;

nach Tarif, wenn ein anderer oben nicht genannter Fall eintrat, wurde berechnet — um aus den vielen Festsetzungen für die verschiedenen praktischen Verhältnisse die wichtigsten und häufigst angewendeten herauszugreifen — für das Wasser zum gewöhnlichen Hausbedarf von jedem bewohnbaren Raum, jeder Küche oder Waschküche eines Gebäudes bis zu 10 Stuben pro Jahr 2,50 Mk., für jeden weiteren bewohnbaren Raum, Waschküche oder Küche 1,50 Mk. Diese fallende Teilgebühr entsprach dem verminderten Preise für die größeren Konsumenten bei den Wassermessern. In Ergänzung dieses Regulativs beschloß die Wasserwerkskommission im Jahre 1870 einige Ausführungsbestimmungen, deren wesentlichste dahin ging, Wassermesser hinfort für Wohnhäuser überhaupt nicht aufzustellen, sowie einzelne Etagen, einzelne Räume, Küchen, Pferdeställe nicht zu versorgen.

Diese Bestimmungen waren ganz dazu angetan, die oben bereits geschilderte Wasserverschwendung großzuziehen, so daß eine Zeitlang sogar als entgegengesetztes Extrem an eine obligatorische Einführung der Wassermesser gedacht wurde. Wenn hiervon auch wieder Abstand genommen wurde, so erfolgte doch am 12. März 1877 der Erlaß eines neuen Regulativs, das zwar auch fernerhin die Wasserentnahme nach Wassermesser oder nach Einschätzung (Tarif) gestattete, jedoch an Stelle der bisherigen Abgrenzung beider Berechnungsarten die Bestimmung setzte: „Über den zu wählenden Modus entscheidet die Verwaltung des städtischen Wasserwerks.“ Für das nach Einschätzung zu entnehmende Wasser blieb der Tarif im wesentlichen unverändert, nur bei einigen Tarifstellen war eine Erhöhung, (z. B. für jede Badeeinrichtung von 4,50 Mk. auf 6 Mk. pro Jahr) vorgesehen; bei der Entnahme nach Wassermessern dagegen wurde der Preis von 8 Pf. pro Kubikmeter jetzt einheitlich auch für die größeren Konsumenten durchgeführt und letztere dafür durch einen, bei einem Jahreskonsum von mehr als 10 000 cbm mit 10 % beginnenden und staffelförmig bis zu 30 % steigenden Rabatt entschädigt.

Eine weitere Revision des Regulativs erfolgte im Jahre 1883, weil, wie es im städtischen Verwaltungsbericht für 1882/83 hieß, es erforderlich schien,

a) „der Wasservergeudung durch Tarifkonsumenten nachhaltig entgegenzuwirken und diejenigen Fälle, in welchen Wassermesser stets zu setzen seien, genau zu präzisieren,

b) das Wasserwerk im finanziellen Interesse der Stadt einträglicher zu machen und

c) eine gerechtere Skala für Rabattbewilligungen an größere Konsumenten festzusetzen.“

Dementsprechend wurde mit Regulativ vom 1. Juli 1883 die Aufstellung von Wassermessern für Fabriken und für solche Gewerbetreibende vorgeschrieben, die größere Wassermengen verbrauchen, ferner für Grundstücke, die an den städtischen Schwemmkanal angeschlossen sind, für Grundstücke mit Elevatoren, soweit sie nicht ausschließlich für Waschküchen benutzt werden, und für hydraulische Motoren. Der Wasserzins wurde von 8 auf 12 Pf. pro Kubikmeter erhöht, doch wurde im Interesse der kleinen Konsumenten für die ersten 90 cbm ein .Bauschbetrag von 11 Mk. vierteljährlich festgesetzt und der bis dahin 60 Mk. betragende Mindestbetrag auf 44 Mk. ermäßigt. Die Rabattsätze beginnen künftig schon bei einem Jahreskonsum von 5000 cbm mit 5 % und steigen bis zu 25 %, doch trat entsprechend dem Gasregulativ vom 13. Februar 1883 eine grundsätzliche Änderung dahin ein, daß der höhere Rabatt künftig stets nur bis zur nächst niedrigen Grenze und nicht wie bislang, bis zum ersten verbrauchten Kubikmeter zurück zugebilligt werden sollte.

Die Sätze für den Verbrauch nach Tarif blieben im wesentlichen bestehen, nur bei einigen Tarifstellen erfolgte eine weitere Erhöhung und zwar bei Badeeinrichtungen von 6 Mk. auf 10 Mk. jährlich, bei Wasserklosetts von 4,50 Mk. auf 5 Mk. und bei Straßenbesprengungen pro Sprenghahn von 8 Mk. auf 10 Mk. Die Wassermessermieten schließlich wurden auf 2 Mk. bis 12 Mk. vierteljährlich je nach Größe erhöht. Etwas eigenartig lautete im genannten Verwaltungsbericht die Motivierung der Abänderung des Tarifs: „Die Stadtverordnetenversammlung hielt sich nämlich überzeugt, daß der Tarif für die Tarifkonsumenten zu hoch sei und erst durch die jetzt beschlossene Erhöhung des Einheitssatzes von 8 auf 12 Pf. pro Kubikmeter nach Messer bezogenen Wassers in ein richtiges Verhältnis komme."

Die Absicht dieses neuen Regulativs, den Verbrauch nach Tarif einzuschränken, ist, wie aus dem oben unter a Gesagten und Tabelle 3 ersichtlich, gelungen, und das Regulativ gilt mit unwesentlichen Änderungen auch heute noch, nur im Jahre 1902 wurden die Wassermessermieten auf 1,50 Mk. bis 9 Mk. vierteljährlich, am 1. April 1908 weiter auf 1,10 Mk. bis 6,75 Mk. vierteljährlich ermäßigt.

Die Preispolitik der städtischen Wasserwerke beruht im wesentlichen auf dem Grundsatze „der Leistung gegen Leistung"; die einzelnen Sätze sind, wie aus den Zusammenstellungen im Statistischen Jahrbuch deutscher Städte und in dem jüngst erschienenen Werk „Die Preußischen Städte" von Silbergleit ersichtlich, im Verhältnis zu anderen Städten mäßig; das System der Festsetzung eines Mindestzinssatzes beruht in erster Linie auf sanitären

Erwägungen, mit denen die Wünsche zahlreicher Hygieniker und Sozialpolitiker übereinstimmen.

Die Gestaltung der Preise ruht in der Hand der Stadtgemeinde und ist nicht an die Genehmigung höherer Instanzen gebunden, da eine Polizeiverordnung, welche den zwangsweisen Anschluß irgend welcher Grundstücke an die städtische Wasserleitung vorschreibt, für Düsseldorf nicht besteht, das städtische Wasserwerk also keine „Gemeindeanstalt" im Sinne der Rheinischen Städteordnung ist.

Was die Installationsanlagen anlangt, so schreibt das bestehende Regulativ vor, daß die Zuleitung von Straßenrohren und deren Verbindung mit der Privatleitung sowie Aufstellung des Wassermessers nur durch das Wasserwerk hergestellt, verändert oder erneuert wird.

Installationsarbeiten im Innern der Gebäude werden seit einer Reihe von Jahren nicht mehr vom Wasserwerk ausgeführt.

c. Die Wasserversorgung der außerhalb des Stadtkreises gelegenen Gebiete.

Auch hinsichtlich der Wasserversorgung führte die natürliche Entwicklung dazu, in ihren Bereich allmählich eine Reihe von Gemeinden zu ziehen, die schon längst zum wirtschaftlichen Wirkungskreis Düsseldorfs gehören und berufen schienen, früher oder später mit Düsseldorf auch eine politische Einheit zu bilden. Im einzelnen ist diese Entwicklung derjenigen des Gasversorgungsgebietes (vgl. I, 1, c) parallel gegangen und zum Teil insofern Hand in Hand, als gleiche oder doch gleichzeitige Verträge die Abgabe des Gases wie auch des Wassers geregelt haben.

Der erste diesbezügliche Vertrag wurde am 18. Juni 1886 mit der Stadt Gerresheim abgeschlossen. Die wesentlichsten Vertragsbedingungen, die auch heute noch in Geltung stehen, sind folgende:

Die Stadt Gerresheim verpflichtet sich, für die Dauer des Vertrags ihren Wasserbedarf nur aus der Wasserleitung der Stadt Düsseldorf zu decken; der Anschluß erfolgt bei dem Hochbassin der Wasserleitung, die Rohrleitung nebst allem Zubehör ist von der Stadt Gerresheim auf eigene Kosten herzustellen; die Stadt Gerresheim wird als ein Konsument angesehen und zahlt dieselben Preise und erhält dieselben Rabattsätze wie die Düsseldorfer Konsumenten nach Wassermesser. Weiterleitung und Weiterabgabe des Wassers an die einzelnen Verbraucher ist Sache der abnehmenden Gemeinde. Der Vertrag ist bis zum 31. März 1905 für beide Teile bindend. Von da ab hat jeder der beiden Kontrahenten das Kündigungsrecht mit zweijähriger Frist. Die Garantie irgend welchen Mindestkonsums übernahm Gerresheim nicht, die Stadt Düsseldorf dagegen behielt sich vor, der Kontrahentin jährlich nicht mehr als 400 000 cbm Wasser liefern zu brauchen. Eine Heranziehung zu Kommunalabgaben aus dem Wasserwerksbetrieb bleibt ausgeschlossen.

Die Wasserabgabe auf Grund dieses Vertrages betrug im ersten vollen Jahre 20 641 cbm, im Rechnungsjahre 1907: 262 864 cbm. Die Stadt Gerresheim ihrerseits erhebt von ihren Konsumenten 15 Pf. pro Kubikmeter unter Erteilung eines Rabatts von 10 bis 20 %.

Fast zehn Jahre später (1896) wurde ein ganz ähnlicher Vertrag mit der Landgemeinde Eller abgeschlossen, der sich von dem soeben geschilderten im wesentlichen nur dadurch unterscheidet, daß Düsseldorf hier das Wasser bis zur Stadtgrenze führt, die Abnahmegemeinde einen Mindestverbrauch von 15 000 cbm jährlich für die ersten fünf Jahre und von 20 000 cbm für die spätere Zeit garantiert und das städtische Wasserwerk nicht verpflichtet ist an Eller mehr als 300 000 cbm Wasser jährlich zu liefern. Dieser Vertrag wurde für die Zeit vom 1. April 1897 bis zum 31. März 1907 für beide Teile bindend, von da ab mit zweijähriger Kündigungsfrist für beide Teile abgeschlossen, jedoch schon vor Ablauf dieser Zeit im Jahre 1906 durch einen anderen ersetzt, der aber an der Sachlage als wesentlich nur ändert, daß Düsseldorf künftig das Wasser statt bis zu einem Punkt an der Stadtgrenze zu deren zwei führt und dafür der garantierte Mindestkonsum sich von 20 000 auf 25 000 cbm erhöht. Außerdem enthält dieser zweite Vertrag Bestimmungen über einen späteren Anschluß auch der Ortschaft Wersten, doch ist dieser, wie ein weiterer Vertrag vom Jahre 1906 mit dieser Ortschaft selbst, durch deren Eingemeindung zum 1. April 1908 hinfällig geworden.

Der Wasserverbrauch Ellers betrug im ersten vollen Vertragsjahr (1899) 11 645 cbm, 1907: 116 415 cbm Wasser.

Ein dritter Vertrag wurde mit der Gemeinde Erkrath im Jahre 1901 abgeschlossen. Unter denselben Lieferungsbedingungen wie oben garantiert Erkrath einen Mindestkonsum von jährlich 10 000 cbm, die Lieferungsverpflichtung endet mit jährlich 300 000 cbm. Der Gemeinde Erkrath ist es gestattet, so lange die Stadt Gerresheim alles von ihr verbrauchte Wasser nur aus dem Wasserwerk der Stadt Düsseldorf bezieht, der Stadt Gerresheim Wasser unter denselben Bedingungen zu liefern, welche für die unmittelbare Lieferung von Wasser seitens der Stadt Düsseldorf an die Stadt Gerresheim gelten. Der Vertrag läuft auf zwanzig Jahre und ist für die Abnehmerin unkündbar; die Stadt Düsseldorf dagegen behält sich das Recht vor, den Vertrag jederzeit mit zweijähriger Frist zu kündigen, ohne daß hierdurch der Kontrahentin irgend ein Anspruch auf Entschädigung zusteht; nach Ablauf von zwanzig Jahren steht beiden Vertragschließenden die Kündigung mit zweijähriger Frist zu.

Der Wasserkonsum der Gemeinde Erkrath betrug 1903: 42 660 cbm, 1907: 117 685 cbm.

Grundsätzlich auf gleichem Boden wie die oben geschilderten Verträge bewegt sich das Abkommen, welches 1897 wie hinsichtlich der Gasversorgung (vergl. I, 1, c) auch hinsichtlich der Wasserversorgung der Gemeinde Heerdt mit der Rheinischen Bahngesellschaft abgeschlossen wurde.

Der Wasserpreis beträgt darnach einheitlich 12 Pf. pro Kubikmeter ab Wassermesser am Heerdter Ufer; die Weiterführung des Wassers zu den Konsumenten und die Abgabe an diese ist Sache der Unternehmerin; der Vertrag läuft vom 1. Januar 1899 auf dreißig Jahre, doch erfolgt die Abgabe von Wasser nur so lange, als die Entnahme von Wasser für das Gebiet der Gemeinde Heerdt ausschließlich aus den Werken der Stadt Düsseldorf erfolgt oder eine Entnahme von mindestens 200 000 cbm Wasser garantiert bleibt. Trifft keine dieser beiden Voraussetzungen mehr zu, so ist die Unternehmerin verpflichtet, die Rohrleitungen vom Beginn der Brücke auf der Düsseldorfer Seite ab, sowie die Hauptmesser zu erwerben und der Stadt Düsseldorf die Kosten der zu erwerbenden Anlage abzüglich 2 % Amortisation pro Jahr zu erstatten; mit einigen leicht erkennbaren Abweichungen sind die Vereinbarungen also die gleichen wie die oben hinsichtlich des Gases mitgeteilten, und dementsprechend übernahm die Unternehmerin auch für den Wasserkonsum die Garantie einer Mindestabnahme von 12 000 cbm jährlich. Hinsichtlich des Preises für die Abgabe an die Konsumenten dagegen war eine Bestimmung in diesem Vertrage nicht vorgesehen. Die Gesellschaft ihrerseits schloß gleichzeitig mit der Gemeinde Heerdt entsprechende Verträge unter Wahrung des Monopols ab, jedoch ist die Gemeinde Heerdt am 1. Juli 1907 unter Zustimmung der Stadt Düsseldorf in das Vertragsverhältnis an Stelle der Gesellschaft eingetreten.

Im ersten vollen Jahre der Vertragsdauer wurden 53 025 cbm, 1907 276 115 cbm Wasser an die Gemeinde Heerdt abgegeben. Letztere erhebt zur Zeit von ihren Konsumenten in Ober-Niederkassel 18 Pf., in Heerdt 20 Pf. pro Kubikmeter.

Während all diese Verträge mit Gerresheim, Eller, Erkrath und Heerdt der Stadt Düsseldorf die Führung des Wassers lediglich bis zu einem bestimmten Punkte an oder nahe der Stadtgrenze, dem anderen Kontrahenten dagegen bis zum Konsumenten auferlegen, gehen die Verträge, welche mit den

Landgemeinden Ludenberg und Lohausen-Stockum in den Jahren 1901 bzw. 1905 geschlossen wurden, von anderen Voraussetzungen aus. Die Landgemeinden ihrerseits erteilen lediglich der Stadtgemeinde Düsseldorf die Genehmigung, unter denselben Bedingungen, wie sie jeweils für die Stadtgemeinde Düsseldorf gelten, Grundstücke im Landgemeindegebiet anzuschließen, und übernehmen keine andere finanzielle Verpflichtung als Ersatzleistung für die der Stadt Düsseldorf aus dem Betrieb erwachsenden öffentlich-rechtlichen Abgaben; für einen Teil der Gemeinde Lohausen-Stockum wird auch der Stadt Düsseldorf für die Vertragsdauer ausdrücklich das Wasserlieferungsmonopol zugesichert. Die erteilte Erlaubnis ist grundsätzlich unwiderruflich, doch ist den Gemeinden gestattet, unter Einhaltung dreimonatlicher Kündigungsfrist der Stadt Düsseldorf die Ausführung weiterer Wasserleitungsanschlüsse zu untersagen. In dem schon erwähnten Teile der Gemeinde Lohausen-Stockum ist letztere ferner jederzeit berechtigt, die sämtlichen Wasserleitungsanlagen gegen eine vertraglich festgesetzte Entschädigung zu übernehmen, während sie anderseits hierzu verpflichtet ist, falls innerhalb der ersten zehn Jahre der Vertragsdauer die fernere Ausführung von Wasserleitungsanschlüssen nicht mehr gestattet wird.

Auf Grund dieser Verträge sind 1907 unmittelbar an die Konsumenten in Lohausen-Stockum und Ludenberg 49594 cbm Wasser abgegeben worden.

Schließlich ist im Jahre 1906 mit der bereits oben erwähnten „Aktiengesellschaft Gas-, Wasser- und Elektrizitätswerke zu Rath", der vertraglich das Wasserleitungsmonopol für die Landgemeinde Rath zusteht, die aber mit ihren gegenwärtigen Anlagen dem Bedürfnis nicht entsprechen kann, ein Vertrag des Inhalts abgeschlossen, daß die Gesellschaft ihren Überbedarf für jährlich mindestens 2 bis 3000 Mk. zu gleichen Bedingungen wie für die Düsseldorfer Konsumenten vom städtischen Wasserwerk bezieht; letzteres führt das Wasser bis zur Stadtgrenze; der Gesellschaft ist es untersagt, während der Vertragsdauer ihre Werke in Rath zu vergrößern, andere neue Werke zu errichten oder von anderen Werken als von denen der Stadt Düsseldorf Wasser zu beziehen; der Vertrag läuft, solange die Verträge zwischen der Gemeinde Rath und der Aktiengesellschaft über Lieferung von Gas, Wasser und Elektrizität ihrerseits laufen. Die Verpflichtung Düsseldorfs zur Lieferung endet bei einem Jahresverbrauch von 300000 cbm.

Durch den oben (S. 13) erwähnten Ankauf des Gesellschaftsvermögens im März 1909 ist dieser Vertrag hinfällig geworden.

Ebenso lückenlos wie die Gasversorgung umfaßt so die Wasserversorgung der Stadt Düsseldorf den Kranz der herumgelagerten Vororte; ihre planmäßige Ausdehnung hat die nunmehrigen Eingemeindungen (S. 13) ganz wesentlich erleichtert, nach deren Vollzug die geschilderten Verträge mit Ausnahme des mit Erkrath geschlossenen naturgemäß hinfällig und die Lieferungsbedingungen fürs ganze Stadtgebiet einheitlich werden.

d. Finanzielles.

Die oben erwähnte Bedingung des, den Wasserwerksbau genehmigenden Stadtverordnetenbeschlusses vom 23. Juni 1866, daß schon während der ersten drei Jahre eine Rentabilität von mindestens 3 % erzielt würde, ist erfüllt worden; im ersten Jahre (1871) ergab sich bereits eine Rentabilität von 3,40 %, im zweiten Jahre von 6,23 %, und in den nächsten Jahren stieg sie auf rund 8 %, um von da ab in jedem Jahre weiter fortzuschreiten; am Abschluß des ersten Jahrzehnts, im Betriebsjahre 1880 belief sich die Gesamteinnahme des Werkes auf 212 710 Mk., der Reingewinn auf 54 150 Mk., die Rentabilität auf 11,13 %.

Die Überschüsse des Wasserwerks wurden vom ersten Jahre ab zu außerordentlichen Abschreibungen verwandt; von 1881 ab wurden sie, soweit nicht für die gänzliche Abschreibung der Erweiterungen in Aussicht genommen, in einen Reservefonds gesammelt und bei der Sparkasse angelegt. 1886 überschritt dieser zur Verfügung bleibende Überschuß zum ersten Male 100 000 Mk.

Bald ging man aber davon ab, diese Beträge bei der Sparkasse zinsbar anzulegen, sondern ließ sie als bilanzmäßigen „Reservefonds" im Betriebe mitarbeiten, soweit sie nicht zu außerordentlichen Abschreibungen und zur Ausgestaltung bestimmter, mit den Aufgaben des Wasserwerks im nahen Zusammenhange stehender gemeinnütziger Einrichtungen verwandt wurden.

Schon in den ersten Jahren des Betriebs wurden jährlich bestimmte Summen zur Kultivierung eines Grundstücks ausgegeben, das bei Anlage des Hochbassins auf den Höhen im Nordosten der Stadt beschafft worden war und heute infolge dieser dauernden, im einzelnen mäßigen Aufwendungen (z. B. 1877: 1164 Mk., 1887: 1842 Mk., 1897: 3000 Mk., 1907: 3500 Mk.) eine der schönsten städtischen Erholungsanlagen darstellt. Von 1889 an ging man auf diesem Wege weiter, indem aus den Wasserwerksüberschüssen eine Reihe von Grundstücken in Grafenberg und Flehe (vergl. den Stadtplan) beschafft und teils zu Betriebszwecken, teils aber auch, soweit dem hygienische Bedenken nicht entgegenstanden, als öffentliche Anlagen zum freien Verkehre des Publikums benutzt wurden. Mit diesen Grundstücksankäufen erfüllte die Stadtverwaltung ihre nicht häufig genug allgemein zu betonende Verpflichtung, für die Pumpwerke und die übrigen Nebenanlagen ein großes Schutzgelände zu schaffen, um jeder Verschmutzung des Grund und Bodens und damit des Grundwassers vorzubeugen (vergl. den Ministerialerlaß vom 23. April 1907 — M. d. g. A. M. Nr. 18827; M. d. J. 2a Nr. 8453 — und die diesem beigefügte „Anleitung für die Einrichtung, den Betrieb und die Überwachung öffentlicher Wasserversorgungsanlagen, welche nicht ausschließlich technischen Zwecken dienen").

Von hoher Bedeutung ist ferner die Mitwirkung des Wasserwerks beim Ausbau der städtischen Badeanstalten gewesen, die sämtlich ebenfalls aus Wasserwerksüberschüssen errichtet worden sind und, soweit dies bereits nicht schon durch eigene Einnahmen geschieht, dauernd erhalten werden (vergl. Abschn. VI, 3). Allein die vom Wasserwerk völlig gedeckten Baukosten der Anstalten haben 1 321 592 Mk. betragen und der Betriebszuschuß für sämtliche Anstalten im letzten Rechnungsjahre 16 533 Mk.

Seit 1906 ist das Reservegewinnkonto aus der Bilanz verschwunden, und der sich nach Abschluß jährlich ergebende Gewinn wird lediglich im vollen Betrage zu Abschreibungen und Erweiterungen verwandt.

An die Stadtkasse sind in den früheren Jahrzehnten Abführungen nur selten vorgenommen worden, abgesehen von einem mäßigen Beitrage zu den Verwaltungskosten, der in neuer Zeit als Äquivalent für die ersparte Gewerbesteuer auf 25 000 Mk. erhöht worden ist.

Ferner leistet das Wasserwerk schon seit dem Jahre 1878 der Tiefbaukasse einen Zuschuß (1907: 75 000 Mk.) und ebenso seit 1890 an die Kasse der Kanalisation einen ständigen Zuschuß zu den Kosten des Kanalisationsbetriebes als Ersatz für die der Kanalisation zur Last fallende Fortschaffung des verbrauchten Wassers; die Höhe dieses Zuschusses bestimmt sich nach festen Anteilsätzen (1907: 243 450 Mk.). Ferner ist seit 1907 noch ein geringer Jahresbeitrag (13 441 Mk.) für die Unterhaltung der Feuertelegraphen dazugetreten, die bislang dem Wasserwerk, als wesentlichem Faktor zur Erzielung besserer Feuersicherheit, obgelegen hatte.

Eine darüber hinausgehende Abführung zu den laufenden allgemeinen Ausgaben der Stadtkasse hat erst der Stadthaushaltsetat von 1904 eingeführt. Sie betrug zunächst 100 000 Mk., 1907: 300 000 Mk. Damit ist auch etatsmäßig der schon oben angedeutete Charakter des Wasserwerks als eines Gewerbebetriebes zum Ausdruck gebracht worden.

Im übrigen läßt sich deutlich folgender Leitsatz der Finanzpolitik der städtischen Wasserwerksverwaltung erkennen: einerseits mit Rücksicht auf die schnelle Abnutzung der Anlage und die fortschreitende Technik möglichst hohe Abschreibungen vorzunehmen, welche gleichzeitig die Stetigkeit

Städtisches Wasserwerk Düsseldorf.

Soll. Bilanzkonto 1907. Haben.

	Mk.	Pf.	Mk.	Pf.		Mk.	Pf.
An Baukonto:							
Grundstücke . . .	608 249	27			Per Reservefonds z. Ankauf des Wirtschaftsgebäudes auf der Haardt .	30 000	—
Gebäude	5 491	79					
Maschinen, Kessel u. Apparate . . .	3	—					
Hochbassin	3	—			" Kapitalkonto d. Gasanstalt	630 000	—
Brunnen	3 960	21					
Telegraphenleitung	3	—			" Stadtkassenkonto . . .	587 941	88
Rohrleitung . . .	100 219	99					
Wassermesser . . .	35 208	62	753 138	88	" Gewinn- und Verlustkonto	229 932	52
" Erwerb eines Grundstücks in Ludenberg			45 522	03			
" Erwerb von Grundstücken in Grafenberg u. Düsselthal			169 476	32			
" Erwerb eines Grundstücks in Derendorf			28 218	77			
" Erwerb der Häuser Grünstr. 17 u. 15.			87 524	27			
" Konto der Badeanstalt Grünstraße			3	—			
" Konto der Brausebadeanstalt . . .			3	—			
" Erwerb der Rheinbadeanstalten von J. Ambach . . .			3	—			
" Konto der Badeanstalt Münsterstr.			3	—			
" Konto der Rheinbadeanstalt . . .			3	—			
" Erweiterung der Haardt-Anlagen .			3	—			
" Erweiterung der Parkanlagen . .			3	—			
" Effektenkonto . . .			125 941	88			
" Wasserkonsumentenkonto.			3 506	02			
" Wassermessermietekonto.			157	11			
" Diverse Debitoren.			3 286	80			
" Kassakonto			159 062	76			
" Hausanschluß- und Magazinkonto . .			22 570	42			
" Erweiterung, Röhrenleitung. . . .			72 577	74			
" Kohlenkonto . . .			6 870	40			
			1 477 874	40		1 477 874	40

Städtisches Wasserwerk Düsseldorf.

Soll. Gewinn- und Verlustkonto 1907. Haben.

Soll.

	Mk.	Pf.	Mk.	Pf.
An Maschinen-Unterhaltungskonto			2 095	53
„ Schmier- u. Putzmaterialkonto			3 960	13
„ Betriebsarbeiter-Lohnkonto			42 176	65
„ Rabattkonto			93 951	21
„ Generalunkostenkonto			12 394	88
„ Rohrleitung-Unterhaltungskonto			32 145	19
„ Telegraphen-Unterhaltungskonto			4 299	64
„ Kohlenkonto			100 357	30
„ Grundstücks- und Gebäude-Unterhaltungskonto	11 943	88		
Reparaturkosten der Häuser Grünstraße 15/17	381	48	12 325	36
„ Gehaltskonto			85 345	97
„ Pensionskonto			4 548	36
Beleuchtung des Betriebes			1 232	45
Betriebsunkosten			4 260	92
„ Baukonto, Abschreibung laut Etat:				
Gebäude 3% v. Mk. 264 666,88	7 940	01		
Brunnen 6% v. Mk. 79 231,56	4 753	89		
Maschinen u. Apparate 10% v. Mk. 160 441,94	16 044	19		
Rohrleitung 4% v. Mk. 221 585,71	8 863	43		
Wassermesser 12½% v. Mk. 62 091,81	7 761	48	45 363	—
„ Baukonto: außerordentl. Abschreibung Röhrenleitung	100 000	—		
Erweiterung d. Haardt-Anlagen	7 830	12		
„ „ Parkanlagen	2 705	77		
Elektrische Lichtbäder Münsterstraße	18 890	34	129 426	23
„ Zinsenkonto			49 061	31
„ Konto d. Badeanstalten, Verlust			16 533	45
„ Stadtkassenkonto, etatsmäßige Abführung an die Stadtkasse	643 450 [1]	—		
Für Feuermelderanlagen	13 440	70	656 890	70
„ Wassermesser-Mietekonto			82	25
„ Wasserkonsumentenkonto			1 065	22
„ Diverse Debitoren			148	98
„ Konto der öffentl. Wasserversorgung: Aufstell. v. Straßen- u. Gartensprenghähnen	8 595	26		
Wasserkonsum	52 793	80	61 389	06
„ Unterhaltungskonto d. Grundstücke auf der Haardt			3 500	—
„ Bilanzkonto			229 932	52
			1 592 486	31

Haben.

	Mk.	Pf.
Per Hausanschluß- u. Magazinkonto	16 217	83
„ Wassermesser-unterhaltungskonto	48 707	10
„ Pächtekonto	16 946	35
„ Wasserabgabekonto	1 502 126	05
„ Fahrradreparaturkonto	658	98
„ Effektenkonto	7 830	—
	1 592 486	31

Der bilanzmäßige Überschuß v. 229 932,52 Mk. ist zu außerordentl. Abschreibungen verwandt worden.

[1] Davon 25 000 Mk. Beitrag zu den Verwaltungskosten, 75 000 Mk. für die Tiefbau- und 243 450 Mk. für die Kanalisationskasse.

Über die Entwicklung der Betriebskosten (ohne Verzinsung und Ausgaben auf Wasserbeförderungskonto

	1907 (16 284 384 cbm) im ganzen Mk.	1907 auf 1000 cbm gefördertes Wasser Mk.	1906 (15 169 626 cbm) im ganzen Mk.	1906 auf 1000 cbm gefördertes Wasser Mk.
An Betriebsarbeiterlöhne	42 176,65	2,59	49 362,24	3,25
„ Kohlen	100 357,30	6,16	71 819,07	4,74
„ Beleuchtung des Betriebes	1 232,45	0,08		
„ Betriebsutensilien und Unkosten	4 260,92	0,26	5 081,51	0,34
„ Maschinen-Unterhaltung	2 095,53	0,13	2 296,68	0,15
„ Putz- u. Schmiermaterial	3 960,13	0,24	3 490,83	0,23
„ Unterhaltung des Rohrnetzes	32 145,19	1,97	30 167,11	1,99
„ Unterhaltung der Gebäude, Brunnen usw.	12 325,36	0,76	10 024,62	0,66
„ Telegraphen-Unterhaltung	4 299,64	0,27	8 044,60	0,53
„ Gehälter	85 345,97	5,24	80 755,30	5,32
„ Pensionen	4 548,36	0,28		
„ Generalunkosten	12 394,88	0,76	16 548,10	1,09
Summe	305 142,38	18,74	277 590,06	18,30

der Finanzgebarung auch bei größeren Erweiterungen, wie sie zur Zeit bevorstehen, gewährleisten und anderseits den Wasserpreis nicht unter ein gewisses Normalniveau sinken zu lassen, sondern statt dessen die Überschüsse zum Ausbau gemeinnütziger Anlagen zu verwenden, für die sonstige Mittel sich vielleicht nicht ohne Mühe würden bereit finden lassen, getreu der Aufgabe des Wasserwerks, der öffentlichen Hygiene zu dienen.

Einzelheiten über die allgemeine Finanzgebarung des städtischen Wasserwerks sind den vorstehend abgedruckten Übersichten (Gewinn- und Verlustkonto 1907 und Bilanzkonto 1907) zu entnehmen.

Die Einnahme für Wasserverbrauch betrug auf den Kubikmeter Gesamtabgabe:

1898:	9,14 Pf.	1903:	8,60 Pf.
1899:	9,06 „	1904:	8,04 „
1900:	9,02 „	1905:	8,61 „
1901:	9,28 „	1906:	8,67 „
1902:	8,57 „	1907:	8,32 „

Abschreibung) bietet einen Einblick nachfolgende Zusammenstellung über die im letzten Jahrfünft:

1905 (14 407 063 cbm) im ganzen Mk.	1905 auf 1000 cbm gefördertes Wasser Mk.	1904 (13 711 071 cbm) im ganzen Mk.	1904 auf 1000 cbm gefördertes Wasser Mk.	1903 (11 078 937 cbm) im ganzen Mk.	1903 auf 1000 cbm gefördertes Wasser Mk.
39 374,02	2,73	38 602,02	2,82	36 997,87	3,34
63 444,93	4,40	67 965,76	4,96	54 998,51	4,97
5 750,85	0,40	6 399,27	0,47	5 362,01	0,48
3 046,37	0,21	1 331,91	0,10	2 065,34	0,19
3 909,50	0,27	3 316,28	0,24	3 034,57	0,27
41 146,55	2,85	38 467,99	2,80	29 139,55	2,63
11 482,20	0,80	10 038,09	0,73	9 371,16	0,85
6 255,71	0,43	3 740,90	0,27	4 345,73	0,39
64 578,47	4,49	58 597,35	4,27	56 190,70	5,07
31 354,53	2,18	26 209,51	1,91	21 317,04	1,92
270 343,13	18,76	254 669,08	18,57	222 822,48	20,11

Die Selbstkosten des zu öffentlichen Zwecken kostenfrei verwandten Wassers betrugen 1907:

für Wasserverbrauch	52 793,80 Mk.
für Aufstellung von Straßen- und Gartensprenghähnen	8 595,26 "
insgesamt	61 389,06 Mk.

Das Anlagekapital des städtischen Wasserwerks betrug am 1. April 1908: 8 523 554 Mk., der Buchwert 1 084 886 Mk., der Feuerversicherungswert für Mobilien 17 000 Mk., für Immobilien einschließlich Maschinen 1 027 925 Mk.

3. Das städtische Elektrizitätswerk.

a. Gründung und Entwicklung.

Nachdem Ende der achtziger Jahre bereits die zwei benachbarten Großstädte Elberfeld (1887) und Barmen (1888) Elektrizitätswerke errichtet hatten, nahm die Düsseldorfer Stadtverwaltung den gleichen Gedanken im Februar 1889

Tabelle 4. Betriebsentwicklung des städtischen

Jahr	Einwohnerzahl der Stadt	Erzeugte Energie K. W. St.	Abgegebene Energie in K. W. St.		
			für Straßenbahnzwecke	für andere Zwecke	insgesamt
1891	148 000	—	—	150 258	150 258
1892	153 800	484 111	—	337 285	337 285
1893	159 200	502 315	—	351 709	351 709
1894	166 500	565 839	—	390 628	390 628
1895	173 000	651 774	—	465 320	465 320
1896	180 700	813 839	—	567 618	567 618
1897	190 000	1 046 987	—	736 373	736 373
1898	198 700	1 251 716	—	891 678	891 678
1899	204 200	1 707 699	431 521	1 177 279	1 608 800
1900	211 200	4 946 638	2 289 040	1 503 012	3 792 052
1901	220 450	5 443 301	2 351 640	1 664 426	4 016 066
1902	225 100	7 105 986	2 605 010	2 410 766	5 015 776
1903	232 200	6 115 006	2 159 377	2 357 543	4 516 920
1904	240 600	7 427 901	2 590 802	3 006 391	5 597 193
1905	249 700	9 443 890	2 924 236	3 950 708	6 874 944
1906	259 100	10 851 374	3 250 564	4 796 046	8 046 610
1907	266 600	14 273 705	3 869 715	7 637 407	11 507 122

auf und brachte ihn, da prinzipielle Widerstände nicht zu überwinden waren, unverzüglich zur Ausführung. Darüber, daß in einer Stadt wie Düsseldorf, namentlich auch mit Rücksicht auf die stattliche Entfaltung der Industrie, die Errichtung eines Elektrizitätswerkes wünschenswert sei, sowie, daß das Werk genügend Absatz finden werde, waren kaum Zweifel möglich. Auch die Kardinalfrage, ob Regie- oder Unternehmerbetrieb, bedurfte keiner Erörterung; die vorbereitende Kommission konnte schon in ihrer ersten Sitzung ihren Standpunkt dahin fixieren, daß sie es „bei dem heutigen Stande der Technik nicht für nötig halte, noch zu prüfen, ob die Anlage auf Rechnung der Stadt auszuführen oder zu betreiben sei oder an einen Unternehmer vergeben werden könne".

Schwieriger war angesichts der noch geringen anderweitigen Erfahrungen die Entscheidung, ob Gleichstrom oder Wechselstrom angebracht sei. Auf den Rat der hinzugezogenen Sachverständigen entschied man sich schließlich für ersteren. Für die Stromerzeugung selbst wählte man ein Grundstück neben der neuen Gasanstalt, um dem Werk eine weitgehende Erweiterungsmöglichkeit zu sichern, bequeme Kohlenanfuhr zu erhalten und endlich um qualmende Schornsteine im Innern der Stadt zu vermeiden.

Dementsprechend beschloß die Stadtverordnetenversammlung am 29. Juli 1890 die Errichtung eines städtischen Elektrizitätswerkes unter Verwendung

Elektrizitätswerkes 1891 bis 1907.

Anschlußwerte des Elektrizitätswerkes in K.W.			Anzahl der Abnehmer (ohne Straßenbahn)	Zahl der angeschlossenen				Bemerkungen
Straßenbahn	andere Anschlüsse	insgesamt		Glühlampen (ohne Straßenbahn)	Bogenlampen	Apparate	Motore (ohne Straßenbahn)	
—	720	720	262	8 935	691	3	4	4 Monate
—	889	889	299	11 864	769	3	4	
—	961	961	321	12 936	799	14	7	
—	1 090	1 090	338	14 993	795	14	14	
—	1 255	1 255	365	17 074	832	16	25	
—	1 555	1 555	411	20 613	958	19	43	
—	1 844	1 844	475	23 312	1 015	23	76	
—	2 131	2 131	551	25 971	1 130	26	112	
1 038	2 929	3 967	701	34 700	1 343	41	194	
2 483	3 809	6 292	865	40 210	1 639	66	284	
2 679	4 336	7 015	1 019	46 360	1 802	78	347	
5 334	4 887	10 221	1 120	51 280	1 977	118	421	
5 334	5 619	10 953	1 282	58 893	2 263	175	486	
5 129	6 716	11 845	1 521	70 097	2 834	241	599	
5 130	7 877	13 007	1 790	85 511	3 221	164	657	
5 016	8 998	14 014	2 133	92 362	3 581	146	800	
5 016	11 492	16 508	2 605	112 923	4 101	177	1 070	

von Gleichstrom mit Akkumulatoren, und bewilligte hierfür zwei Millionen Mark. Einrichtung und Inbetriebsetzung der gesamten Anlage wurde der Firma Schuckert & Cie. in Nürnberg übertragen, die bereits im Jahre 1890 mit den Arbeiten begann; am 1. September 1891 wurde der erste Strom in das Leitungsnetz zur probeweisen Beleuchtung des Stadttheaters geschickt, und die ersten Privatanschlüsse folgten am 12. September desselben Jahres. Nach zwölfwöchigem Probebetrieb durch die bauende Firma erfolgte am 1. Dezember 1891 die Übernahme in städtische Regie und, wie das Wasserwerk, wurde auch das Elektrizitätswerk einer mit dem Gaswerk gemeinsamen Direktion unterstellt. Bereits an diesem Tage waren 187 Abnehmer in 177 Anschlüssen vorhanden.

Die Maschinenstation erhielt ihren Platz neben der neuen Gasanstalt in Flingern, während die Akkumulatoren in drei entsprechend gelegenen Unterstationen des Stromversorgungsgebiets (vergl. den Stadtplan) untergebracht worden waren. Bei der Betriebseröffnung war das Werk imstande, 10 000 gleichzeitig brennende Glühlampen von je 16 Normalkerzen zu speisen, dennoch wurden die unterirdischen Fernleitungen von vornherein in größerer Zahl gelegt, um wiederholte Erdarbeiten zum Legen von Kabeln zu vermeiden.

Die schnelle Zunahme des Verbrauchs machte bereits 1893 die Vermehrung der ursprünglichen drei Dampfkessel auf vier und im Jahre 1895 die Ergänzung der ursprünglichen zwei Dynamomaschinen durch eine dritte nötig.

Eine ganz wesentliche Erweiterung aber, auch in baulicher Hinsicht, erfuhr das Werk im Jahre 1899 infolge der Elektrisierung der bis dahin mit Pferden betriebenen Straßenbahn (vergl. Abschnitt II, 1). Die Betriebsmittel wurden in diesem Jahre um zwei Dampfdynamomaschinen und vier Dampfkessel vermehrt, und für den Straßenbahnbetrieb im besonderen wurde eine neue Akkumulatorenunterstation als Pufferbatterie in der Erkratherstraße (vergl. den Stadtplan) errichtet. 1900 und 1901 folgten zwei weitere Dampfdynamomaschinen und zwei Dampfkessel, aber schon im Dezember 1901 war die Belastung des Werkes so groß geworden, daß auch diese Erweiterungen der Maschinenanlagen nicht ausreichten. In der späterhin ja nicht getäuschten Erwartung, daß die Außenbezirke mit ihren zahlreichen Fabrik- und Gewerbebetrieben eine kräftige Einnahmequelle für das Werk sein würden, entschied man sich mit Rücksicht auf die Versorgung dieser Gebiete zur Aufstellung zweier Drehstromdynamomaschinen, denen aus Raumrücksichten eine der ältesten Maschinen weichen mußte. Der Ausbau des Drehstromnetzes zur Versorgung des äußeren Stadtgebiets wurde freilich erst 1905 begonnen; die erste direkte Drehstromabgabe erfolgte am 5. Oktober des gleichen Jahres.

Dieses Jahr 1905 war für die Entwicklung des Werkes weiterhin von besonderer Bedeutung, als zum 1. April 1905 ein neuer Stromlieferungsvertrag mit der Eisenbahnverwaltung unter Anschluß sämtlicher Bahnhöfe in Wirksamkeit trat. In der Nähe des einen der Nebenbahnhöfe war schon kurz vorher eine fünfte Unterstation in Betrieb gesetzt worden. Auch in den beiden nächsten Jahren, während deren die Abgabe ihre starke Aufwärtsbewegung weiter verfolgte, wurden erhebliche Vermehrungen und Erweiterungen notwendig; im Rechnungsjahr 1906 insbesondere wurde eine neue, sechste Unterstation errichtet.

Die Gesamtleistungsfähigkeit des Elektrizitätswerks beträgt heute rund 11 000 K. W. Sie wird illustriert durch folgende Zusammenstellung der Betriebsmittel nach dem Stande vom 31. März 1908:

Kesselhaus.

10 Wasserröhrenkessel à 275 qm Heizfläche
8 " à 350 " "

Maschinenhaus.

Maschine	Art	Normalleistung in P. S.	Licht u. Kraft: Drehstrom	Licht u. Kraft: Gleichstrom	Bahn: Gleichstrom	Summe	Erregung K. W.	Condensation K. W.
			Maximalleistung in Kilowatt					
I	Dampf-Kolbenmaschine	1 200	960	—	—	960	17,5	—
II	„ „	1 200	960	—	—	960	17,5	—
III	„ „	300	—	270	—	270	—	—
IV	„ „	300	270	270	270	270	—	—
V	„ „	600	—	450	450	450	—	—
VI	„ „	600	—	450	450	450	—	—
VII	„ „	600	—	—	450	450	—	—
VIII	„ „	1 000	—	—	800	800	—	—
IX	„ -Turbine . . .	2 700	1 800	—	850	1 800	—	75
X	„ „	2 700	1 800	—	—	1 800	—	75
XI	„ „	4 300	3 000	—	—	3 000	—	125
	Summe	15 500	8 790	1 440	3 270	11 210	35,0	275

Gesamtleistung nach obiger Aufstellung .	11 210	K. W.
davon ab für Erregung und Kondensation	310	„
bleibt eine Nettoleistung von	10 900	K. W.

Unterstationen:

Motorengeneratoren . 11 mit 7 225 K. W. Sekundärleistung
Akkumulatorenbatterien 4 mit 20 048 Ampèrestunden
bei dreistündiger Entladung und 1730 K. W. Leistung;
Pufferbatterien . . . 550 Ampèrestunden
bei einstündiger Entladung und 276 K. W. Leistung.

Über den Umfang des Versorgungsgebietes vergl. Abschnitt c.

Die Produktionsentwicklung, die schon kurz gestreift wurde, erhellt aus Tab. 4, deren Hauptergebnisse für das erste und das letzte abgeschlossene Rechnungsjahr folgende sind:

	1892:	1907:
Die Zahl der Abnehmer betrug .	299	2 605
Glühlampen wurden gespeist . .	11 864	112 923 [1]
Bogenlampen brannten	769	4 101
Apparate waren angeschlossen . .	3	177
Motore waren angeschlossen . . .	4	1 070 [2]

[1] Ohne die 2618 Glühlampen der Wagenbeleuchtung der Straßenbahn.
[2] Ohne die 280 Motore der Straßenbahn.

Der Gesamtanschlußwert belief sich 1892 auf 889, 1907 dagegen auf 11 492 K. W. (ohne 5016 K. W. der Straßenbahn).

Die Jahreserzeugung stieg im gleichen Zeitraum von 484 111 K. W. St. auf 14 273 705 K. W. St., die Stromabgabe von 337 285 nutzbaren K. W. St. auf 7 637 407 K. W. St., (ohne die 3 869 715 K. W. St. an den Straßenbahnbetrieb); das Leitungsnetz von 165,7 km mit 62 Kabelkasten auf 717,9 km mit 256 Kabelkasten.

Wie stark die motorische Verwendung der Elektrizität insbesondere gestiegen ist, ergibt sich daraus, daß vom Anschlußwerte, ausgedrückt in Kilowatt, mit Ausschluß der Straßenbahn entfielen auf:

	Lampen		Apparate und Motore	
	absolut	Prozent	absolut	Prozent
1892	883	99,33	6	0,67
1897	1 604	86,85	243	13,15
1902	3 465	70,90	1 422	29,10
1907	7 720	67,18	3 772	32,82

Die gesamten angeschlossenen Motore repräsentierten am 31. März 1908 eine Leistung von 3782,89 P. S. = 3,54 P. S. pro Motor. Von insgesamt 1070 Motoren hatten 552 nicht mehr als 2 P. S. effektive Leistung. Wie sich die Benutzung der vom städtischen Werk gelieferten Elektrizität auf die einzelnen Gewerbearten verteilt und in welchen von diesen die Anlegung von Elektromotoren besonders Fortschritte macht, zeigt folgende Übersicht:

Art der Betriebe	1907		1906		1905		1904		1903	
	Anzahl der Betriebe	P. S.	Anzahl der Betriebe	P. S.	Anzahl der Betriebe	P. S.	Anzahl der Betriebe	P. S.	Anzahl der Betriebe	P. S.
Bäckereien	69	204,75	47	135,50	36	107,75	32	108,13	23	80,00
Brauereien, Mineralwasserfabriken	21	174,80	18	112,55	16	100,55	11	84,50	10	60,05
Buchdruckereien	39	324,15	37	308,15	34	305,90	24	366,00	22	328,70
Eisenbearbeitungsmaschinen	87	928,92	74	579,70	60	275,45	43	249,30	39	226,30
Farbmühlen	9	65,50	8	49,00	7	49,00	6	35,00	5	25,00
Hebezeuge	49	442,95	40	288,75	33	246,25	25	194,25	24	155,50
Holzbearbeitungsmaschinen	34	258,00	28	232,00	22	186,75	21	218,05	19	195,00
Kaffeebrennereien	13	38,00	10	26,50	11	22,50	12	20,50	12	20,50
Maschinen für ärztliche Zwecke	11	39,75	10	18,75	8	12,75	8	3,07	8	8,50
Meiereien	5	11,75	5	11,50	2	5,00	2	4,00	2	4,00
Metallwarenfabriken	3	10,00	2	5,50	1	8,25	4	40,00	5	42,00
Metzgereien	157	471,45	112	328,75	96	288,75	74	237,35	65	205,50
Papierfabriken	8	21.25	7	18,25	7	418,25	1	5,00	1	5,00
Verschiedene	157	791,62	129	539,93	96	422,80	70	189,70	46	129,53

An Brennmaterial wurden 1892: 1192,86, 1907: 23 975,28 Tonnen verbraucht, d. h.

	1892:	1907:
auf je 1 erzeugte K. W. St.	2,463	1,680 kg
auf je 1 nutzbar abgegebene K. W. St.	3,537	2,084 kg.

Die elektrische Straßenbeleuchtung wurde am 23. September 1892 eingeführt; an diesem Tage brannten die ersten vier Kandelaber.

Wie sie zunächst langsam und dann, namentlich in den Jahren 1903 bis 1907, schneller an Ausdehnung gewonnen hat, ohne freilich der öffentlichen Gasbeleuchtung Abbruch zu tun, ergibt sich daraus, daß die öffentliche Beleuchtung umfaßte am 31. März:

	Elektrische		Gaslaternen	Petroleumlaternen
	Bogenlampen	Glühlampen		
1892	—	—	2448	—
1893	4	—	2680	—
1894	4	—	2885	32
1895	4	—	3026	42
1896	6	—	3274	36
1897	34	—	3548	36
1898	36	—	3798	36
1899	50	—	4069	32
1900	50	—	4337	32
1901	50	—	4463	28
1902	182	—	4625	8
1903	262	352	4736	49
1904	262	352	4767	60
1905	291	507	5010	71
1906	303	539	5346	71
1907	327	643	5398	73
1908	325	511	5521	74

Die Abnahme der elektrischen Lampen im Jahre 1908 ist daraus zu erklären, daß an Stelle vieler Lampen geringer Intensität eine kleinere Anzahl Lampen größerer Lichtintensität eingestellt wurde.. Die Zunahme der Petroleumlampen seit 1903 hängt mit der umfangreichen Neuanschüttung von Straßen, in denen zunächst die Legung von Gasröhren infolge der Lockerheit des Erdreichs unmöglich ist, zusammen.

b. Die Preise für den Konsum des Stadtgebietes.

Schon ungefähr ein Jahr vor Beginn des Betriebes, am 11. November 1890, wurden die ersten „Bedingungen für die Lieferung von elektrischem Strom aus den städtischen Elektrizitätswerken zu Düsseldorf" erlassen; darin wurde der Preis für je 100 Volt-Ampèrestunden auf 9 Pf. festgelegt, was umgerechnet auf jede Brennstunde einer 16 kerzigen Glühlampe rund 5 Pf. und für die Brennstunde der Bogenlampen von je 400 Normalkerzen 36 Pf. ergab. Für die Preisberechnung des zu chemischen und motorischen Zwecken benutzten elektrischen Stromes blieb besondere Vereinbarung im einzelnen Falle vorbehalten. Abnehmern mit einem höheren Stromverbrauch als 200 Mk. wurde ein von 4 bis 24 % staffelförmig steigender Rabatt gewährt, wobei jedoch, wie bei den revidierten Rabattbedingungen des Gas- und Wasserwerkes, die besonderen Rabattverrechnungen für jede Stufe vorbehalten waren. Die Verbrauchsberechnung erfolgte nach Elektrizitätszählern, die von der Stadt Düsseldorf gesetzt wurden; der Konsument sollte eine monatliche Miete bezahlen, welche sich nach der Größe des Zählers abstufte und zwar derart, daß sie z. B. für Zähler bis zu 15 Glühlampen von 16 Normalkerzen 1,00 Mk., für 16 bis 30 Glühlampen 1,50 Mk., für 31 bis 60 Glühlampen 2,25 Mk., für 61 bis 100 Glühlampen 3 Mk. und von da ab für 100 Glühlampen größerer Benutzbarkeit 1 Mk. mehr betrug.

Die Rabattsätze dieses Tarifs wurden nach kaum mehr als einjähriger Betriebsdauer zunächst mit Wirkung auf den 1. Januar 1893 dahin erhöht, daß sie bereits bei einem jährlichen Konsum von 100 Mk. und zwar mit einem Satze von 12 % begannen; der Höchstsatz blieb mit 24 % für den 5000 Mk. übersteigenden Jahreskonsum der alte. Zum 1. Januar 1895 wurde der Einheitspreis für den Beleuchtungsstrom auf 8 Pf. pro 100 Volt-Ampèrestunden vermindert, die Rabattsätze wurden gleichzeitig wieder herabgesetzt. Die Mindestgrenze der Rabattierung wurde wiederum auf 200 Mk. Jahreskonsum erhöht, und die einzelnen Sätze sanken auf 5 bis 20 %, wobei das Maximum erst für den Jahreskonsum von mehr als 10 000 Mk. in Betracht kommen sollte.

Inzwischen aber hatte die Technik der Gasbeleuchtung erneut erhebliche Fortschritte gemacht, und die Billigkeit des Gasglühlichts beeinträchtigte merklich den an sich freilich immer weiter ansteigenden Elektrizitätskonsum. Insbesondere bewog die Billigkeit des Gasglühlichts manchen Konsumenten, dem sonst wohl die elektrische Beleuchtung zusagte, davon abzusehen, ja in einzelnen Fällen die bereits vorhandene elektrische Beleuchtung wieder aufzugeben. Da außerdem bereits bei der ersten Preisherabsetzung der dadurch herbeigeführte Einnahmeausfall bei den bisherigen Konsumenten durch den Einnahmezugang bei den neu hinzugekommenen erheblich übertroffen worden war, wurde der Strompreis zum 1. April 1897 weiter auf 7 Pf. für 100 Volt-Ampèrestunden ermäßigt. Die Preisberechnung des für chemische und motorische Zwecke verbrauchten Stromes erfolgte weiter von Fall zu Fall, baute sich jedoch im allgemeinen auf dem einheitlichen Grundpreis von

50 Pf. pro K. W. St. unter entsprechender Ermäßigung für Großkonsumenten auf.

Der Erfolg der Preisminderung war wiederum sehr günstig. Der Anschlußwert stieg in dem darauffolgenden Jahre um 18,60 %, die Stromabgabe um 29,73 %, und statt des, unter Annahme gleichbleibenden Verbrauchs, errechneten neunprozentigen Einnahmeausfalls, ergab sich eine zwölfprozentige Mehreinnahme.

Ständige Vergleiche mit anderen Städten erwiesen aber trotz allem die Düsseldorfer Elektrizitätspreise immer noch als ziemlich hoch, und schon im November 1900 wurden die Lieferungsbedingungen daher erneut revidiert, wobei der Grundpreis für Lichtstrom weiter um 1 Pf. für 100 Volt-Ampèrestunden auf 60 Pf. pro K. W. St. ermäßigt wurde; der Rabatt sollte bei einem Jahreskonsum von 300 Mk. mit 5 % beginnen und bis 10 % steigen (bei 3000 Mk. enden); die Berechnung des Rabatts erfolgte nach wie vor für jede Stufe getrennt.

Mit einer Neuauflage der Stromlieferungsbedingungen zum 1. April 1903 wurde Abnehmern, welche im voraus für das Betriebsjahr für eine Abnahme im Betrage von mindestens 5000 Mk. schriftlich garantierten, ein besonderer Rabatt oder ein ermäßigter Strompreis nach Regelung von Fall zu Fall gewährleistet. Ferner wurde die Zählermiete dahin ermäßigt, daß sie monatlich künftig betragen sollte: für einen Verbrauch bis zu 1,75 K. W. 1,00 Mk., bis zu 3,50 K. W. 1,50 Mk., bis zu 5,50 K. W. 2,00 Mk. und von da ab für je 5 K. W. 0,50 Mk. mehr. Gleichzeitig erfolgte nunmehr auch für den Motorstrom eine einheitliche Preisfestsetzung; der betreffende Absatz der Bedingungen lautete: „Für elektromotorische oder sonstige gewerbliche Zwecke wird jede K. W. St. mit 40 Pf. ohne jeden Preisabzug berechnet. Übernimmt der Kraftstromabnehmer bei der Anmeldung ausdrücklich schriftlich die Verpflichtung, den elektrischen Strom nicht zu entnehmen in den Monaten Januar und Februar täglich von 6 Uhr abends bis 12 Uhr nachts, in den Monaten März bis September täglich eine Stunde nach Sonnenuntergang bis 12 Uhr nachts, so ermäßigt sich der Strompreis auf 20 Pf. für die K. W. St.; ebenfalls ohne jeden Rabattabzug."

Eine Anwendung dieses Prinzips, dessen Hauptzweck in der Herbeiführung eines einigermaßen gleichmäßigen Verbrauchs in den 24 Tagesstunden und damit einer Schonung und vollen Ausnutzung der ganzen Anlage beruhte, auch auf den Lichtkonsum, etwa nach Kölner Muster, wo seit 1903 für die Bemessung des Strompreises nur die Verwendungszeit, dagegen in keiner Weise der Verwendungszweck maßgebend ist, wurde in den nächsten Jahren beraten, aber nicht für zweckmäßig erachtet. Dagegen erhielten die Bedingungen im Interesse der Kleingewerbetreibenden einen Nachtrag, der mit Wirkung vom 1. Januar 1906 ab Gewerbetreibenden der IV. Gewerbesteuerklasse auf besonderen Antrag und falls nicht ein besonderes Stromlieferungsabkommen mit ihnen besteht, einen Rabatt von 20 % auf den Preis für elektrischen Kraftstrom zu elektromotorischen und sonstigen gewerblichen Zwecken einräumte.

Bei der gerade in den Jahren dieser Tarifreform erheblich steigenden Abgabezunahme des städtischen Elektrizitätswerkes wurde es diesem möglich, die vorhandenen Betriebsmittel immer günstiger auszunutzen und dementsprechend bessere Erträgnisse zu erzielen. Bereits Ende des Jahres 1906 ging man daher im Interesse der Konsumenten an eine neuerliche Revision der Stromlieferungsbedingungen. Die Absicht dabei war, durch wesentliche Verminderung des Grundpreises möglichst weiten Kreisen den Bezug elektrischer Energie zu ermöglichen, insbesondere aber den verschiedenen Bedürfnissen der Kleingewerbetreibenden und der Großindustrie entgegen zu kommen.

Unter diesen Gesichtspunkten zerfallen die neuen, seit 1. April 1907 gültigen Preisfestsetzungen in drei Tarife:

I. Im Tarif A wird für den Strom zu Leuchtzwecken der Grundpreis von 60 Pf. auf 45 Pf. herabgesetzt, unter Gewährung einer Rabattskala von 5 bis 30 %.

II. Der Tarif B gilt für Strom zu motorischen und ähnlichen Zwecken bis zu einem Anschlußwert von 75 K. W., wahlweise auch für höhere Anschlüsse. Er ermäßigt nicht nur die Preise, sondern beseitigt auch die Benutzungsbeschränkung der Motore, wie sie die Bedingungen vom 24. März 1903 vorsahen, dadurch, daß künftig die Konsumenten sich nicht zu verpflichten brauchten, die Motore in späteren Abendstunden nicht zu benutzen, sondern, daß sie lediglich bei Benutzung während dieser Stunden, der sogenannten Sperrzeit, einen erhöhten Preis, nämlich den Lichtpreis zu zahlen haben. Die Sperrzeit ist dementsprechend für die Nachmittagsstunden von 6 bis 11 Uhr für Januar und Februar, von 7 bis 11 Uhr für März und April, von 8 bis 11 Uhr für Mai bis August, von 7 bis 11 Uhr für September und Oktober, von 5 bis 11 Uhr für November und von 4 bis 11 Uhr für Dezember festgesetzt worden. Während dieser Sperrzeit sind 45 Pf. pro K. W. St., während der übrigen Zeit 15 Pf. vorgesehen; bei günstiger Ausdehnung der obigen Betriebszeit fällt er bis auf 11,65 Pf., da den größeren Konsumenten ein Rabatt wie nach Tarif A gewährt wird.

III. Tarif C gilt für Strom zu Kraftzwecken bei Anschlüssen von über 75 K. W. und ist den besonderen Stromabsatzverhältnissen der Großindustrie angepaßt.

In der Vorlage über diese Tarifreform an die Stadtverordnetenversammlung heißt es: „Es handelt sich hierbei vor allen Dingen um erheblich höhere Benutzungszeiten der angeschlossenen Stromverbraucher. Während im allgemeinen Benutzungsdauer der angeschlossenen Anlagen durchschnittlich 450 Stunden im Jahr beträgt, ist bei der Großindustrie mit einer Betriebsdauer von 1000 bis 6000 Stunden zu rechnen. Da außerdem die Anschlußwerte meist recht groß sind, so ergibt sich daraus und aus der längeren Benutzungsdauer eine ganz erhebliche Strommenge im Jahr.

Beide Umstände erfordern außergewöhnlich niedrige Preise, damit der Anschluß an das städtische Werk vorteilhafter ist als der Betrieb einer eigenen Anlage. Die hohe Benutzungsdauer ermöglicht aber auch die Gewährung niedriger Preise; denn es ist ohne weiteres klar, daß ein einigermaßen, während des ganzen Jahres gleichmäßig ausgenutztes Werk wesentlich billiger arbeitet als ein solches, welches in den Sommertagen eine spärliche und nur an den Winterabenden eine volle Ausnutzung findet."

Der Tarif C sieht daher eine Minimal-Betriebsstundenzahl eines jeden angeschlossenen K. W. von 1000 Stunden im Jahr vor, wobei sich die Anzahl der Betriebsstunden ergibt aus den, an den Zählern abgelesenen K. W. St. dividiert durch die Höchstzahl der hinter dem Zähler installierten K. W. Die ersten 1000 angeschlossenen K. W. im Kalenderjahr werden mit 15 Pf. pro K. W. St., jede K. W. St. darüber hinaus, je nach der Größe der angeschlossenen Anlage, mit 6 Pf. bis herunter zu 4 Pf. berechnet.

IV. Schließlich sieht der Tarif auch besondere Bedingungen vor für die Abgabe von Strom zu Reservezwecken unter Voraussetzung eines garantierten Mindestverbrauchs von 500 Mk. zuzüglich 50 Mk. für jedes angeschlossene K. W. bei Anschlüssen bis zu einem Anschlußwert von 75 K. W. bzw. eines Jahresmindestverbrauchs von 80 Mk. für jedes angeschlossene K. W. bei größerem Anschlußwert, die Berechnung erfolgt im übrigen nach den Sätzen des Tarifs A. Der Zweck dieser Bestimmung, welche erstmalig mit der Möglichkeit einer Abnahme für Reservezwecke rechnete, war, den Anschluß solcher Interessenten zu ermöglichen, die bereits eine eigene Anlage besitzen und diese nicht erweitern können, sondern bis zum gänzlichen Anschluß an das städtische Werk noch ausnutzen wollen.

V. Trotz der erheblichen Ermäßigungen im Tarif A und B blieb der Sonderrabatt für die Gewerbetreibenden der IV. Gewerbesteuerklasse in alter Höhe bestehen.

VI. Die Zählermiete schwankt bei Verwendung des einfachen Tarifs, je nach Größe, zwischen 0,75 Mk. und 6,50 Mk.; bei noch höherer Benutzungsmöglichkeit für je 10 K. W. bei einem Anschlußwert von mehr als 50 K. W. tritt ein monatlicher Zuschlag von 0,50 Mk. hinzu. Die Miete für Doppeltarifzähler beträgt bei dem geringsten Anschlußwert 1,25 Mk., bei höheren (über 20 K. W.) 1,50 Mk. mehr als bei einfachen Tarifzählern.

Diese Tarifabänderung stellt den vorläufigen Abschluß einer Preispolitik dar, die stetig und zielbewußt auf Erweiterung des Konsumentenkreises hingearbeitet, dabei aber auch die finanziellen Interessen des Elektrizitätswerkes als eines gewerblichen Betriebes nicht außer Auge gelassen hat.

Über die Ausführung von Installationen bestimmte das erste Regulativ vom 11. November 1890, daß die Kosten der Herstellung des Anschlusses an das Leitungsnetz und der Gesamtleitung der Beleuchtungseinrichtung vom Abnehmer zu tragen seien. Nur für Abnehmer, die sich zur Entnahme von elektrischem Strom auf die Dauer von drei Jahren verpflichten, wurde der Anschluß unentgeltlich geleistet. Bei der Tarifreform von 1892 wurden diese Zugeständnisse auf die Konsumenten von mindestens 200 Mk. jährlich beschränkt; 1900 sank diese Konsumgrenze auf 150 Mk. jährlich, 1903 dagegen ist die Vergünstigung für die größeren Abnehmer mit Rücksicht auf die gleichzeitig erhebliche Verbilligung des Stromtarifs aufgehoben worden.

Im übrigen lautete § 5 der Bedingungen bis zum Jahre 1900: „Der Anschluß an das Leitungsnetz, die Leitungen bis zum Abnehmer und die Aufstellung der Elektrizitätszähler dürfen nur durch das Elektrizitätswerk oder dessen Beauftragte ausgeführt, verändert oder repariert werden. Die Herstellung der Anlagen im Innern der Gebäude vom Elektrizitätszähler ab übernimmt zwar gleichfalls das Elektrizitätswerk, es können diese Arbeiten jedoch auch von Unternehmern, welchen die ausdrückliche Erlaubnis dazu erteilt ist, ausgeführt werden".

Da das Elektrizitätswerk zu keiner Zeit ein eigenes Installationsbureau besessen hat, so mußte es die ihm in Auftrag gegebenen Arbeiten durch eine Vertragsfirma ausführen lassen, wobei es sich eine Vergütung von 7,5 % des Materialpreises vorbehielt. Der Gewinn aus diesem Installationsgeschäft war nur mäßig, z. B. in den letzten Jahren seines Bestehens

1897: 321 Mk., 1898: 386 Mk., 1899: 910 Mk. Zudem lag auch ein Übelstand darin, daß das Werk bei vorkommenden Unregelmäßigkeiten während oder auch nach der Ausführung haftbar gemacht werden und mit der Zeit dadurch leicht an Ansehen verlieren konnte. Infolgedessen wurde der § 5 der Lieferungsbedingungen im Jahre 1900 dahin abgeändert, daß der Anschluß an das Leitungsnetz und die Aufstellung des Elektrizitätszählers nur durch das Elektrizitätswerk oder dessen Beauftragte ausgeführt, verändert oder repariert werden darf; die Herstellung der Anlagen im Inneren der Gebäude dagegen ist von Unternehmern, welchen vom Elektrizitätswerk die ausdrückliche Erlaubnis dazu erteilt ist, auszuführen. Die Verpflichtung des städtischen Elektrizitätswerks zur Ausführung von Privatinstallationen ist damit hinfällig geworden; zur weiteren Sicherheit gegen Klagen an der falschen Stelle enthalten die gegenwärtigen Lieferungsbedingungen noch den ausdrücklichen Vermerk: „Die Stadt Düsseldorf ist für die von den Privatinstallateuren ausgeführten Arbeiten und Lieferungen nicht verantwortlich oder haftbar, selbst wenn die Direktion der Gas-, Wasser- und Elektrizitätswerke diese Arbeiten nachgeprüft oder angeordnet hat".

Ähnliche Erwägungen wie zur Aufgabe des Installationsgeschäfts führten 1900 dazu, die mehrere Jahre hindurch ventilierte Frage, ob es ratsam sei, Elektromotoren entweder durch das städtische Werk selbst oder durch Privatfirmen auf Grund vertraglicher Vereinbarungen mit der Direktion des Elektrizitätswerks leihweise abzugeben, schließlich zu verneinen. Die Dringlichkeit des Bedarfs schien in keinem Verhältnis zu stehen zu der zu erwartenden Mühewaltung und dem gegebenen Falls ziemlich hohen Risiko.

c. Das Versorgungsgebiet.

Das städtische Elektrizitätswerk versorgt das ganze Gemeindegebiet, doch ist daneben noch eine große Zahl privater Anlagen für Selbstgebrauch vorhanden. Am 31. März 1907 waren deren 170 vorhanden.

Über die Grenze des Stadtgebietes hinaus hat sich andererseits der Wirkungskreis des städtischen Elektrizitätswerks nicht ausgedehnt, doch war in Verträgen mit einzelnen der Vorortgemeinden eine künftige Ausdehnung nach dieser Richtung hin vorgesehen.

So wird in den Verträgen, die mit der Stadt Gerresheim, den Gemeinden Eller und Ludenberg geschlossen worden sind (vergl. oben S. 11), der Gemeinde Düsseldorf zugesichert, daß bis zum Ablauf des Gaslieferungsvertrages die drei Vorortgemeinden selbst darauf verzichten und auch keinem anderen gestatten werden, während der Vertragsdauer Straßen und Plätze zur Leitung von Elektrizität zu benutzen, andererseits hat die Stadt Düsseldorf dafür die Verpflichtung (bez. hinsichtlich Ellers die Möglichkeit) nach gewisser Zeit und unter gewissen Bedingungen die öffentliche Beleuchtung der Vorortsgemeinden statt durch Gas, durch Elektrizität vorzunehmen. Die Preise sollen s. Zt. durch Übereinkommen zwischen den Konsumenten und dem Elektrizitätswerk, gegebenen Falls nach Anrufung geeigneter Sachverständiger festgelegt werden.

Des Weiteren hat sich die Stadt Düsseldorf laut Vertrag vom Oktober 1908 der Landgemeinde Himmelgeist gegenüber verpflichtet, unter gleichen Bedingungen wie den Düsseldorfer Konsumenten elektrische Energie zu liefern, jedoch nur insoweit, als sich der einzelne Antragsteller zu einer jährlichen Mindeststromentnahme in geldlicher Höhe von einem Fünftel der Anlagekosten auf die Dauer von fünf Jahren verpflichtet.

Durch die oben (S. 13) erwähnten Eingemeindungen sind auch diese Verträge hinfällig geworden.

d. Finanzielles.

Bis zum Jahre 1899 wurde der Gesamtüberschuß für Abschreibungen und Erweiterungen bestimmt und zu diesem Zwecke jährlich nach Abschluß der Bilanz auf nächstjährige Rechnung als „Reservegewinnkonto" übertragen. Als aber im Jahre 1900 zum ersten Male ein Betriebsüberschuß von mehr als einer halben Million Mark resultierte, wurde daraus eine Abführung an die Stadtkasse, und zwar in Höhe von 250 000 Mk., zur Deckung der außerordentlichen Ausgaben Düsseldorfs der für das Jahr 1902 bevorstehenden Ausstellung vorgenommen. In den nächstfolgenden drei Jahren 1900 bis 1903 wurden ebenfalls je 200 000 Mk. aus den Überschüssen an die Stadtkasse abgeführt und zwar „zur Vervollständigung der Einnahmen aus Steuern für die allgemeinen städtischen Bedürfnisse". Um diese Abführungen, wie es in der Natur der Sache liegt, zu konsolidieren, werden seit 1906 diese 200 000 Mk. nicht mehr aus Überschüssen nach Fertigstellung der Bilanz genommen, sondern in den Etat als Betriebsausgabe eingestellt. Als weitere Risikoprämie erhält die Stadtkasse ferner neuerdings die Hälfte der bilanzmäßig verbleibenden Überschüsse, im Jahre 1907 in Höhe von 169 873,69 Mk. Außerdem leistet das Elektrizitätswerk, ebenso wie die übrigen gewerblichen Betriebe, einen Beitrag zu den Verwaltungskosten (1907 wie Gas- und Wasserwerk 25 000 Mk.).

Die Grundzüge dieser Finanzpolitik decken sich völlig mit den oben hinsichtlich des Gaswerks charakterisierten. Näheres ist aus den auf den S. 51 und 52 abgedruckten Übersichten (Gewinn- und Verlustkonto 1907 und Bilanzkonto 1907) zu entnehmen.

Städtisches Elektrizitätswerk.

Soll. Gewinn- und Verlustkonto 1907. Haben.

Soll	Mk.	Pf.	Mk.	Pf.
An Kohlenkonto			347 355	39
„ Grundstücks- und Gebäudeunterhaltungskonto			5 590	78
„ Gehaltskonto			91 532	56
„ Pensionskonto			1 200	—
„ Generalunkostenkonto			18 193	40
„ Betriebsarbeiter-Lohnkonto			153 532	98
Beleuchtung, Heizung und Wasserverbrauch des Betriebs			40 508	53
Betriebsutensilien und Unkosten des Betriebs			28 157	73
„ Maschinen-Unterhaltungskonto			29 607	18
„ Akkumulatoren-Unterhaltungskonto			24 023	36
„ Kabelnetz-Unterhaltungskonto			12 116	05
„ Rabattkonto			51 570	71
„ Zinsenkonto			230 606	57
„ Normaluhrenkonto			5 229	75
„ Stadtkassenkonto, etatsmäßige Abführung an die Stadtkasse			225 000	—
„ Konto der öffentlichen Beleuchtung:				
Unterhaltung der Lampen.	44 439	98		
Stromkonsum	76 990	08	121 430	06
„ Elektrizitätsmesser-Mietekonto			65	75
„ Stromkonsumentenkonto			1 801	03
„ Diverse Debitoren			141	29
„ Baukonto, Abschreibungen lt. Etat:				
Gebäude 3 % v. Mk. 624 054,42	18 721	63		
Dampfkessel 10 % v. Mk. 222 309,64	22 030	96		
Maschinen u. Apparate 10 % v. Mk. 927 899,43	92 789	94		
Akkumulatoren 10 % v. Mk. 338 823,80	33 882	38		
Leitungsnetz 3 % v. Mk. 1 654 650,60	49 639	52		
Elektrizitätsmesser 15 % v. Mk. 148 227,—	22 233	05	239 297	48
„ Baukonto, Maschinen und Apparate: außerordentliche Abschreibung, Verstärkung der Dampfmaschinen			43 993	09
„ Baukonto, Leitungsnetz: außerordentl. Abschreibung			100 000	—
„ Bilanzkonto			339 747	38
			2 110 701	07

Haben	Mk.	Pf.
Per Elektrizitätsmesser-Unterhaltungskonto	33 053	20
„ Hausanschluß- und Magazinkonto	4 840	81
„ Pächtekonto	10 000	—
„ Stromabgabekonto	2 062 807	06
	2 110 701	07

Die Ausgaben auf Gewinn- und

	1907			1906		
	im ganzen	für die erzeugte Kilowattstunde	für die abgegebene Kilowattstunde	im ganzen	für die erzeugte Kilowattstunde	für die abgegebene Kilowattstunde
	Mk.	Pf.	Pf.	Mk.	Pf.	Pf.
Für Betriebsarbeiterlöhne	153 532,98	1,08	1,33	127 612,64	1,17	1,59
„ Kohlen	347 355,39	2,43	3,02	250 361,90	2,31	3,11
„ Maschinenunterhaltung, Putz- und Schmiermaterial	29 607,18	0,21	0,26	31 439,83	0,29	0,39
„ Betriebsutensilien und Unkosten	44 508,10	0,31	0,38	23 341,11	0,22	0,29
„ Gehälter	91 532,56	0,64	0,80	73 154,93	0.67	0,91
„ Pensionen	1 200,00	0.01	0,01	—	—	—
„ Generalunkosten	18 193,40	0,13	0,16	34 127,16	0,31	0,43
„ Unterhaltung d. Grundstücke, Gebäude und des Leitungsnetzes	17 706,83	0,12	0,15	13 819,38	0,13	0,16
der Akkumulatoren	24 023,36	0,17	0 21	27 898,98	0 26	0.35
Summe	727 659,80	5,10	6,32	581 755,93	5,36	7,23

Städtisches Elektrizitätswerk.

Soll. Bilanzkonto 1907. Haben.

Soll		Mk.	Pf.	Haben	Mk.	Pf.
An Baukonto:				Per Kapitalkonto der Stadt Düsseldorf, III. Anleihe	1 400 000	—
Grundstücke	153 085,88			„ Kapitalkonto der Stadt Düsseldorf, I. Anleihe	847 645	47
Gebäude	861 558,32			„ Kapitalkonto der Stadt Düsseldorf II. Anleihe	1 815 476	—
Dampfkessel	473 345,89			„ Kapitalkonto der Stadt Düsseldorf IV. Anleihe	1 305 000	—
Maschinen u. Apparate	2 544 410,78			„ Kapitalkonto der städt. Gasanstalt	1 500 000	—
Akkumulatoren	270 446,75			„ Gewinn- und Verlustkonto	339 747	38
Leitungsnetz	2 195 723,97					
Elektrizitätsmesser	259 437,98	6 758 009	57			
„ Kohlenkonto		27 000	—			
„ Kassakonto		319 155	79			
„ Hausanschluß- u. Magazinkonto		4 864	36			
„ Elektrizitätsmesser-Mietekonto		197	60			
„ Stromkonsumentenkonto		4 742	29			
„ Diverse Debitoren		2 025	30			
„ Erweiterungsbautenkonto, Leitungsnetz		91 873	94			
		7 207 868	85		7 207 868	85

Verlustkonto[1] betrugen im einzelnen:

1905			1904			1903		
im ganzen	für die erzeugte Kilowattstunde	für die abgegebene Kilowattstunde	im ganzen	für die erzeugte Kilowattstunde	für die abgegebene Kilowattstunde	im ganzen	für die erzeugte Kilowattstunde	für die abgegebene Kilowattstunde
Mk.	Pf.	Pf.	Mk.	Pf.	Pf.	Mk.	Pf.	Pf.
100 487,17	1,06	1,46	85 114,53	1,14	1,52	78 038,24	1,28	1,73
213 426,33	2,26	3,11	159 710,90	2,15	2,85	139 019,91	2,27	3,08
34 580,05	0,37	0,50	31 461,51	0,42	0,56	22 734,64	0,37	0,50
19 985,87	0,21	0,29	13 832,92	0,19	0,25	15 296,96	0,25	0,34
68 347,77	0,72	0,99	61 354,18	0,83	1,10	56 018,72	0,92	1,24
—	—	—	—	—	—	1 000,00	0,02	0,02
32 422,17	0,34	0,47	30 250,76	0,41	0,54	19 036,15	0,31	0,42
20 298,80	0,22	0,30	13 885,11	0,19	0,25	13 313,79	0,22	0,29
19 404,06	0,21	0,28	12 716,85	0,17	0,23	28 283,23	0,46	0,63
508 952,22	5,39	7,40	408 326,76	5,50	7,30	372 741,64	6,10	8,25

Laut Beschluß der Stadtverordnetenversammlung vom 28. Juli 1908 wurde die Hälfte des Überschusses von 339 747,38 Mk. = 169 873,69 Mk. der Stadtkasse überwiesen, die andere Hälfte soll zu Erweiterungen des Elektrizitätswerks und zu Abschreibungen verwendet werden.

Die Reineinnahme für die erzeugte K. W. St. belief sich im Durchschnitt auf:

1898:	32,26 Pf.,	1901:	16,73 Pf.,	1904:	15,99 Pf.,
1899:	34,44 „	1902:	14,92 „	1905:	15,47 „
1900:	20,53 „	1903:	16,11 „	1906:	15,35 „
		1907:	13,38 Pf.		

für die nutzbar abgegebene Kilowattstunde:

1898:	45,29 Pf.,	1901:	22,68 Pf.,	1904:	21,22 Pf.,
1899:	36,56 „	1902:	21,14 „	1905:	21,25 „
1900:	26,78 „	1903:	21,81 „	1906:	20,70 „
		1907:	16,60 Pf.		

[1] Darin sind nur die reinen Betriebskosten enthalten, also nicht darin enthalten die Ausgaben für Verzinsung, Abschreibung, öffentliche Beleuchtung, für die Niederschlagung uneinziehbarer Forderungen usw.

Die Selbstkosten der unentgeltlich ausgeführten öffentlichen Beleuchtung berechnen sich im letzten Betriebsjahr:

für Stromverbrauch auf . . .	76 990 Mk.
„ Bedienung und Unterhalt .	44 440 „
zusammen:	121 430 Mk.

Das Anlagekapital des städtischen Elektrizitätswerks betrug am 1. April 1908: 11 694 749 Mk., der Buchwert 6 758 010 Mk., der Feuerversicherungswert für Mobilien 74 050 Mk., für Immobilien einschließlich Maschinen 5 855 518 Mk.

II.

Die Verkehrs- und Handelsunternehmungen.

1. Die städtischen Straßenbahnen.

a. Äußere Geschichte.

Die Geschichte der Straßenbahnen in Düsseldorf zerfällt in drei aufeinanderfolgende Perioden:

1. die Zeit des Privatunternehmens,
2. die Zeit des städtischen Eigentums ohne eigenen Betrieb und
3. die Zeit des städtischen Regiebetriebs.

Da sie somit alle wesentlichen Betriebsformen hintereinander aufweist, bietet sie für die vorliegende Veröffentlichung besonderes Interesse.

Nachdem der Stadtverwaltung bereits im Jahre 1873 von privater Seite das Ersuchen um eine Konzession für eine Pferdeeisenbahnanlage unterbreitet worden war, schrieb sie, von der Notwendigkeit eines solchen Unternehmens überzeugt, eine Konkurrenz für eine Straßenbahnanlage aus. In deren Verfolg erhielt am 29. August 1875 ein belgischer Unternehmer die Konzession, bei deren Erteilung die Stadtverwaltung freilich mit aller Bestimmtheit den Standpunkt vertrat, daß sie „von dem Unternehmer nicht zum Gegenstand eines Handels gemacht, sondern auch tatsächlich zur Einrichtung und Ausdehnung der Anlage nach Maßgabe des obwaltenden Bedürfnisses benutzt würde", anderseits aber doch dem Unternehmer derartige Rechte einräumte, daß der Einfluß der Stadt auf Ausgestaltung und Ausdehnung des Betriebs nicht allzugroß war. Vorsorglich waren freilich die Bestimmungen, welche den Unternehmer verpflichteten, binnen drei Monaten bereits einen bestimmten Teil der Anlage in Betrieb zu nehmen, und die Abmachungen über die Konzessionsdauer. Während diese in anderen Städten *meist erheblich länger bemessen war,* wurde sie in Düsseldorf auf nur 25 Jahre festgesetzt, wobei sich die Stadt noch das Recht vorbehielt, von dem Ablaufe des 10. Betriebsjahres ab die Konzession unter bestimmten Bedingungen und unter Einhaltung einer einjährigen Kündigungsfrist anzukaufen. Für den Fall, daß von diesem Rechte kein Gebrauch gemacht werde, sollte nach Ablauf der Vertragsdauer Bahngleise und Zubehör ohne jede Entschädigung, das rollende Material und andere Betriebsgegenstände nach einem bestimmten Taxwerte an die Stadt fallen, wenn sie es wünscht; andernfalls würden die Gleise auf Kosten des Unternehmers zu beseitigen und der frühere Zustand wieder herzustellen sein.

Die an die Stadt zu zahlende Abgabe wurde mit 3 % des Bruttoertrages und 500 Mk. für jeden im regelmäßigen Betriebe befindlichen Wagen, in jedem Falle aber auf rund mindestens 1200 Mk. für jeden in Betrieb befindlichen Kilometer Bahnlinie während eines jeden der ersten fünf, 1600 Mk. bzw. 2000 Mk. während der späteren Konzessionsjahre festgesetzt. Hinsichtlich der Preise wurde eine Maximalnorm (vergl. Abschnitt c) fixiert, unter die der Konzessionär zwar gehen durfte, deren Überschreitung aber ohne Autorisation der Stadtverordnetenversammlung nicht erlaubt war.

Am 6. Februar 1876 wurde der Betrieb mit durchschnittlich zwei Wagen bei einer Schienenlänge von 2,650 km in drei Linien eröffnet. Noch während desselben Jahres wurde das Netz weiter ausgedehnt, so daß Ende März 1877 durchschnittlich neun Wagen verkehrten und das Schienennetz schon eine Länge von 11,119 km aufwies; diese Schienenlänge freilich wurde, wie die Tabelle 5 zeigt, schon 1878 durch Abkürzung einer der Linien vermindert, und sie blieb während der nächsten fünfzehn Jahre im wesentlichen unverändert.

Schon 1879 übertrug der Unternehmer unter Einhaltung der vertraglichen Bedingungen Rechte und Pflichten der Konzession an eine belgische Aktiengesellschaft in Brüssel, die mit einem Kapital von 1 000 000 Fr. arbeitete, aber ebenso, wie der erste Konzessionär, kein besonderes Geschäft machte; im Gegenteil, sie stellte wiederholt den freilich vergeblichen Antrag an die Stadtverwaltung, eine Ermäßigung der Abgaben vorzunehmen.

Die dadurch hervorgerufene Spannung wurde vergrößert, als Mitte der achtziger Jahre die Stadtverwaltung verlangte, daß die Gesellschaft das Bahnnetz nach dem neuen Personenbahnhofe ausbauen sollte, diese sich aber mit Hinweis auf die bisherige Unrentabilität des Unternehmens — in den Jahren 1883, 1884, 1885 ergab sich nach Abzug der Abgaben an die Stadt und Zahlung der Terrainmiete nur ein Reingewinn von 16 688 Mk., bzw. 31 592 Mk. bez. 24 511 Mk. — weigerte und besondere Vergünstigungen zur Gegenleistung verlangte: Verlängerung der Konzession auf weitere 40 Jahre, Schutz gegen Konkurrenz für diese Zeit und Verminderung der Abgabe für das Straßenbenutzungsrecht. Die Stadtgemeinde ging auf diese Vorschläge nicht ein, sondern begann die gewünschten Ergänzungsstrecken selbst zu bauen, mit der Absicht, unabhängig von dem im übrigen fortlaufenden Vertrag mit der belgischen Gesellschaft diese neuen Strecken gesondert zu verpachten. Auf Klage der Gesellschaft wurde der Stadt aber der Bau dieser Linien untersagt.

Um die somit unhaltbar gewordenen Zustände zu beendigen, machte die Stadt, die sich nicht länger die Hände binden lassen wollte, nunmehr von dem Ankaufsrechte Gebrauch und erwarb am 1. Juli 1892 den Betrieb gegen die Verpflichtung einer einmaligen Zahlung von 204 328 Mk. für die übernommenen Mobilien und Immobilien, sowie einer jährlichen Rente von 107 574 Mk. auf neuneinhalb Jahre.

Die Frage, ob die Stadtgemeinde die Bahn nunmehr in eigene Regie übernehmen sollte, wurde in einer besonderen Kommission eingehend beraten. Als Gründe für den Regiebetrieb wurden hervorgehoben:

1. Die Stadt ist freier in der Befriedigung des fortschreitenden Verkehrsbedürfnisses und in der Einführung einer vollkommeneren Betriebskraft.
2. Sie ist übermäßigen Ansprüchen in betreff Erneuerung und Umbau des bestehenden Gleisenetzes seitens eines Unternehmers nicht ausgesetzt.
3. Sie erhält den ganzen Reingewinn, während ein Unternehmer sich mit in ihn teilt.
4. Der Abschluß eines alle Verhältnisse richtig vorhersehenden Vertrages ist sehr schwierig.
5. Gegenüber den Kosten des Gleisenetzes und des Depots, welche die Stadt sowieso trägt, ist das für den Betrieb nötige Kapital nur gering.
6. Die größeren Unternehmer verlangen längere Konzessionen, deren Bewilligung bedenklich ist.
7. Die Kontrolle der Betriebseinnahmen ist sicherer als beim Betriebe durch einen Unternehmer.

Dagegen wurden jedoch ebensoviele Bedenken geltend gemacht:

1. Die Stellung der Pferde und Kutscher seitens eines Fuhrunternehmers kann insofern schädlich wirken, als durch zu große Schonung der Pferde oder durch Einstellung nicht geeigneter Pferde der Fahrbetrieb leidet.
2. Bei eigenem Fuhrpark umständliche Verwaltung, Seuchen usw.
3. Die Ansprüche des Publikums sind der Stadt gegenüber größer als einem Unternehmer gegenüber. Häufigere Beschwerden.
4. Es sind eher Anträge auf Fahrgeldermäßigung zu befürchten.

5. Die Entscheidung über die Bahnfrage, Arbeitszeit und Befähigung des Personals allein dem Direktor zu überlassen, ist unter Umständen bedenklich, daher schwierigere städtische Verwaltung, Belästigung derselben durch Beschwerden des Personals.
6. Die Kosten für Personal und Fuhrpark werden sich voraussichtlich höher stellen als beim Betriebe durch einen Unternehmer.
7. Es ist eine größere Agitation für unrentable Linien zu erwarten.

Die so zur Entscheidung gestellte Frage blieb angesichts des günstigen Angebots eines Unternehmers auf Verpachtung zunächst in der Schwebe, und am 29. Dezember 1891 wurde ein Pachtvertrag abgeschlossen, nach dem die Stadt Bau und Unterhaltung der Gleise, Wagen und Depots übernahm, wogegen der Unternehmer der Stadt eine Depotmiete von 10 000 Mk. (bzw. bis zur Errichtung eines neuen Depots eine vierprozentige Verzinsung des Wertes des vorhandenen Depots), eine Jahrespacht von 850 Mk. für die Grundstücke und dreiviertel von der Bruttojahresbetriebseinnahme nach Abzug dieser Beträge, soweit sie 24 Pf. pro Wagennutzkilometer übersteigt, zu zahlen hatte. Der Fahrplan unterlag der Genehmigung der Stadt; die Feststellung der Fahrpreise behielt sie sich allein vor.

Der Vertrag wurde auf zehn Jahre abgeschlossen, jedoch unter dem Vorbehalt eines sechsmonatlichen Kündigungsrechts für die Stadt vom 1. Januar 1895 ab.

Die Stadt ließ es sich sofort angelegen sein, das Gleisnetz allmählich, zunächst auf fast die doppelte und bis 1899 auf fast die dreifache Betriebslänge des Bestandes am Tage der Übernahme von der belgischen Pferdeeisenbahngesellschaft auszubauen. Im Jahre 1894 übernahm der Unternehmer unter ähnlichen Bedingungen, wie im Hauptvertrag enthalten, auch den Betrieb einer von der Stadt nach Grafenberg (vergl. Plan und Abschnitt c) gebauten und zum elektrischen Betrieb eingerichteten Linie.

Die neue Bewegungsart mit Hilfe der elektrischen Kraft bewährte sich auf dieser Strecke vorzüglich; gleich günstige Erfolge, größere Geschwindigkeit und Leistungsfähigkeit, Schonung des Pflasters und Ersparnis an Betriebskosten, hatten andere Städte erzielt, und für Düsseldorf kam noch besonders der Besitz einer eigenen elektrischen Kraftquelle entscheidend in Betracht, so daß die Elektrisierung auch des Stadtnetzes beschlossen wurde.

Über die Höhe des für den Motorstrom an die Stadt zu zahlenden Preises war jedoch mit dem bisherigen Pächter eine Einigung nicht möglich (die Verwaltung verlangte 7 Pf. pro Wagenkilometer); infolgedessen wurde Ende 1898 ein Vertrag mit der Elektrizitätsaktiengesellschaft Schuckert & Cie. in Nürnberg abgeschlossen, welche die Ausführung der auf 3,2 Millionen

Mark veranschlagten Umwandlung und den Betrieb für die Umwandlungszeit übernahm. Die Umwandlung wurde so gefördert, daß schon am 21. Juni 1900 der letzte Pferdebahnwagen durch die Stadt Düsseldorf fuhr.

Zehn Tage später, am 1. Juli 1900 ging der Betrieb in städtische Regie über; die lang erwogene Frage war also zugunsten des Eigenbetriebes entschieden worden; dem dahin gehenden Beschluß der Stadtverordnetenversammlung vom 17. Juli 1899 lagen insbesondere folgende Erwägungen zugrunde:

„Sowohl die einzelnen Gemeinden, welche bisher den Straßenbahnbetrieb auf ihren Straßen zuließen, als auch die gesetzgebenden Faktoren haben als Normalzustand angesehen, daß Straße und Bahn in der Hand der jene unterhaltenden Gemeinde liegt; denn sie haben sich von jeher nach einer gewissen Reihe von Jahren das Heimfallsrecht ausbedungen, und dieses ist im Kleinbahngesetz eingehend normiert. Nur bei diesem Normalzustande erscheint die freieste Weiterentwicklung des Straßenbahnunternehmens sicher gestellt. Die Gemeinde bleibt unbeschränkte Herrin ihrer Straßen, kann Straßenbahnlinien bauen, wie und wohin sie will, kann Gleise erneuern und die Straßendecke instandhalten, wie sie es für gut erachtet. Sie kann mit ihren Straßenbahnlinien jedem neuen Zuge folgen, selbst wenn diese Linie keinen Gewinn einträgt, wohl aber zur Erschließung des neuen Stadtteils wesentlich beiträgt. Sie ist die lästigen Verhandlungen und nicht selten auch Streitigkeiten mit fremden Unternehmungen enthoben. Sie kann nach dem allgemeinen Verkehrsbedürfnisse Fahrplan und Tarif ohne Rücksicht auf eine große Rente einrichten und durch Einrichtung von Kranken- und Unterstützungskassen und Gewährung von Invaliden- und Hinterbliebenenversorgung neben Gewährung höherer Löhne und Verkürzung der Arbeitszeit die Lebenslage der Angestellten, ohne den Widerspruch der Teilhaber der Gesellschaften zu fürchten, verbessern und so Arbeitseinstellungen und Betriebsstörungen möglichst ausschließen. Auch ist die Gemeinde frei in der Wahl der Betriebskraft und meist schneller geneigt, Neuerungen und Verbesserungen einzuführen als Private“.

Während des städtischen Regiebetriebes sind allmählich die noch vorhandenen alten, leichten, für den Pferdebahnbetrieb geeigneten Wagen ausgesondert und durch schwere, dem Motorwagenbetrieb angepaßte, ersetzt worden. Zugleich baute man alle Strecken zweigleisig aus, was die breiten Straßen der Stadt überall gestatteten; vor allem aber wurde das Netz nach allen Richtungen hin ausgebaut [1], und Tabelle 5 zeigt deutlich, wie mächtig

[1] In Ergänzung des Straßenbahnnetzes wird seit 1. Februar 1907 ein Automobilomnibusverkehr zwischen dem Hafen und dem abgelegenen Stadtteil Hamm (vgl. Stadtplan) unterhalten.

Tabelle 5. Betriebsentwicklung der Straßenbahn zu Düsseldorf, 1876 bis 1907.

a. Periode der belgischen Gesellschaft
(vom 6. Februar 1876 bis 1. Juli 1892).

Jahr	Einwohnerzahl	Gesamtgleislänge km	Betriebslänge absolut km	Betriebslänge auf je 10000 Einwohner km	Wagen	Pferde	Betriebs-einnahmen Mk.	Betriebs-ausgaben Mk.
1876	82 300	11,12	11,12	1,35	9	·	·	·
1877	85 100	11,12	11,12	1,31	10	·	·	·
1878	88 000	9,79	9,79	1,11	10	·	·	·
1879	91 000	9,79	9,79	1,07	17	53	·	·
1880	94 200	9,79	9,79	1,04	28	124	416 060	335 941
1881	97 600	9,79	9,79	1,00	28	55	135 977	134 167
1882	101 400	9,80	8,20	0,81	28	55	147 122	127 435
1883	105 300	9,80	8,35	0,79	28	52	155 641	128 600
1884	109 300	9,80	8,40	0,77	28	55	170 267	122 991
1885	113 500	9,80	8,40	0,74	28	55	170 948	129 904
1886	118 300	9,80	8,40	0,71	28	58	180 697	128 358
1887	123 800	9,80	8,40	0,68	28	58	180 129	120 305
1888	129 600	9,80	8,91	0,69	28	68	194 859	137 131
1889	135 600	9,50	9,50	0,70	33	68	242 154	156 904
1890	141 900	9,50	9,50	0,67	33	67	273 254	162 696
1891	148 000	9,50	9,50	0,64	38	74	·	·
1892	153 800	9,50	9,50	0,62	38	72	·	·

b. Periode der Verpachtung
(vom 1. Juli 1892 bis 1899).

Jahr	Einwohnerzahl	Gesamtgleislänge km	Betriebslänge absolut km	Betriebslänge auf je 10000 Einwohner km	Wagen	Pferde	Zurückgelegte Wagennutzkilometer	Betriebseinnahmen Mk.
1892	153 800	19,68	16,02	1,04	46	120	680 283	289 411
1893	159 200	27,63	16,02	1,01	66	210	1 138 740	472 607
1894	166 500	29,02	16,02	0,96	67	212	1 603 058	586 006
1895	173 000	29,04	16,02	0,93	69	269	1 700 493	685 906
1896	180 700	34,35	18,60	1,03	80	360	2 050 462	773 902
1897	190 000	39,18	20,96	1,10	86	360	2 618 317	931 493
1898	198 000	44,43	23,72	1,20	88	370	2 692 284	1 028 369
1899	204 200	53,68	28,82	1,41	72	256	3 342 058	1 358 969

der Verkehr gewachsen ist und wie bedeutend die Betriebsmittel vermehrt worden sind, seit dem es die Stadt sich selbst angelegen sein ließ, den Anforderungen des gesteigerten Verkehrs zu genügen und den Einwohnern der Stadt eine billige Fahrgelegenheit zu bieten.

c. Periode des städtischen

Jahr	Einwohnerzahl des Einflußgebietes	Gesamtgleislänge einschl. Nebengleise km	Betriebslänge absolut km	Betriebslänge auf 10 000 Einwohner km	Wagenpark Motorwagen	Wagenpark Anhängewagen	Jahresfrequenz ohne Abonnenten und Dienstfahrten	Jahresfrequenz Abonnenten
1900	209 900	55,60	30,12	1,44	118	107	14 301 504	8 770 512
1901	244 800	66,43	38,63	1,58	154	198	16 299 582	4 141 150
1902	272 000	83,00	41,61	1,53	154	176	23 163 448	2 443 028
1903	279 000	84,96	41,70	1,50	154	167	18 778 141	2 601 181
1904	287 000	86,09	42,64	1,48	144	157	20 343 529	3 948 647
1905	302 640	91,34	42,60	1,41	144	159	21 323 378	5 157 524
1906	313 112	103,92	46,03	1,47	144	159	24 230 998	10 443 248 [1]
1907	316 314	106,47	51,41	1,63	144	159	26 772 433	13 563 567 [1]

Die einfache Betriebslänge betrug: 1876 (Eröffnungsjahr) 11,1 km, 1891 (letztes Jahr der belgischen Bahn) 9,5 km, 1892 (Beginn der Pacht) 19,7 km, 1900 (erstes Jahr der städtischen Regie) 30,1 km, 1908 (einschließlich Mitbenutzung fremder Strecken und der Vorortlinien) 51,41 km.

Die Wagenzahl betrug: 1876: 9, 1891: 38, 1892: 46, 1900: 225, 1908: 303.

Das Personal ist in den acht Jahren des Regiebetriebes von 440 Köpfen auf 919 (31. März 1908) gewachsen.

Über die Frequenz in der ersten Periode liegen Angaben leider nicht vor; im ersten vollen Jahr der Pachtzeit wurden 3 579 242 Personen befördert, im ersten Jahre des Regiebetriebes 23 072 016, im bislang letzten Jahre 40 336 000. Entsprechend ist die Leistung an Wagennutzkilometer gestiegen; ihre Zahl betrug:

1893	1 138 740
1899	3 342 058
1900	4 869 294
1907	10 318 124

Der Verbrauch von elektrischem Strom ist von 2 298 863 K.W. St. im Jahre 1900 auf 4 860 234 K. W. St. im Jahre 1907 gestiegen; von letzterer Summe lieferte das Elektrizitätswerk 3 856 270 K. W. St. und die Zentrale Rath (vergl. Abschnitt c) 1 003 964 K. W. St. Die Zentrale Rath hat außerdem im letzten Jahre 2721 K. W. St. an Private abgegeben.

b. Die Fahrpreise.

Die Fahrpreise waren in der Unternehmerzeit sehr hoch. Nach den oben erwähnten Vertragsbestimmungen war als Maximaltarif vorgesehen worden:

[1] Einschließlich Dienstfahrten.

Regiebetriebes (1900 bis 1907).

Jahresfrequenz insgesamt absolut	auf das Kilometer Bahnlänge	auf den Einwohner	Stromverbrauch K. W. St.	Zurückgelegte Wagennutzkilometer	Betriebseinnahmen Mk.	Betriebsausgaben Mk.
23 072 016	765 978	110	2 298 863	4 608 806	1 733 590	857 189
20 440 732	529 141	84	2 551 226	5 790 155	1 850 706	1 406 185
25 606 476	615 392	94	2 998 456	7 761 642	2 567 453	1 614 438
21 379 322	511 345	77	2 745 942	6 575 458	2 163 543	1 380 546
24 292 176	569 704	85	3 208 056	7 083 173	2 586 679	1 432 331
26 480 902	621 617	87	3 529 322	7 554 620	2 738 319	1 647 213
34 674 246 [1]	753 297 [1]	111 [1]	4 006 429	9 012 371	3 156 702	1 984 726
40 336 000 [1]	784 594 [1]	126 [1]	4 681 830	10 318 124	3 546 692	2 385 044

10 Pf. für eine Strecke von 1200 m
15 " " " " " 1200—2000 m
20 " " " " " 2000—3000 m
25 " " " " " 3000—4000 m und
30 " " " " " 4000—5000 m.

Dieser Maximaltarif gelangte auch voll zur Einführung; für die ersten der beiden Wagenklassen wurden zudem, ohne Rücksicht auf die Länge der durchfahrenden Strecke, 5 Pf. mehr erhoben.

Schon im Sommer 1877 wurde der Tarif neu geregelt; die einzelnen Linien wurden in zwei oder mehr Teilstrecken zur Norm von 5 Pf. eingeteilt, jedoch blieben die Fahrpreise infolge der kurzen Abmessung der Teilstrecken auch weiter so hoch, daß zweifellos hierin die Gründe für die geringe Benutzung der Straßenbahn und damit die schlechten Geschäfte der Gesellschaft zu suchen sind.

So wurden z. B. für die Strecke Rathaus (Burgplatz)—Zoologischer Garten (vergl. Plan) 25 Pf. in der II. und 30 Pf. in der I. Klasse, für die Strecke Flora—Zoologischer Garten 30 bezw. 35 Pf. erhoben, und die Monatsabonnements kosteten 8 Mk. für alle Strecken.

Unter diesen Verhältnissen konnte die Straßenbahn, die zudem nur alle zehn Minuten Gelegenheit zur Fahrt bot, kein populäres Beförderungsmittel namentlich für das Gros der Arbeiter und Kleinbürger sein, und auch die I. Klasse wurde nur sehr wenig benutzt, wenn sich auch die Unternehmerin ständig weigerte, sie abzuschaffen.

Der Tarif blieb zunächst auch nach der Übernahme in städtisches Eigentum in Kraft; nur führte der Pächter mit Genehmigung der Stadtverordneten-

[1] Einschließlich Dienstfahrten.

versammlung 1893 neben den Monatskarten sogenannte Streckenabonnements, die für zwei Teilstrecken monatlich 3 Mk., für drei Teilstrecken monatlich 4 Mk. kosteten, ein. Schon diese Vergünstigung ließ, wie Tabelle 5 deutlich zeigt, die Frequenz stark steigen, weit mehr jedoch die Tarifreform von 1894, wobei der Maximalpreis der Fahrkarten auf 25 Pf. vermindert wurde und einige Teilstrecken in Wegfall kommen. Zugleich freilich ließ man die Streckenkarten für zwei Teilstrecken zu 3 Mk. wieder fallen und gab nur noch Streckenkarten zu 4 Mk. für drei Teilstrecken aus. Fünf Jahre später wurde die Abgrenzung der letzteren so ausgedehnt, daß eine Fünfpfennig-Teilstrecke durchschnittlich einen Kilometer lang war. Ferner wurde der Preis der Monatskarten von 8 Mk. auf 6 Mk. erniedrigt, und an Stelle der künftig fortfallenden Streckenkarten traten Schülerkarten für monatlich 4 Mk.

Als die Stadt am 1. Juli 1900 die Betriebsführung in eigene Regie übernahm, gab sie dem Drängen der Bürger nach Einführung des 10 Pf.-Einheitstarifs nach und verließ den bisherigen Weg der Tarifierung nach Teilstrecken. Der Einheitspreis von 10 Pf. für Erwachsene und 5 Pf. für Kinder zwischen vier und zehn Jahren berechtigte zur freien Fahrt auf sämtlichen Strecken und Linien und mit allen fahrplanmäßigen Wagen. Kinder unter vier Jahren waren frei. Die Monats- und Schülerkarten blieben wie bisher bestehen.

Diese Tarifänderung hatte eine außerordentlich starke Zunahme der Frequenz zur Folge — von rund 10 Millionen beförderten Personen ausschließlich Abonnenten im Jahre 1899 auf mehr als 14 Millionen im Jahre 1900, wozu noch gegen 9 Millionen Abonnentenfahrten kamen. Zugleich aber trat ein erhebliches Finanzdefizit von 135 854 Mk. und ein Rückgang der Kilometereinnahme von 40,6 Pf. auf 35,7 Pf. in die Erscheinung.

Nach diesen Erfahrungen sah sich die Stadt, die gerade zu dieser Zeit von höheren Gesichtspunkten aus daran gehen wollte, eine Reihe von Linien auch in den äußeren Stadtvierteln zu bauen, dazu aber vor allen Dingen erst das bestehende Straßenbahnnetz rentabel machen mußte, veranlaßt, an eine neuerliche Revision des Tarifs heranzugehen. Hierfür kam vor allem in Betracht, daß die Abonnentensätze zu niedrig waren, infolgedessen die Einnahmen hieraus pro Fahrt nur 3,12 Pf. betrugen, während der Stadt selbst jede volle Fahrt mit Rente und Abschreibung mindestens 7,96 Pf. kostete; daß ferner angesichts der weitläufigen Bebauung Düsseldorfs ein Preis von 10 Pf. einer Leistungsstrecke von bis zu 8 km ebenfalls zweifellos nicht entsprach.

Der neue Tarif, der zum 1. August 1901 eingeführt wurde, stellt eine Verbindung zwischen den Grundsätzen des Einheits- und des Teilstreckentarifs dar, indem zwar wieder das Teilstreckensystem aufgenommen wurde (jede Teilstrecke kostet 5 Pf., jede Fahrt jedoch mindestens 10 Pf.), jedoch derart, daß der Satz von 10 Pf. für die Fahrten innerhalb der Stadt bestehen blieb, weil die Stadtlinien in nur je zwei Teilstrecken geteilt wurden. Die Vorortlinien (vergl. Abschnitt c) dagegen zerfielen in vier bis acht Teilstrecken. Die Zeitfahrkarten kosteten künftig für die Linien innerhalb des Stadtgebietes 9 Mk., für Vorortverkehrslinien bis zu 15 Mk.; gleichzeitig wurden Streckenzeitkarten wiederum eingeführt und zwar für jede direkte Stadtlinie für monatlich 6 Mk. Kinder unter sechs Jahren ohne Beanspruchung eines besonderen Platzes und falls der Mitreisende nicht Abonnent ist, fahren frei; andere Kinder zahlen den vollen Preis. Der Sinn dieser Tarifreform war also: Beibehaltung des Einheitssatzes von 10 Pf. für das Stadtinnere, Einführung des Teilstreckentarifs nur für die Vorortzüge, Einführung billiger Zeitfahrkarten für den Verkehr der Vororte mit dem Zentrum der Stadt und anderseits mit Rücksicht auf die Rentabilität Preiserhöhung der diese so ungünstig beeinflussenden Abonnementskarten der Stadtlinien unter gleichzeitiger Beibehaltung billiger Streckenzeitfahrten für den Verkehr zwischen Wohn- und Arbeitsstätte.

In den hierauf folgenden Jahren sank zwar die Zahl der Abonnenten; die Summe der Einzelfahrten stieg aber weiter und erheblich fort, ohne freilich das Defizit (auch nicht einmal im Ausstellungsjahr 1902 mit seinem großen Verkehr) ausgleichen zu können.

Die Stadtverordnetenversammlung war verpflichtet, dieses andauernde Defizit eines Verkehrsunternehmens, das sich zum mindesten selbst zu unterhalten hat, allmählich zu beseitigen; auch waren neue Wünsche aus den Kreisen der Bürgerschaft dahin laut geworden, Streckenkarten mit einmaligem Umsteigen einzuführen, da Wohn- und Arbeitsstätte nicht immer auf den Endpunkten einer Linie lägen und eine Vollkarte von 9 Mk. für den Arbeiter zu teuer sei. Da schließlich am 17. September 1905 die in der Genehmigungsurkunde für die elektrische Straßenbahn innerhalb des Stadtgebiets der Stadt Düsseldorf vorgesehene Frist ablief, während welcher die Stadt Düsseldorf ohne die Zustimmung der Bahnaufsichtsbehörde ihren Tarif souverän festsetzen konnte, wurde am 9. Dezember 1903 ein neuer Tarif von der Stadtverordnetenversammlung festgelegt und am 30. Januar 1904 behördlich genehmigt.

Der neue Tarif kehrt im Prinzip zu dem Ausgangspunkte der ganzen Tarifgeschichte zurück; er stellt sich als ein reiner Teilstreckentarif dar, dessen Detailausführung neben dem Gesichtspunkte der Gerechtigkeit schon in der Vorlage der Verwaltung an die Stadtverordnetenversammlung folgende Sätze zugrunde gelegt wurden:

„a) Die Erhöhung darf nicht derart sein, daß die Fahrt von außen in das Stadtinnere zu sehr verteuert wird wegen der Wohnungsfrage.

b) Die Erhöhung darf ferner nicht derart sein, daß ein großer Teil des Verkehrs sich der Straßenbahn entzieht, daß also eine erhebliche Verminderung der Frequenz eintritt.

c) Der Tarif muß von den Schaffnern leicht gehandhabt werden können, diese müssen also mit der Fahrscheinausgabe fertig werden.“

Von unwesentlichen Abänderungen, und von den durch die Entwicklung des Bahnnetzes nötig gewordenen Erweiterungen, abgesehen, gilt der Tarif noch heute.

Das System ist darnach für Innen- und Außenlinien das gleiche; jede von ihnen zerfällt in zwei oder mehr Teilstrecken. Der Fahrpreis beträgt:

für 2 Teilstrecken	. . .	10 Pf.,
„ 4 „	. . .	15 „
„ 5 „	. . .	20 „
„ 6 „	. . .	25 „
„ 8 „	. . .	30 „
„ 9 und mehr Teilstrecken		35 „

Kinder unter einem Jahre können von jedem Fahrgast, Kinder unter sechs Jahren von jedem Fahrscheininhaber frei mitgenommen werden. Neben die Einzelfahrscheine treten die Zeitfahrkarten, die sowohl auf den Namen, wie auf den Inhaber ausgegeben werden.

Es gibt persönliche Ein- und Zweilinienkarten zum Preise von 6,20 bis 10,90 Mk. monatlich, Vollkarten für das Innennetz zu 9,20 Mk., für das Gesamtnetz zu 15,40 Mk., für das Innennetz mit einer Außenlinie zu 12,40 Mk.[1]; außerdem Schülerkarten und Arbeiterwochenkarten zu beträchtlich ermäßigten Preisen. Arbeiterkarten kosten z. B. für eine Linie und zwei Tagesfahrten 60 Pf. pro Woche; sie sind nur bestimmt für Arbeiter beiderlei Geschlechts, welche im Besitz einer Invalidenkarte oder — falls unter 16 Jahren — einer Arbeitsbescheinigung vom Arbeitgeber sind. Angestellte mit monatlichem oder Jahresgehalt werden nicht als Arbeiter im Sinne vorstehender Bestimmungen erachtet. Die Schüler- und Arbeiterkarten sind nur persönlich.

[1] Unpersönliche Karten der gleichen Art sind ungefähr 75 % teurer als die persönlichen.

Namentlich die Einrichtung der ermäßigten Sonderkarten bedeutete einen wesentlichen sozialpolitischen Fortschritt, und der Verkehr hat durch die Tarifreform nicht nur nicht gelitten, sondern weitere ganz erhebliche Steigerungen erfahren. Auch finanziell war das Ergebnis ein günstiges, schon am Schluß des auf die Reform folgenden Etatsjahres war die Unterbilanz der vorhergehenden Jahre verschwunden, und daß im wesentlichen trotz des Teilstreckensystems die Zehnpfennigfahrscheine bei weitem überwiegen, ergibt sich daraus, daß im Jahre 1907 ausgegeben wurden:

Direkte Fahrscheine zu	10	Pf.	=	14 838 733
	15	„	=	2 204 352
	20	„	=	19 705
	25	„	=	10 634
Umsteigefahrscheine zu	10	„	=	5 337 793
	15	„	=	3 348 208
	20	„	=	496 154
	25	„	=	252 178
	30	„	=	190 523
	35	„	=	63 576
	40	„	=	10 577
	insgesamt			26 772 433.

c. Vorortlinien und Vorortbahnen.

Gemeinsamkeit und Einheitlichkeit des Verkehrswesens ist der stärkste Ausdruck gemeinsamer wirtschaftlicher Interessen. Wenn auch, wie noch zu zeigen, einige Linien, die Düsseldorf mit den Gemeinden des engeren oder weiteren Umkreises verbinden, durch Privatinitiative geschaffen sind, so hat doch auch die Stadt nicht verabsäumt, ihr eigenes Straßenbahnnetz nach den Vororten auszudehnen; die Vorzüge einheitlicher Leitung, einheitlichen Fahrplanes, einheitlicher Tarife und einheitlicher Betriebsvorschriften, ferner der Verminderung der Generalunkosten und der Verkehrszufuhr durch die Vorortlinien in das Hauptnetz, sind zu groß, um nicht von selbst hierzu zu drängen.

Am 15. November 1899 wurde ein Vertrag mit der Stadt Gerresheim abgeschlossen, wonach sich diese verpflichtete, der Stadt Düsseldorf kostenlose Benutzung ihrer Straßen für eine Straßenbahnlinie zu gestatten, wogegen Unterhaltung und Betriebskosten allein von Düsseldorf getragen werden sollten.

Das Straßenbenutzungsrecht der Stadt Düsseldorf entspricht der staatlichen Konzessionsdauer; läuft diese ab, so kann Gerresheim entweder:

1. die Verlängerung des Vertragsverhältnisses unter den bisherigen Bedingungen verlangen, oder
2. den Erwerb des in dem Stadtbezirke Gerresheim gelegenen Teils der Stadt Düsseldorf mit allen Vermögenswerten, ohne das rollende Material und etwaige Betriebs- und Reservefonds, zum vollen Ertragswerte, oder
3. die Beseitigung der Bahnanlage und Wiederherstellung der Straßen.

Das Letztere kann die Stadt Gerresheim jedoch nur verlangen, wenn innerhalb der drei, auf den Ablauf der Frist zur Wegebenutzung folgenden Jahre weder seitens der Stadt Gerresheim selbst beschlossen, noch einem Dritten erlaubt wird, den Straßenbahnbetrieb auf den bisher von der Stadt Düsseldorf benutzten Straßen wieder zu eröffnen.

Gleichzeitig wie mit der Stadt Gerresheim schloß Düsseldorf auch einen Vertrag mit der Gemeinde Eller ab. Hiernach trägt die Kosten für Geländeerwerbungen und Anpachtungen Düsseldorf, soweit nicht Straßengelände in Frage kommt. Dieses hat die Gemeinde Eller der Stadt unentgeltlich zur Verfügung zu stellen. Gleisbau und Unterhaltung der zwischen den Schienen und auf $1/2$ m seitlich der Außenschienen liegenden Flächen der benutzten Straßen ist wie in Gerresheim Sache der Stadt Düsseldorf. Dauer und Kündigung des Vertragsverhältnisses ist ebenso wie im vorher besprochenen Vertrag geregelt.

Der Bau beider Linien wurde 1901, der Betrieb am 1. Mai 1902 begonnen. Die Verträge werden durch die oben (S. 13) erwähnten Eingemeindungen natürlich hinfällig.

An dritter Stelle erwarb die Stadt am 1. April 1901 die seit 1896 von privater Seite betriebene Linie Grafenberg-Rath-Ratingen mit der dazu gehörigen elektrischen Zentrale in Rath und sämtlichen Anlagen für insgesamt 400 000 Mk. Laut dem für diese Linie von früher bestehenden Vertrage hat der Provinzialverband der Rheinprovinz das für den Betrieb nötige Straßenterrain bis zum Jahre 1937 gegen eine bestimmte Abgabe (ursprünglich der mehr als 6 % des Anlagekapitals betragende Überschuß, späterhin, ohne Rücksichtnahme auf Anlagekapital und Gewinn, $1/2$ Mk. für jedes Kilometer Betriebslänge) überlassen, jedoch sich das Erwerbungsrecht der Bahn im ganzen vorbehalten.

Neben diesen drei städtischen Vorortlinien bestehen drei private Vorortbahnen, deren älteste seit 1898 zwischen Düsseldorf und Benrath verkehrt. Vertragsmäßig zahlt die Gesellschaft der Stadt Düsseldorf, welche sich außerdem das Genehmigungsrecht über die Gleisanlage und die Anlage der oberirdischen Leitung vorbehielt, eine nach Nutzkilometern bemessene Abgabe und läßt nach Ablauf der 45jährigen Vertragsdauer Gleis- und oberirdische Leitungsanlagen unentgeltlich der Stadt übereignen; letzterer steht auch für die im Stadtgebiet liegenden Gleise ein Mitbenutzungsrecht gegen Pacht, die nach der benutzten Gleislänge berechnet wird, zu. Kündigt die Stadt der Gesellschaft das Vertragsverhältnis vor Ablauf von 45 Jahren, so hat sie ihr eine mit der Betriebsdauer abgestufte Entschädigung in Prozenten der Herstellungskosten zu bezahlen. Zur Vereinheitlichung des Verkehrs gibt sowohl die Unternehmerin wie die Stadt Übergangsfahrscheine von der einen Linie zur anderen aus.

Die zweite Kleinbahn verbindet die beiden Großstädte Düsseldorf und Crefeld, sowie Düsseldorf mit Neuß und Ürdingen; Besitzerin ist die Aktiengesellschaft Rheinische Bahngesellschaft, welcher die Stadt die Einführung ihrer Bahn ins Gemeindegebiet auf die Dauer von 60 Jahren gewährt hat, unter einer Reihe von Bedingungen, deren wichtigste der Vorbehalt der Mitbenutzung der Gleise gegen jährliche Pacht pro Meter Gleis und Übereignung der in städtischen Straßen liegenden Gleise nebst Leitungen nach Ablauf der Vertragsdauer ist. Besondere Abgaben leistet die Unternehmerin während der ersten 15 Jahre nicht; nach Ablauf dieser Frist ist eine mit der Betriebsdauer steigende Pacht für die Straßenbenutzung zu zahlen. Welche Bedeutung die Rheinische Bahngesellschaft auf die Ausdehnung der städtischen Gas- und Wasserversorgung gehabt hat, ist oben auf Seite 10 und 30 geschildert worden.

Einen wesentlichen Einfluß auf die Geschäftsgebarung der Rheinischen Bahngesellschaft hat die Stadt Düsseldorf vor allem dadurch gewonnen, daß sie neuerdings von dem 10 Millionen Mark betragenden Aktienkapital der Gesellschaft 5,5 Millionen Mark übernommen hat und fortgesetzt weitere Aktien erwirbt. Nach darauf fußender Vereinbarung ist die Stadt im Aufsichtsrat zur Zeit mit fünf Stimmen bei insgesamt zehn Plätzen vertreten und wird für jedes volle Tausend Aktien im Nennwerte von je 1000 Mk. eine Stimme mehr im Aufsichtsrat erhalten.

Die bei diesem Geschäft erforderlichen Mittel wurden dem neu ins Leben gerufenen „Beteiligungsfonds" (vergl. Abschn. V) entnommen.

Die dritte private Verbindung geht von Düsseldorf nach Duisburg über das im Norden der Stadt gelegene Kaiserswerth. Unternehmerin ist eine Gesellschaft mit beschränkter Haftung ad hoc, welche eine 45jährige Konzession, vom Jahre 1899 laufend, erhalten hat. Das Straßenbahngleis innerhalb der Stadtgrenzen ist von der Stadt gegen Ersatz der Kosten seinerzeit hergestellt worden. Für die Gleisunterhaltung hat die Unternehmerin bestimmte Abgaben pro Meter Gleis, sowie nach Ablauf von 15 Jahren für die Benutzung der Straßen innerhalb des Stadtgebietes eine Pacht von

Straßenbahnen

Soll **Gewinn- und Verlustkonto**

	1906		1907			
	Mk.	Pf.	Mk.	Pf.	Mk.	Pf.
An Zinsenkonto	166 274	27			140 154	12
Abschreibungen						
„ Gebäudekonto 2 % v. Mk. 1 027 401,05	19 935	—	20 550	—		
„ Gleisekonto 10 % v. Mk. 4 005 954,61	328 910	—	400 598	—		
„ Leitungs- u. Akkumulatorenkonto 7½ % v. Mk. 1 149 454,36	80 160	—	86 209	—		
„ Wagenkonto 10 % v. Mk. 2 801 342,71	279 550	—	280 135	—		
„ Werkstatt-, Maschinen- u. Gerätekonto 10 % v. Mk. 118 429,81	11 305	—	11 840	—		
„ Elektrische Beleuchtungskonto 10 % v. Mk. 32 257,93	3 225	—	3 225	—		
„ Automobil-Konto 20 % v. Mk. 49 997,31			10 000	—	812 557	—
	723 085	—				
„ Bilanzkonto	288 102	74			206 363	55
					1 159 074	67

5 Pf., später von 10 Pf. pro Zug-Kilometer zu zahlen. Im Falle der Mitbenutzung der Gleise durch die Stadt ist eine bestimmte Ersatzleistung vorgesehen. Der Betrieb dieser Kleinbahn wurde auf der Strecke Düsseldorf-Kaiserswerth am 1. November 1899, Kaiserswerth-Duisburg am 15. August 1900 eröffnet. Die Kleinbahn ist im Stadtgebiete Düsseldorf der Stadtgemeinde genehmigt, wird aber von der Gesellschaft betrieben.

Sämtliche privaten Vorortbahnen haben Anschluß an das städtische Straßenbahnnetz.

d. Finanzielles.

Die Einnahme der Stadt aus dem Straßenbahnbetrieb der belgischen Gesellschaft war nicht groß; 1877 bis 1879 und 1881 zahlte diese 12 000 Mk. für jeden Kilometer Bahnlinie, 1880 und 1882/88 3 % der Bruttoeinnahme und 500 Mk. für jeden im regelmäßigen Betriebe befindlichen Wagen, 1889 bis 1892: 1600 Mk. für jeden Kilometer Bahnlinie. Die höchste Abgabe betrug 19 234 Mk. im Jahre 1880; im letzten Jahrzehnt schwankte sie zwischen 15 000 und 16 000 Mk. jährlich.

Aus dem intensiveren Betriebe und der besseren Rentabilität während der Zwischenperiode (Verpachtung) zog auch die Stadt ihren Nutzen, da sie sich einen Gewinnanteil vorbehielt, der von 156 083 Mk. im Jahre 1893 der Stadt Düsseldorf.

Gewinn und Verlustkonto. Haben

	1906 Mk.	Pf.	1907 Mk.	Pf.
Per Konto fremde Kleinbahnen	4 545	33	7 736	45
„ Gebäude-Unterhaltungskonto	3 903	40	4 381	33
„ Betriebskonto	1 169 013	28	1 146 956	89
			1 159 074	67

auf 601 375 Mk. im Jahre 1899 stieg; demgegenüber stand freilich die Rente an die frühere Pferdeeisenbahngesellschaft bis zum 1. Januar 1902 im Betrage von 107 574 Mk., sowie die Bau- und Unterhaltungskosten als Ausgaben. Daß sich das finanzielle Ergebnis keineswegs günstiger stellte, seitdem das Unternehmen in städtische Regie übergegangen ist, wurde schon oben hervorgehoben. Die starken Fahrpreisermäßigungen brachten in den ersten vier Jahren Unterbilanzen bis zu 380 000 Mk., was freilich zum Teil auch darauf zurückzuführen ist, daß außer den vorgeschriebenen Tilgungsraten für die aufgenommenen Stadtanleihen in den Jahren 1892 bis 1900 keine Abschreibungen gemacht worden waren und diese nun bei dem starken Verschleiß der Anlagen um so höher gegriffen werden mußten.

Eine Sanierung der Finanzen brachte erst, wie schon oben vermerkt, die Tariferhöhung vom 1. Februar 1904; in dem darauf folgenden Betriebsjahr gelang es nicht nur, die Fehlbeträge der vorhergehenden Jahre zu tilgen, sondern noch einen darüber hinausgehenden Gewinn zu erzielen. Im zweiten Jahre stieg der Gewinnüberschuß auf 259 474 Mk. und im dritten auf 288 103 Mk., um im nächsten Jahre freilich infolge der stark steigenden Ausgaben (Vermehrung der Löhne und Betriebsausgaben) wieder etwas zu fallen.

Soll. **Bilanz-**

	1906 Mk.	Pf.	1907 Mk.	Pf.	Mk.	Pf.
An Grunderwerbskonto	395 419	56			395 419	56
" Gebäudekonto	827 736	20	807 801	20		
Zugang lt. Nachweis			30 624	17		
			838 425	37		
Abschreibung	19 935	—	20 550	—	817 875	37
	807 801	20				
" Gleisekonto	1 357 151	25	1 534 402	31		
Zugang lt. Nachweis	506 161	06	716 858	97		
	1 863 312	31	2 251 261	28		
Abschreibung	328 910	—	400 598	—	1 850 663	28
	1 534 402	31				
" Leitungs- u. Akkumulatorenkonto	520 438	55	490 278	55		
Zugang lt. Nachweis	50 000	—	80 667	25		
	570 438	55	570 945	80		
Abschreibung	80 160	—	86 209	—	484 736	80
	490 278	55				
" Wagenkonto	1 322 419	84	1 111 869	84		
Zugang lt. Nachweis	69 000	—	5 815	39		
	1 391 419	84	1 117 685	23		
Abschreibung	279 550	—	280 135	—	837 550	23
	1 111 869	84				
" Werkstatt-, Maschinen- u. Gerätekonto	62 803	22	62 838	50		
Zugang lt. Nachweis	11 340	28	5 372	31		
	74 143	50	68 210	81		
Abschreibung	11 305		11 840	—	56 370	81
	62 838	50				
" Elektrische Beleuchtungskonto	18 210	93	14 985	93		
Abschreibung	3 225	—	3 225	—	11 760	93
	14 985	93				
" Automobilkonto	40 000	—	49 997	31		
Abschreibung			10 000	—	39 997	31
" Kleinbahnkonto Grafenberg-Ratingen	3	—			3	—
" Mobilarkonto	3	—			3	—
" Konto der Gasanstalt	1 335 000	—	1 705 000	—		
" Stadtkassenkonto	50 000	—	50 000	—		
" Konto Spar- und Bauverein			27 000	—	1 782 000	—
" Neubaukonto, Erweiterung 1906	478 000	—			17 000	—
" " Diverse Linien					26 000	—
" " Privattelephon					4 000	—
" " Speisekabel					10 000	—
Bestände.						
" Direktionskonto	503	10	353	85		
" Betriebsunkostenkonto	33 255	66	22 120	69		
" Zugkraftkonto	3 906	70	2 505	34		
" Stromführungskonto	11 587	34	12 565	24		
" Wagen-Unterhaltungskonto	31 767	18	47 032	82		
" Bahn- "	13 332	13	1 669	70		
" Automobil-Betriebskonto	5 647	50	5 747	75		
" Kassakonto	21 187	94	85 944	25	177 939	64
	121 187	55			6 511 319	93

1907 **Konto.** **Haben.**

	1906 Mk.	Pf.	1907 Mk.	Pf.	Mk.	Pf.
Per Kapitalkonto 1892er Anleihe . . .	401 966	31	312 044	83		
Tilgung	89 921	48	93 521	73	218 523	10
	312 044	83				
" " 1896er Anleihe . . .	614 386	90	599 054	30		
Tilgung	15 332	60	20 526	74	578 527	56
	599 054	30				
" " 1899er Anleihe . . .	3 010 900	—	2 958 600	—		
Tilgung	52 300	—	54 400	—	2 904 200	—
	2 958 600	—				
" " 1900er Anleihe . . .	1 872 606	08	1 837 510	32		
Tilgung	35 095	76	36 499	59	1 801 010	73
	1 837 510	32				
" " 1905er Anleihe . . .	259 000	—	259 000	—		
Tilgung			3 885	—	255 115	—
" Erweiterungsbautenkonto					547 579	99
" Gewinn- und Verlustkonto	288 102	74			206 363	55
					6 511 319	93

Abführungen aus dem Gewinn der Straßenbahn an die Stadtkasse finden nicht statt; der Gewinn wird vielmehr ausschließlich zur Erweiterung und Ausgestaltung des Betriebes selbst verwandt. Lediglich als Entschädigung für entsprechende Leistungen stellen sich die Beiträge zu den Kosten der allgemeinen Verwaltung (1908: 30 000 Mk.) und für die Benutzung und Unterhaltungskosten der städtischen Straßen (1908: 300 000 Mk.) dar.

Die Straßenbahn ist mithin kein Überschußbetrieb, soll aber andererseits sich selbst erhalten, und der Fahrpreistarif findet daher seine Minimalgrenze in der Rücksicht auf den weiteren Ausbau des Liniennetzes und die gerade bei einem Straßenbahnunternehmen in kurzen Zwischenräumen erforderlichen Ergänzungen und Erweiterungen der Betriebsmittel.

Näheres über die finanziellen Verhältnisse der städtischen Straßenbahnen ist aus den vorstehend abgedruckten Übersichten (Gewinn- und Verlustkonto 1907 [S. 68/69] und Bilanzkonto 1907 [S. 70/71]) zu ersehen.

Der bilanzmäßige Überschuß wurde dem Erweiterungsbautenkonto gutgeschrieben.

Die Betriebseinnahmen betrugen auf das Wagenkilometer:

1900:	35,68 Mk.,	1904:	36,52 Mk.,
1901:	31,96 „	1905:	36,25 „
1902:	33,07 „	1906:	35,03 „
1903:	32,88 „	1907:	34,37 „

Die Betriebsausgaben:

1900:	20,49 Mk.,	1904:	20,22 Mk.,
1901:	25,71 „	1905:	21,80 „
1902:	26,60 „	1906:	22,02 „
1903:	21,00 „	1907:	23,11 „

Das Anlagekapital betrug am 1. April 1908 10 004 339 Mk., der Buchwert 4 551 380,29 Mk., der Feuerversicherungswert für Mobilien 3 000 150 Mk., für Immobilien 849 250 Mk.

2. Der städtische Rheinhafen [1].

Der Hafenbau stellt, den dafür aufgewendeten Kosten nach, das bedeutendste gewerbliche Unternehmen der Stadt Düsseldorf dar und reiht sich dem Umfange nach den größten deutschen Binnenhäfen unmittelbar an. Seine heutige Ausgestaltung ist ein Werk der neuesten Zeit; seine Grundlagen aber stammen aus weit vergangenen Jahrhunderten. Schon die Grafen von Berg, deren Hauptstadt Düsseldorf im späteren Mittelalter war, beabsichtigten im 13. Jahrhundert hier aus

[1] Diesen Abschnitt hat Herr Hafendirektor Zimmermann beigesteuert.

allgemeinpolitischen wie finanziellen Gründen einen Rheinzoll zu errichten; aber ihr Streben nach dessen königlicher Verleihung scheiterte noch lange an dem Widerstande der übrigen Zollherren, sowie an dem Übergewicht, welches das benachbarte Köln durch sein Stapelrecht ausübte, so daß 1344 König Ludwig dem Grafen von Berg nur gestattete, den Zoll erst bei Duisburg zu erheben. Und als König Karl IV. 1377 dem Grafen Wilhelm die Zollverlegung nach Düsseldorf bestätigte, auch noch 1380, als König Wenzel den zum Herzog erhobenen Grafen ermächtigte, den Zoll Kaiserswerth, der zu jener Zeit der einträglichste am ganzen Rhein war, nach Düsseldorf zu verlegen, erhob der Kölner Erzbischof dagegen Einspruch, jedoch nur mit der Wirkung, daß der Zolltarif um ein Drittel herabgesetzt wurde.

Die Errichtung des Zolles in Düsseldorf hatte alsbald zur Folge, daß unterhalb des herzoglichen Schlosses das Rheinufer reguliert, mit dem Werftbau begonnen und ein Zoll- und Lagerhaus — Ederhaus oder Eder genannt — erbaut wurde. Die Kosten hierfür bestritt der Fürst, der auch den Zoll einnahm. Nicht lange darnach, 1426, wurde aber die Pflicht, den „Warf" in baulich gutem Zustande zu erhalten, vom Herzog auf die Stadt übertragen, gegen die Berechtigung, von jedem Schiffe zwei Weißpfennige Werftgeld zu erheben. Dieses Werftgeld soll während des 16. Jahrhunderts durchschnittlich jährlich etwa 150 Mark damaligen Wertes, das Eder- oder Lagergeld aber viel weniger betragen haben. Dienten die Zölle in den ersten Zeiten eigentlich nur zur Erhaltung der von den bergwärts fahrenden Schiffen benutzten Leinpfade, so konnte sich der Verkehr noch damit abfinden. Nachdem sie sich aber zur wichtigsten Finanzquelle der Zollherren, zu einem politischen Machtmittel entwickelt hatten, das manchmal bei der Kaiserwahl in die Wagschale geworfen wurde, nachdem die Zahl der Zollstätten am Rhein am Ende auf 62 angewachsen war, da war es nichts anderes als ein privilegierter Straßenraub, der Jahrhunderte lang auf Handel und Wandel lastete. Wohl versuchten der König wie der Papst, diesem Unwesen zu steuern, aber an der Ziellosigkeit der ergriffenen Maßnahmen, wie an der Machtlosigkeit derer, die die Verbesserung forderten, scheiterten die Versuche immer wieder. Und wenn auch die am Düsseldorfer Werft ausgeladenen Güter mit Unterbrechungen vom Zoll befreit waren, damit die für das Hinterland bestimmten Güter nicht auf Ummwege getrieben würden, so litt der Schiffsverkehr doch auch hier naturgemäß unter den allgemeinen Lasten, und am Ende war es der von seinen Uferherren baulich vernachlässigte Strom selbst, der eine gesunde Entwicklung der Schiffahrt verhinderte.

Von einem Kran am Düsseldorfer Werft spricht zum erstenmal ein Erlaß des Herzogs Gerhard vom Jahre 1450, womit dieser der Stadt gegen jährliche

Abgabe von vier rheinischen Gulden das Weinschröteramt, mit anderen Worten das Kranrecht übertrug. Diese Abgabe wurde vom nachfolgenden Fürsten 1489 aufgehoben, weil die Stadt sich durch Teuerung und durch geringe Einnahmen aus der Akzise in Not befand; sie mußte aber dafür auf des Herzogs Ansuchen ein steinernes Haupt im Rheine errichten, um die Strömung vom Schloßufer abzuwenden. Diese Strömung, die durch den seit mehreren Jahrhunderten veränderten Stromlauf oberhalb der Stadt allmählich immer mehr sich verstärkt hatte, machte im Jahre 1556 weitere Werftbauten notwendig. Gleichzeitig wurde das Zollhaus nach dem Zolltor verlegt und dort auch ein zweiter Kran errichtet. Im Jahre 1595 hatte eine große Überschwemmung das Düsseldorfer Ufer so arg mitgenommen, daß Stadtmauer und Werft einer gründlichen Aus- und Verbesserung dringend bedürftig erschienen. Von der fürstlichen Kanzlei zur Vornahme dieser Arbeiten aufgefordert, weigerte sich die Stadt deren beharrlich, mit dem Hinweis darauf, daß „infolge der von der herzoglichen Hofkammer bewirkten Bepflanzung der Lauswarth der Strom stracks auf die Stadt geleitet werde, und möge der dadurch entstandene Schaden nun auch durch den fürstlichen Hof ausgebessert werden". Das half aber nichts, und die Stadt mußte wohl oder übel die Uferbauten vom Schloß aufwärts bis zum neuen Kran ausführen. Gleichzeitig (1596) stellte die Stadt auch einen Pegelmeister an, der das Werftgeld zu erheben hatte, was bisher durch die herzoglichen Zöllner geschehen war. Eine gedeihliche Entwicklung mußte aber den Düsseldorfer Werftanlagen versagt bleiben, solange der Druck des Kölnischen Stapelrechts auf ihnen ruhte. Schon von altersher hatten einige Uferstädte das Recht sich angemaßt oder erworben, daß alle Waren, welche an ihnen vorbeigefahren werden sollten, zuvor auf ihren Märkten zum feilen Kauf ausgeboten werden mußten, ehe der Weitertransport erlaubt war. Von dem Kölner Stapelrecht spricht zuerst eine Urkunde vom Jahre 1259. Nicht minder lästig als dieses war das damit verbundene Umschlagrecht. Darnach durfte ein in Holland beladenes Schiff die für Düsseldorf bestimmten Güter nicht zuerst hier ausladen, um mit der übrigen Ladung seine Reise nach Köln fortzusetzen, sondern die ganze Ladung mußte in Köln auf das Stapelhaus gebracht und sechs, später drei Tage lang zum öffentlichen Kauf ausgelegt werden. Die für den Oberrhein bestimmten Güter wurden dann einem der in beschränkter Zahl dazu berechtigten Kölner Schiffer übergeben, der nur bis Mainz fahren durfte, wo nach Erledigung des Mainzer Stapels ein dortiger berechtigter Schiffer den Weitertransport bis Speier übernahm, und schließlich durfte nur ein Speierer Zunftschiffer bis Straßburg fahren. Erst im Jahre 1705 gelang es dem in Düsseldorf residierenden Kurfürst-Herzog Johann Wilhelm, durch einen Vergleich mit Köln wenigstens den Vorteil zu erlangen, daß die für den Düsseldorfer Hof und die eingesessene Bürgerschaft bestimmten und amtlich bescheinigten Güter vom Kölner Stapel befreit sein sollten. Da das Stapelrecht auch die Vorschrift enthielt: „Gast mit Gast nicht zu handeln", wonach es an den Stapelplätzen nur eingesessenen Bürgern gestattet war, sich am Handel mit Stapelgütern zu beteiligen, so ist leicht einzusehen, daß unter dem Drucke der kölnischen Macht es für Düsseldorf trotz aller Bemühungen seiner Fürsten und der Regsamkeit seiner Bürger unmöglich war, zu der Stellung zu gelangen, die ihm, der Pforte des gewerbfleißigen bergischen Landes, von Natur bestimmt zu sein schien.

An die erwähnten Werftbauten schloß sich der Bau des ersten Düsseldorfer Hafens an, wie er im Stadtplan von 1620 dargestellt ist. Es war eigentlich nur ein Graben wie die Wallgräben, die er mit dem Rhein verband, und muß selbst für die damaligen Verkehrsverhältnisse seinem Zwecke als Schutzhafen kaum genügt haben, denn als die schweren Wunden, die dem Lande durch fortgesetzte Kriegswirren geschlagen worden, zu heilen und Gewerbe und Handel wieder aufzuleben begannen, traten im Jahre 1685 die herzoglichen Räte an die Frage heran, auf welche Weise ein Aufschwung des Handels und eine Ausdehnung der Stadt Düsseldorf zu erzielen sei. Sie schlugen dem Verlangen der Kaufleute folgendes vor: „weil weder zu Köln noch sonstwo in der Nähe die Schiffleute in Winterszeit sich öfters vor dem schnell wachsenden Wasser und vor Eisgang in Sicherheit stellen können und die Zersplitterung der Schiffe besorgen und darum eine Zuflucht verlangen, um die Schiffleute mit ihren Ladungen hierhin zu veranlassen, deshalb sei es ein sehr nützliches und hiesiger Stadt profitables Werk, wenn der hiesige Hafen ausgefegt und so vertieft werde, daß auch bei ganz kleinem Wasser sich die Schiffe daraus in den Strom begeben könnten, welches um so mehr zu befördern sei, weil von den Schiffleuten jedesmal das Hafengeld außer dem Zoll gezahlt wird, auch zur Vermehrung der Commerzien, Consumption und Nahrung mercklich gereichen könnte". Dieser Plan fand zwar die Billigung des Landesregenten, des prachtliebenden Kurfürsten Johann Wilhelm II., aber die Stände verweigerten angesichts der steigenden Finanznot die Mittel zu dieser Hafenverbesserung, ebenso wie zu einer vom Fürsten beabsichtigten Regulierung des Rheinlaufs und der Uferbefestigung. Und die Kriegswirren, die nach dem Tode dieses Fürsten (1716) fast ununterbrochen über das bergische Land und die Stadt Düsseldorf hereinbrachen, waren nicht geeignet, dem Handel Vorschub zu leisten. Von dem Düsseldorfer Hafenverkehr zu Ende des 18. Jahrhunderts meldet eine Chronik, daß monatlich durchschnittlich 70 Schiffe den Düsseldorfer Hafen anliefen, von denen 30 direkte

Ladungen nach Düsseldorf hatten, Wein, Zucker, Tabak und Getreide, auch Eisen, Blei, Holz, schwarzen Brand (Steinkohlen) und Steine. Da brach mit dem französischen Revolutionssturm eine Zeit herein, wie sie schwerer das Land nie gesehen hatte. Dennoch machte der Düsseldorfer Handelsstand alle Anstrengungen, um gegen der Zeiten Druck anzukämpfen. Man gedachte, in Verbindung mit Mannheimer Kaufleuten, eine Rangschiffahrt einerseits von Düsseldorf nach Holland und zurück, andererseits von Düsseldorf nach Mannheim und zurück einzuführen. Ohne die Gewaltmittel des bisherigen Schifferzunftzwanges, vielmehr bei aller Freiheit der Bewegung, sicherte die Rangschiffahrt mit begrenzter Lade- und Löschzeit der Kaufmannschaft doch eine regelmäßige Ankunft ihrer Güter. Der Plan scheiterte jedoch an dem von Mainz und Köln noch ausgeübten Stapel- und Umschlagzwang. Allerdings wurden, als die Franzosen das linke Rheinufer besetzten, die Rheinzölle aufgehoben. An ihre Stelle aber trat infolge der Oktroi-Konvention der Rheinuferstaaten 1804 der Rheinschiffahrts-Oktroi, nach dessen Tarif für die ganze Rheinstrecke von Straßburg bis zur holländischen Grenze von jedem Zentner Ware zu Tal nicht mehr als 133 Centimen, zu Berg 2 Franken an Gebühren erhoben wurden. Die den Ackerbau und die Industrie fördernden Erzeugnisse genossen eine wesentliche Ermäßigung. An die Stelle der noch bestandenen 33 Rheinzollstätten waren 12 Oktroibureaus getreten; in Düsseldorf war auch ein solches errichtet worden. Aber wie in Mainz, so war auch in Köln der Stapel geblieben, mochte auch die Pariser Behörde auf Düsseldorfer Vorstellungen im Jahre 1803 versichern, daß Stapelgerechtsame überhaupt mit den französischen Staatsgrundsätzen nicht verträglich wären und ein Stapelrecht weder bestehen könne, noch bestehe. Die bergischen Manufakturwaren durften des Stapels wegen an der Stadt Köln nicht vorbeigeführt werden, und brachte man sie hinüber, um auf kölnische Schiffe verladen zu werden, so fielen die französischen Zollbeamten darüber her und nahmen sie als für englisch geltendes, also gemäß der Kontinentalsperre verbotenes Gut weg. Zuletzt kam die Reihe auch an das Düsseldorfer Meßschiff. Dieses konnte bisher stets ungehindert und ununtersucht zu jeder Messe nach Frankfurt gehen und von dort zurückkommen. Vor der Ostermesse 1803 hatte das Schiff schon seine volle Ladung von bergischen Manufakturwaren, die fast insgesamt in die Klasse der bei den französischen Zollbehörden für englisch geltenden Waren gehörten. Alles mußte wieder ausgeladen und nun auf der Achse nach Frankfurt gebracht werden. „Für den Bewohner des rechten Ufers", so ruft der Düsseldorfer Jacobi aus, „ist seitdem kein Handel mehr auf dem Rhein, und nichts ist dem Deutschen von seinem vaterländischen Strome übrig, als die Überschwemmungen!"

Als der letzte bergische Herzog, der Kurfürst Maximilian Joseph, 1806 König von Bayern wurde, trat er das Herzogtum an Napoleon ab, der es zum Großherzogtum erhob. Napoleon sah sogleich die Notwendigkeit der Anlage eines neuen Hafens in Düsseldorf ein und ließ im Jahre 1810 einen Entwurf aufstellen, der einen Kostenaufwand von Fr. 76384,29 für ein Hafenbecken an der Karl Theodor Bastion von 200 Fuß Sohlenbreite und 765 Fuß Länge vorsah. Dieser Hafen wurde im Jahre 1811 vollendet und hat bis in die neueste Zeit, bis 1898, als Sicherheitshafen gedient, um dann der festen Rheinbrücke Platz zu machen.

Die Wiener Kongreß-Akte von 1815, durch die das bergische Land mit seiner Hauptstadt Düsseldorf dem Königreich Preußen einverleibt wurde, erfüllte nicht die Hoffnungen auf Befreiung des Rheines von Abgaben und Sonderrechten. Sie blieben auch noch zum großen Teil unerfüllt durch die Rheinschiffahrtsakte von 1831, durch die sich die Uferstaaten zur Sicherung der Ufer und zur Verbesserung des Fahrwassers verpflichteten; Wasserzölle und Stapelrechte waren wohl aufgehoben, Oktroi, Rekognitionsgebühren und Brückendurchlaßgebühren, wofür allein die Köln-Düsseldorfer Dampfschiffahrtsgesellschaft in den fünfziger Jahren durchschnittlich 20000 Taler jährlich aufzubringen hatte, aber geblieben, ebenso hartnäckig der Kölner Umladezwang. Dennoch war die Wirkung der nur mäßigen Verbesserungen, in Verbindung mit dem Bau eines Freihafengebäudes und mit der Erweiterung des Werftes für zollfreie Güter auf den Düsseldorfer Verkehr eine unerwartete. In einem Jahre stieg hier die Gütereinfuhr von 120529 Zentner in 1831 auf 704470 Zentner in 1832, und in diesem Jahre erreichte die Zahl der hier anlegenden Schiffe 1455, worunter 229 Dampfschiffe. Die Einkünfte an Werft- und Krangebühren, die um 1815 nur 600 bis 800 Taler jährlich betragen hatten, stiegen in 1832 auf 4000 Taler, in 1854 sogar auf 23000 Taler. Zu dieser starken Verkehrssteigerung trug allerdings wesentlich die Einführung der Dampfkraft bei. Von Mitte der fünfziger Jahre an wirkte in gleicher Richtung die aufblühende Industrie im Hinterlande, namentlich im Wuppertal. Der Düsseldorfer Hafenverkehr stand 1852 noch auf derselben Höhe von 1 3/4 Million Zentner wie sechs Jahre vorher, 1855 war er sogar unter 1 Million Zentner gesunken, um 1860 auf 3 1/2 Millionen Zentner zu steigen und damit den Verkehr in den Nachbarhäfen zu überflügeln. Aber nicht lange konnte Düsseldorf, trotz seiner bevorzugten Lage, diesen Vorrang behaupten. Zwar stieg der Anteil des Düsseldorfer Hafens an dem Gesamtgüterumschlag der deutschen Rheinhäfen von 4 % in 1860 noch auf 4,3 % in 1870, sank aber im folgenden Jahrzehnt auf 1,2 % in 1880 und gar auf 0,9 % in 1890.

Nachdem durch die politischen Umwälzungen der sechziger Jahre Preußen die Vormacht in Deutschland erlangt hatte, war im Jahre 1868 endlich die Zeit für die lang ersehnte Rheinfreiheit gekommen, wo durch die revidierte Rheinschiffahrtsakte der letzte Bann von der Schiffahrt auf dem Rhein genommen wurde, alle Abgaben und Sonderrechte, die bisher die Schiffahrt belastet hatten, abgeschafft wurden.

Die Bahn für den Fortschritt war nun endlich frei. Der Gesamtgüterverkehr der deutschen Rheinhäfen, der 1855: 1,11 Million Tonnen, 1865: 1,75 betrug, stieg schon in 1870 auf 3,93, 1880 auf 5,67, 1890 auf 13,71 Millionen. Um diese gewaltige Entwicklung zu bewirken, genügte freilich nicht die verliehene Freiheit, es mußten noch andere Förderungsmittel in Tätigkeit treten: vor allem die Aufwendungen der Rheinuferstaaten für Verbesserung des Fahrwassers, Stromregelungen und Uferschutz, die sich von 1870 bis 1890 auf 106 4/5 Millionen Mark beliefen. Infolgedessen konnten die Schiffe bedeutend vergrößert werden, die bisherigen Holzschiffe wurden bald durch größere eiserne, dann stählerne Schiffe ersetzt, der Betrieb bedeutend verbilligt, durch die Vermehrung der Dampfer die Fahrt beschleunigt.

An diesem allgemeinen Fortschritt hatte aber der Düsseldorfer Hafen nicht den ihm gebührenden Anteil. Die Stadt, die sich im übrigen so erfreulich entwickelt hatte, deren Einwohnerzahl von 60 233 in 1866 auf 115 190 in 1885 gestiegen war, vernachlässigte lange, zu lange ihre Rheinseite. Sie suchte den Anforderungen des gewachsenen Verkehrs, den Klagen der Kaufleute, den Forderungen der Zollbehörde nach Verbesserungen und Erweiterungen des Hafens nur durch Flickwerk und unzulängliches Stückwerk gerecht zu werden. Im Jahre 1880 endlich, als die Werftnot am höchsten gestiegen war, wurde der Bau eines neuen Hafens ernstlich ins Auge gefaßt. Zunächst wurde, um das dringendste Bedürfnis zu befriedigen, das Zollufer mit einem Kostenaufwand von 160 000 Mk. ausgebaut; einen Antrag auf Beihilfe hierzu hatte der Staat abgelehnt. Pläne für den umfassenden Neubau wurden aufgestellt, beraten und begutachtet, abgeändert und erweitert. Die Fragen, ob Kaihafen am offenen Strom oder Beckenhafen, ob dieser im Norden oder im Süden der Stadt anzulegen sei, zu klären, bedurfte noch langer Zeit, und nachdem das Enteignungsrecht zum Zwecke des Hafenbaues im Juli 1889 der Stadt verliehen worden war, ging anfangs 1890 der Bescheid der Staatsregierung ein, daß der Ausführung des Projektes nun keine Bedenken mehr entgegenständen. Darnach beschloß die Stadtverordnetenversammlung, zur Aufbringung der Hafenbaukosten, die infolge der von den Behörden geforderten Abänderungen auf 6 500 000 Mk. veranschlagt waren, eine Anleihe in gleicher Höhe aufzunehmen, wozu Ende 1890 die Genehmigung erteilt wurde. Nach Begutachtung der endgültigen Pläne konnte endlich Mitte 1891 mit dem Bau begonnen und nach fünfjähriger Bauzeit vollendet werden. Am 30. Mai 1896 wurde der neue Rheinhafen zu Düsseldorf feierlich dem Betrieb übergeben. Die damalige Festschrift der Stadt schließt mit den Worten: „Mögen auch die Kosten, welche durch die Stadt allein aufzubringen waren, gegen die Vorausberechnung um ein bedeutendes überschritten worden sein, da das Projekt in mancher Beziehung, namentlich durch den sofortigen, ursprünglich erst für später in Aussicht genommenen Ausbau des mittleren Hafenbeckens, sowie die Anlage eines ausgedehnteren Rangierbahnhofs wesentlich erweitert und nichts unterlassen, nichts gespart worden ist, um das Werk nach den Anforderungen und Erfahrungen der Jetztzeit auf das vollkommenste, namentlich mit elektrischer Licht- und Kraftanlage, mit Wasserversorgung und Kanalisation, auszugestalten, auch manche Unkosten entstanden, auf die man nicht vorbereitet sein konnte, wie hohe Arbeitslöhne, äußerst schwierige Bodenverhältnisse, Kosten der Anleihe usw., — wir wären des gelungenen Werkes nicht würdig, wollten wir uns darum grämen und an seiner Ersprießlichkeit zweifeln".

Die damalige Gesamthafenanlage hat eine Flächengröße von 80,5 ha, wovon 22,5 ha auf die Wasserfläche der fünf Becken mit nahezu 6000 m Ladeufer mit Gleisanschluß, 21 ha auf zu verpachtende Lagerplätze, das übrige auf den Zollhof, auf Gleisanlagen von ungefähr 28 km Länge, auf Straßen, Wege, Böschungen und Deiche entfallen. Der Hafenbahnhof erhielt unwiderruflichen Anschluß an die Staatseisenbahn mit Tarifstation. Der Bahnbetrieb auf den Hafengleisen zwischen den Übergabegleisen und den Ladegleisen mußte von der Stadt übernommen werden, wofür sie zunächst zwei Tenderlokomotiven einstellte und die erforderlichen Gebäulichkeiten errichtete.

Der bis dahin geltende Gebührentarif wurde, namentlich für die geringwertigen Massengüter, nunmehr wesentlich herabgesetzt, was zur Hebung des Verkehrs sein gut Teil beigetragen hat. Der Hafentarif unterliegt der Genehmigung der Staatsregierung und ist von dieser nach dem städtischen Entwurf festgesetzt worden. Da nach der Rheinschiffahrtsakte die Gebühren für Benutzung von Hafeneinrichtungen deren Kosten für Verzinsung, Tilgung und Unterhaltung nicht übersteigen dürfen, so kann die Stadt auf unmittelbaren Gewinn aus ihrem Hafenunternehmen nicht rechnen, und sie muß sich an dem Nutzen genügen lassen, der ihr durch den Hafen indirekt aus dem Wachsen und Gedeihen ihres Handels und ihrer Gewerbe erwächst.

Die Gesamtkosten der Hafenanlagen von 1896 belaufen sich auf 10 Millionen Mark. Die hierfür aufgenommene Anleihe ist von der städtischen Hafenkasse mit 3 1/2 vom Hundert zu verzinsen und 1 vom Hundert zu tilgen.

Tabelle 6. Verkehrsentwicklung des städtischen

Güterverkehr

Kalenderjahr	Zufuhr		
	Zu Berg	Zu Tal	Zusammen
1896	171 571	151 555	323 126
1897	242 215	181 411	423 626
1898	283 558	226 679	510 237
1899	303 357	227 292	530 649
1900	312 505	215 835	528 340
1901	277 297	203 933	481 230
1902	270 197	270 012	540 209
1903	344 532	341 443	685 975
1904	358 659	384 700	743 359
1905	474 533	405 468	880 001
1906	512 446	458 254	970 700
1907	505 552	473 235	978 787

Tabelle 7. Finanzielle Entwicklung des städtischen

Rechnungsjahr	Betriebseinnahmen Mk.	Betriebsausgaben		Grundstücke und Gebäude	
		Mk.	in % der Betriebseinnahmen	Einnahmen an Miete Mk.	Unterhaltungskosten Mk.
1895	144 074	113 653	79	77 718	1 481
1896	180 151	114 153	63	120 902	8 041
1897	252 154	206 709	82	183 555	10 136
1898	312 060	207 889	67	202 289	13 246
1899	345 785	229 717	66	214 043	12 427
1900	351 900	244 872	69	234 844	12 448
1901	387 380	257 692	67	250 754	16 899
1902	494 267	303 423	61	275 774	17 771
1903	518 712	305 883	59	279 026	13 630
1904	575 849	323 807	56	270 063	20 684
1905	632 461	345 906	55	274 916	14 807
1906	644 228	419 259	65	269 959	22 199
1907	648 157	462 301	71	268 386	17 611

Wie die auf dieses Werk gesetzten Erwartungen sich erfüllt haben, ja sogar durch die Verdreifachung des Güterverkehrs innerhalb eines Jahrzehnts übertroffen worden sind, wird aus Tabelle 6 ersichtlich.

Dieser Erfolg ermutigte die Stadt, in weiterem Fortschritt auch an die Verjüngung ihres Jahrhunderte alten Rheinwerfts heranzutreten,

Rheinhafens zu Düsseldorf 1896 bis 1907.

in Tonnen.

Abfuhr			Gesamtverkehr	Beladen angekommene und abgegangene Eisenbahnwagen
Zu Berg	Zu Tal	Zusammen		
29 975	44 970	74 945	398 071	26 798
32 834	50 801	83 635	507 261	36 388
31 655	58 144	89 799	600 036	42 318
34 436	54 368	88 804	619 453	47 720
35 861	56 100	91 961	620 301	47 646
36 270	65 319	101 589	582 819	46 044
41 043	80 122	121 165	661 374	58 256
43 323	105 529	148 852	834 827	64 822
43 279	84 781	128 060	871 419	69 179
44 364	94 564	138 928	1 018 929	78 098
47 135	98 622	145 757	1 116 457	90 686
65 000	89 557	154 557	1 133 344	95 787

Rheinhafens zu Düsseldorf 1895 bis 1907.

Zinsen- u. Schuldentilgung Mk.	Zuschüsse zur Deckung d. Fehlbeträge Mk.	Anzahl der Arbeiter	Gezahlte Arbeitslöhne		Jährlicher Durchschnittslohn Mk.
			Mk.	in % der Betriebsausgaben	
359 446	300 594	65	52 025	46	800
380 058	297 999	78	56 447	49	724
436 236	297 999	105	78 831	38	752
448 663	271 997	110	109 764	53	998
448 532	210 000	131	125 946	55	961
448 272	170 000	139	132 495	54	953
448 182	155 000	138	131 656	51	954
472 293	145 000	146	159 944	53	1 096
472 297	135 000	141	160 645	52	1 139
472 247	115 000	141	168 704	52	1 197
472 140	18 000	161	179 646	52	1 116
472 363	13 306	172	210 073	50	1 221
472 016	128 797	218	242 991	53	1 115

dessen Nutzzweck auf den neuen Hafen übergegangen war. Während infolge einer außerordentlich starken Bevölkerungszunahme (1871: 69 265, 1900: 213 711) die bebaute Stadt sich immer mehr erweitert hatte, ihre älteren und selbst neueren Teile sich verjüngt und verschönert hatten, war die Werftseite vom Alter immer mehr verrunzelt. Es galt aber jetzt nicht nur, dem

Städtisches

Soll. Gewinn- und

H. B.		Mk.	Pf.	Mk.	Pf.	Im Vorjahr Mk.	Pf.
32	An Unterbilanz per 1. April 1907			1 610 152	69	1 483 422	09
	„ Abschreibungen auf:						
3	Gebäude 2 % v. 1 516 841,47 Mk.	30 336	82			30 335	93
5	Elektrische Kraft- und Lichtanlagen 10 % v. 749 804,45 Mk.	74 980	44			74 645	20
7	Werft- u. Lagerhausbetriebsmittel 10 % v. 513 770,00 Mk.	51 377	—			49 360	21
9	Bahnanlagen 7,5 % v. 1 091 848,47 Mk.	81 888	60			81 810	—
11	Bahnbetriebsmittel 10 % v. 211 945,11 Mk.	21 194	51			18 821	81
13	Mobilar 100 %	1 154	85			1 167	22
15	Verschiedenes 60 %.	1 064	50	261 996	72	1 502	20
65	„ Verausgabte Zinsen			298 113	30	306 198	48
				2 170 262	71	2 047 263	14

Werft ein schönes Gesicht zu geben. Das Düsseldorfer Rheinufer hatte wegen seiner außerordentlichen Tiefen bis 16 m unter Null Düsseldorfer Pegel der staatlichen Strombauverwaltung seit lange viel zu schaffen gemacht und große Kosten für Verteidigungswerke verursacht, welche doch die Gefahr der Unterspülung des Ufers nicht zu beseitigen vermochten. Man erkannte, daß dies nur durch eine Vorschiebung des Ufers und seine möglichst starke Befestigung erreicht werden konnte. Diese Vorschiebung sollte daneben eine Erbreiterung der Werftfläche um durchschnittlich 20 m bezwecken, um auf dem gewonnenen Gelände neben einem Handelswerft in Höhe von + 6 m Düsseldorfer Pegel im Anschluß an die inzwischen angelegten Ringstraßen der Stadt eine hochwasserfreie, breite Uferstraße zu schaffen, wie es schon in einem im Jahre 1884 aufgestellten großen Bebauungsplane vorgesehen war. Das Vorspiel zu diesem Werke war die Zuschüttung des alten Sicherheitshafens aus napoleonischer Zeit, als dieser im Jahre 1898 dem Bau einer festen Rheinbrücke weichen mußte, woran sich die Vorschiebung des Ufers vom Kohlentor abwärts bis zum Hofgarten anschloß. Für diese Arbeiten verausgabte die Stadt 924 300 Mk. Sogleich im Jahre 1899 wurde nun auch die übrige Werftumgestaltung in Angriff genommen, deren zu erwartende Vorteile für die Stadt von dem berufenen Gutachter wie folgt ausgesprochen wurden:

Hafenamt.

Verlustrechnung 1907. Haben.

H. B.		Mk.	Pf.	Im Vorjahr Mk.	Pf.
69	Per Pachteinnahmen	258 786	22	263 598	33
79	„ Betriebsüberschuß	83 529	97	173 512	12
78	„ Unterbilanz am 31. März 1908	1 827 946	52	1 610 152	69
		2 170 262	71	2 047 263	14

„1. Eine breite, hoch angelegte, zweckmäßig geführte und gut gepflegte Uferstraße erschließt der Stadt die von der Bevölkerung lange entbehrte Zugänglichkeit und Benutzbarkeit ihrer schönen Lage am Rheinstrom. Von dieser Lage ist eigentlich nichts mehr übrig geblieben, der Aufenthalt an dem vernachlässigten Ufer ist unerquicklich. Düsseldorf hat seine Front seit langen Jahren in ausgesprochener Weise vom Rhein abgewendet, und dies wird von allen Seiten als ein großer Mangel der sonst so schönen Stadt empfunden und gerügt.

2. Durch eine breite, hochliegende Promenadenstraße am Rhein wird der so lange ersehnte Deichschutz der unterhalb des Rheinhochwassers liegenden Altstadt erreicht, welche dadurch ganz wasserfrei wird, da ihre natürlichen Abwässer durch das mit Pumpwerken ausgerüstete Kanalsystem stets abgeführt werden können.

3. Durch eine passende Aptierung der Straßenanlage kann das städtische Ufer besser als bisher für die Rheinschiffahrt ausgenutzt werden."

Diese Ufervorschiebung wurde in drei Baujahren vollendet und am 8. März 1902, wenige Wochen vor Eröffnung der Großen Düsseldorfer Ausstellung, eingeweiht. Die Kosten betrugen insgesamt 4 897 342 Mk., welche aus einer 4 %igen, mit 1,3 % tilgbaren Anleihe gedeckt wurden und wovon

Städtisches

Bilanz

H. B.		Mk.	Pf.	Mk.	Pf.	Im Vorjahr Mk.	Pf.
	I. Aktiva.						
1	An Grundstücke.			7 386 898	63	7 386 898	63
3	„ Gebäude	1 264 212	26				
	Zugang in 1907	45	—				
		1 264 257	26				
	Abschreibung . .	30 336	82	1 233 920	44	1 264 212	26
5	„ Elektrische Kraft- und Licht-anlagen	177 935	25				
	Zugang in 1907	3 352	48				
		181 287	73				
	Abschreibung . .	74 980	44	106 307	29	177 935	25
7	„ Werft- u. Lagerhausbetriebs-mittel	113 304	98				
	Zugang in 1907	20 167	87				
		133 472	85				
	Abschreibung . .	51 377	—	82 095	85	113 304	98
9	„ Bahnanlagen	193 664	—				
	Zugang in 1907	1 047	45				
		194 711	45				
	Abschreibung . .	81 888	60	112 822	85	193 664	—
11	„ Bahnbetriebsmittel	37 760	80				
	Zugang in 1907	23 727	—				
		61 487	80				
	Abschreibung . .	21 194	51	40 293	29	37 760	80
13	„ Mobilar	3	—				
	Zugang in 1907	1 154	85				
		1 157	85				
	Abschreibung . .	1 154	85	3	—	3	—
15	„ Verschiedenes	502	80				
	Zugang in 1907	936	15				
		1 438	95				
	Abschreibung . .	1 064	50	374	45	502	80
17	„ Erneuerungsfonds.	314 745	—				
	Abgang in 1907	41 192	82	273 552	18	314 745	—
	Bestände:						
30	„ Kasse	—	—			6 106	13
38	„ Bahnunterhaltungsmittel. .	9 490	25			10 527	16
40	„ Kranbetriebsmittel.	48 548	95			33 707	52
50	„ Bahnbetriebsmittel	8 795	65			6 171	46
52	„ Lagerhausbetriebsmittel . .	352	—			523	20
54	„ Krafthausbetriebsmittel . .	33 387	61	100 574	46	34 294	97
	III. Unterbilanz.						
32	„ Gewinn- und Verlustkonto .			1 827 946	52	1 610 152	69
				11 164 788	96	11 190 509	85

Hafenamt.

pro 1907.

H. B.		Mk.	Pf.	Mk.	Pf.	Im Vorjahr Mk.	Pf.
	II. Passiva.						
19	Per Anleihe vom Jahre 1890 .	5 552 500	—				
	Tilgung in 1907	98 000	—	5 454 500	—	5 552 500	—
21	„ „ vom Jahre 1894 .	3 089 800	—				
	Tilgung in 1907	49 400	—	3 040 400	—	3 089 800	—
23	„ „ vom Jahre 1900 .	418 314	52				
	Tilgung in 1907	7 117	42	411 197	10	418 314	52
25	„ Zuschüsse der Stadtkasse . .	1 473 814	20				
	Zugang in 1907	128 796	53	1 602 610	73	1 473 814	20
27	„ Zuschüsse der Vermögenskasse			656 081	13	656 081	13
				11 164 788	96	11 190 509	85

450 000 Mk. für Ausrüstung des neuen Werfts mit Lagergewölben, Gleisen und elektrischen Kränen dem Hafenhaushalt belastet wurden.

Da die Speditionsplätze des neuen Hafens schon vorher voll besetzt waren, konnte es nicht wundernehmen, daß bei dem stetig zunehmenden Verkehr auch das neue Werft in seiner ganzen Länge mit seinen 2000 qm Lagerraum bietenden Unterstraßengewölben binnen kurzer Zeit von der Schiffahrt und Spedition in Benutzung genommen und der geschaffene Lagerraum vermietet war.

Innerhalb des Zollhofs, d. h. der den Zollhafen umgebenden, eingefriedigten Uferflächen, hat die Stadt das große Lagerhaus für zollpflichtige Güter, sowie die Güterhallen für die Zollabfertigung für eigene Rechnung gebaut und erhebt für deren Benutzung tarifierte Lagergebühren. Das ganze übrige Gelände des Hafengebietes ist der Privattätigkeit überlassen.

Um den Wertzuwachs der Gemeinde zukommen zu lassen, hat die Stadt Düsseldorf den Grundsatz angenommen, ihr Hafengelände nicht zu verkaufen, sondern nur zu vermieten, dabei den Mietern die Errichtung von Gebäuden zu überlassen.

Kaum waren fünf Jahre nach der Vollendung des neuen Hafens vergangen, als das ganze Gelände bereits voll besetzt war. Die Nachfrage nach Lagerplätzen mit Wasser- und Bahnanschluß hielt aber stetig an, auch nicht unterbrochen durch die um 1900 eingetretene wirtschaftliche Flaue, und konnte nicht befriedigt werden. Am 15. März 1904 beschloß die Stadtverordnetenversammlung daher die Ausführung des folgenden Planes:

1. Bau eines neuen Hafenbeckens;
2. Verlegung des Petroleumumschlagplatzes aus dem bisherigen Petroleumhafen nach dem Rheinufer unterhalb der Eisenbahnbrücke;
3. Umbau des bisherigen Petroleumhafens zu allgemeinen Speditionszwecken;
4. Erweiterung des Zollverkehrgebietes, und
5. Errichtung eines zweiten Lagerhauses als Zollniederlage, zum veranschlagten Gesamtkostenbetrage von 6 ½ Millionen Mark.

Mitte 1905 konnte mit der Ausführung begonnen, Ende 1906 das erweiterte Zollgebiet mit Güterhallen und Kränen in Betrieb genommen werden, Mitte 1907 war das neue Hafenbecken von 17 ha Wasserfläche mit 55 ha Uferflächen mit 3300 m Ladeufer vollendet und schon teilweise besiedelt, gleichzeitig war die Verlegung des Petroleumumschlagplatzes bewirkt, und nach dem sich hieran anschließenden Umbau des bisherigen Petroleumhafens, nunmehr Bergerhafens, nach Errichtung von Getreidespeichern und Lagerhäusern an seinen Ufern erscheint das Gesamtwerk, ausgenommen den

Bau des projektierten zweiten großen Lagerhauses, nunmehr glücklich vollendet. Das hierfür aufgenommene Anleihekapital von 8435000 Mk. hat die Hafenkasse vom 1. April 1908 ab mit 4 vom Hundert zu verzinsen und mit 1 1/2 vom Hundert zu tilgen.

Das gesamte Hafengebiet von Düsseldorf hat heute eine Fläche von 136 ha, wovon 40 ha auf die Hafenbecken entfallen, und von 10 km Uferlänge mit 44 km Bahngleisen und 11 km Fahrstraßen. Nach dem Umfange des Güterverkehrs steht Düsseldorf heute unter den Rheinhäfen an achter Stelle, vor Mainz und Köln.

Infolge der letzten Erweiterung wird der Hafenhaushalt bis zur vollständigen Ausnutzung der neugeschaffenen Anlagen zur Deckung der Zinsen und Tilgung einige zeitlang noch eines beträchtlichen Zuschusses aus der Stadtkasse bedürfen; Stadt und Bürgerschaft vertrauen auf den bleibenden Nutzen aus ihrem selbstgeschaffenen Hafen. Die finanzielle Entwicklung im einzelnen zeigt Tabelle 7; Bilanz sowie Gewinn- und Verlustrechnung sind vorstehend abgedruckt.

3. Die städtische Tonhalle und das Weingeschäft.

Als das 40. Niederrheinische Musikfest im Jahre 1863 in Düsseldorf abgehalten werden sollte, machte sich das schon lange empfundene Bedürfnis nach geeigneten Räumen für repräsentative Zwecke besonders fühlbar. Einer Anregung des Vorbereitungskomitees dieses Musikfestes folgend, kaufte die Stadt zu diesem Zwecke für 52000 Taler eine bereits bestehende Wirtschaft und erweiterte diese durch den Neubau eines großen Konzertsaales. Das ursprüngliche Grundstück wurde durch Ankauf vergrößert, während andere Flächen verkauft wurden. Der Gesamtpreis der Grundfläche beträgt rund 225000 Mk.

In den Jahren 1889 bis 1891 wurden die Baulichkeiten, die je länger, je mehr den Ansprüchen nicht mehr genügten, von Grund aus mit einem Kostenaufwande von rund 1 1/4 Millionen Mark erweitert, so daß das Gesamtanlagekapital zur Zeit rund 1,8 Millionen Mark beträgt.

Die städtische Tonhalle enthält eine Reihe großer und kleiner Säle für öffentliche und Privatfestlichkeiten, für Versammlungen und Konzerte, ein Kaffee-Restaurant mit zugehöriger Wohnung und die für das noch zu erwähnende Weingeschäft notwendigen Räumlichkeiten. Sie dient der Stadt als solcher als Repräsentationshaus.

Der gesamte Wirtschaftsbetrieb, Kaffee, Restaurant, Gartenwirtschaft usw. nebst Betriebsräumen und Wohnung ist an einen Restaurateur verpachtet, der dafür einschließlich aller Abgaben vom Bier- und Weinverkauf sowie für Heizung, Beleuchtung und Wasserverbrauch, sowie der Benutzungsgebühr für das seitens der Stadt vollständig gestellte Betriebsinventar, gegenwärtig 45 400 Mk. jährlich bezahlt; ihm stehen auch die Säle zur Verfügung, soweit sie nicht die Stadt für eigene Zwecke, oder zwecks Vermietung an Private beansprucht.

Außer der Pacht bezieht die Stadt nicht unerhebliche Einkünfte aus der Vermietung von Ladenräumen im Erdgeschoß eines Gebäudeteiles sowie der Säle, aus Eintrittsgeldern für Konzerte usw. und aus Garderobegebühren; der Etat für 1908 sieht 76 900 Mk. vor, wozu noch 15 000 Mk. Beleuchtungsvergütung kommen.

Angesichts der hohen Anlage- und Unterhaltungskosten müßte aber trotzdem die Tonhalle eine der schlimmsten Zuschußverwaltungen sein, wenn nicht der bei der Gründung festgelegte Grundsatz, daß die Tonhalle „durch Restauration, Entree-Erhebung und andere Einnahmen wirtschaftlich benutzt werden solle", von jeher noch in besonderer Weise befolgt wäre.

Rechnungsergebnisse der städtischen Tonhalle im Jahre 1907.

Einnahmen.	Mk.	Ausgaben.	Mk
1. Aus Vermietungen von Wohnungen, Läden u. dem Restaurationslokal	32 750	1. Verwaltungskosten	13 695
2. Benutzungsgebühr für das Betriebsinventar	2 883	2. Unterhaltung der Gebäude, Grundstücke und Inventar	25 560
3. Abgabe vom Wein- und Bierverkauf	8 366	3. Kosten der Konzerte und Verwendung der Säle zu Festlichkeiten	53 395
4. Eintrittsgelder zu den Konzerten	51 684	4. Heizung, Reinigung, Beleuchtung, Wasser	40 589
5. Für Vermieten der Säle	20 073	5. Steuern und Abgaben	1 203
6. Für Garderobepacht	3 250	6. Zinsen und Schuldentilgung	78 388
7. Reingewinn an dem Weingeschäft	68 437	7. Sonstige Ausgaben	1 982
8. An sonstigen Einnahmen (Erstattung für Heizung, Reinigung, Beleuchtung, Dekoration, Orgelmiete usw.)	28 210	8. Außerordentliches	13 428
9. Bestand aus dem Vorjahre	46 136	9. Ausgabereste	52 075
	261 789	10. Ausgaben aus dem Etat aus Mitteln der Stadtkasse	—
Zuschuß der Stadtkasse	18 526		
Zusammen	280 315	Zusammen	280 315

Die Stadt betreibt seit Jahrzehnten auf eigene Rechnung und Gefahr durch eigene Beamte ein Weingeschäft, das durch seine Erträgnisse den Tonhallenetat erheblich verbessert und eine preiswerte und gute Verpflegung der Tonhallenbesucher mit Wein gewährleistet. Denn der Pächter ist vertraglich zur Entnahme seines gesamten Weinbedarfs von dem städtischen Weingeschäfte verpflichtet; er erhält einen Rabatt von 20 %. Außerdem aber gibt der städtische Weinkeller auch in jedem Umfang an Private ab, und angesichts der Güte der Weine ist ein recht erheblicher und sich ständig vergrößernder Kreis privater Abnehmer vorhanden.

Der gesamte Weinumsatz betrug 1890: 117 149 Mk., 1895: 219 517 Mk., 1900: 311 065 Mk., 1907: 410 140 Mk. Der Reingewinn hielt sich vor ungefähr 15 Jahren zwischen 20 000 und 30 000 Mk. und ist seitdem auf 68 437 Mk. im letzten Betriebsjahre gestiegen; die Schuld des Weingeschäfts betrug am 31. März 1908: 328 720 Mk., wovon 150 000 Mk. auf die Sparkasse und 178 000 Mk. auf die Stadtkasse entfielen. Diesen Schulden steht aber ein Weinlager von 439 634 Mk. gegenüber. Der Reingewinn des Weingeschäfts deckt heute fast ein Viertel der gesamten Ausgaben des Tonhallenunternehmens und hat zur Folge, daß dieser samt Restaurations- und Konzertbetrieb jährlich nur rund 20 000 Mk. städtische Zuschüsse erfordert, wie aus vorstehend abgedruckter Jahresrechnung erhellt.

4. Die städtischen Wagen.

Die Stadtverwaltung Düsseldorf hat seit undenklichen Zeiten öffentliche Wagen und Meßanstalten besessen, deren Benutzung obligatorisch war und die, wie es in einer Eingabe des Oberbürgermeisters an den vorgesetzten Landrat vom 26. August 1825 heißt, „der Stadtkasse früher eine bedeutende Revenue abgeworfen haben“. Durch Verfügung vom 23. Dezember 1823 wurden diese Zwangsrechte jedoch aufgehoben, und in einer neuen „Ordnung für die städtischen Wagen und Meßinstrumente“ zu Düsseldorf vom 11. Januar 1826 hieß es unter Artikel 2: „Die städtischen Wag- und Meßanstalten üben kein Zwangsrecht aus, in dem Sinne nämlich, daß es jedem Käufer und Verkäufer erlaubt ist, die von ihm zu kaufenden oder zu verkaufenden Waren entweder selbst zu wiegen oder zu messen, oder ungemessen und ungewogen zu verkaufen.

Niemanden aber ist es erlaubt, öffentlich um Lohn für andere zu wiegen oder zu messen bei Vermeidung einer Polizeistrafe von 3 Talern für den ersten, und der gesetzlichen Schärfung der Strafe in den Wiederholungsfällen.“

In Artikel 1 werden alle bestehenden Wagen und Meßanstalten angeführt: „Die Obstwaage, die Butterwaage, das mehreren vereideten Müddern übergebene Fruchtmaaß, das gleichfalls einem vereideten Messer anvertraute Holz-, Kalk-, Traß- und Buschkohlen-Maaß, das einem Aufseher und dessen vereideten Gehülfen übergebene Steinkohlen- und Geriß-Maaß“.

Zwei Wagen wurden von jeher verpachtet; ein noch in den Akten vorhandener Vertrag aus dem Jahre 1830 sieht z. B. für die Butterwage eine Pacht von 30 Taler vor; die Gebühr für das Verwiegen war stadtseitig bestimmt; an einzelnen Tagen war die Benutzung der Butterwage unentgeltlich.

Im Jahre 1827 trat zu den bestehenden Wagen noch die große, für allgemeine Zwecke bestimmte Stadtwage; auch diese wurde nach kurzer Zeit verpachtet; der älteste im Druck vorliegende Haushaltsetat von 1851 sieht eine Pachteinnahme von 196 Mk. vor; in den siebziger Jahren brachten die Wagen jährlich 777 Mk., seit 1878: 868 Mk. Pacht ein. Nachdem aber 1880 das alte Stadtwagengebäude wegen Baufälligkeit abgebrochen war, wurde die städtische Wage dem Pächter gegen Beschaffung des notwendigen Lokals ohne weitere Gebühr überlassen, während die beiden anderen Wagen gegen eine Vergütung von zusammen 208 Mk. verpachtet blieben.

Seit 1890 ist auch von der Stadtwage wieder Pacht erhoben worden, doch ist das Erträgnis ständig gesunken, da durch die Besitzer anderer Wagen immer mehr Gelegenheit zur unentgeltlichen Verwiegung der zu den Wochenmärkten gelangenden Produkte geboten war. Gegenwärtig beläuft sich die Gesamtpacht nur auf 100 Mk., sie erscheint im Etat der Vermögensverwaltung. Die Stadt besitzt heute nur zwei Marktwagen, zu denen noch zwei im Privateigentum des Pächters hinzukommen. Ferner haben an verschiedenen Stellen der Stadt Zentesimalwagen von privater Seite Aufstellung gefunden. Einer Anregung der Marktkommission im Jahre 1891 auf Aufstellung von ein bis zwei städtischen Brückenwagen hat die Stadtverordnetenversammlung seinerzeit nicht beigestimmt.

Nähere Angaben über die Inanspruchnahme seitens der Käufer und Verkäufer zu machen, ist der Pächter nicht verpflichtet; sie liegen daher nicht vor.

5. Das städtische Eichamt.

Als im Jahre 1869 die Regierung in Düsseldorf an die Stadtverwaltung mit der Frage herantrat, ob diese zur Errichtung eines kommunalen Eichungsamts bereit sei, beantragte die Stadtverwaltung zunächst, daß Düsseldorf „mit Rücksicht auf den industriellen und kommerziellen Verkehr der Stadt und des Bezirks" als Sitz eines Eichinspektors gewählt und diesem demnach das Eichungsamt als Staatsanstalt übertragen werde. Nachdem jedoch dieser Antrag zugunsten Cölns abgelehnt war, wurde die Errichtung eines städtischen Eichungsamtes beschlossen; unter Übernahme der Utensilien der bis dahin bestehenden staatlichen Eichungskommission samt deren Eichmeister trat das städtische Eichamt kurz darauf in Wirksamkeit.

Lange Zeit hindurch hat das Eichamt keine Überschüsse gebracht, sondern, wenn die Verwaltungskosten eingerechnet werden, eine allerdings nicht beträchtliche Zubuße gefordert. Erst seit etwa 1890 ist das Eichamt bei ständig steigender Benutzung zu einem ständigen Überschußbetriebe geworden. Im Betriebsjahre 1907 gingen an Gebühren 12 844 Mk. ein; die sächlichen Ausgaben betrugen 4384 Mk., die persönlichen 5979 Mk., mithin ergibt sich ein Überschuß von 2481 Mk., der bei dem Etat der Vermögensverwaltung verrechnet wird.

6. Die städtische Marktverwaltung.

Düsseldorf hat eine Bedeutung nicht nur als Lokalmarkt ersten Ranges für die umliegenden Ortschaften, in denen der Bau feiner Gemüse und die Erzeugung anderer hochwertiger landwirtschaftlicher Produkte auf der Höhe steht, sondern auch als Umschlagsplatz für das Wuppertal und das bergische Land.

Eine städtische Markthalle besteht trotzdem nicht; über die Vorteile und Nachteile einer derartigen Einrichtung sind ja die Meinungen sehr geteilt. An ihrer Stelle bestehen vier offene Wochenmärkte, von denen freilich zwei einen sehr geringen Umfang haben. Daneben wurden früher vier Jahrmärkte abgehalten, die ziemlich rege beschickt wurden. Im Jahre 1901 aber wurden sie aufgehoben, und die weiter bestehenden Jahrmärkte in den Außenorten (Kirmessen) werden nicht auf öffentlichem Grund und Boden abgehalten mit Ausnahme eines Marktes im südwestlichen Außenbezirk Hamm, der aber nur höchst geringe Beträge (im Jahre 1907: 45 Mk.) abwirft.

Die Einnahmen aus den Marktstandsgeldern sind im übrigen im Laufe der Zeit langsam gestiegen. Die Standgelder betrugen:

	Jahrmärkte:	Wochenmärkte:	Zusammen:
1875:	2708	25 037	27 745
1880:	2539	24 760	27 299
1885:	2933	26 572	29 505
1890:	3853	24 643	28 496
1895:	1685	35 394	37 079
1900:	994	47 229	48 223
1901:	96	45 623	45 719
1902:	99	51 909	52 008
1903:	108	54 448	54 556
1904:	101	54 740	54 841
1905:	99	55 637	55 736
1906:	119	55 443	55 562
1907:	45	54 332	54 377

Von den Wochenmarkteinnahmen des letzten Jahres entfielen 42 899 Mk. auf den Hauptmarkt am Rathaus; die Ausgaben betrugen für Erhebung der Marktstandsgelder und Druck der Marktstandsgeldzettel im selben Jahre 7709 Mk., so daß sich ein Überschuß von 46 668 Mk. ergibt, der im Etat der Vermögensverwaltung verrechnet wird.

III.

Die Kredit- und Sparanstalten.

1. Die städtische Leihanstalt.

Die Leihanstalt ist mit dem Hafen und Schlachthaus das älteste wirtschaftliche Unternehmen der Stadt Düsseldorf. Ihre Anfänge reichen nach allgemeiner Annahme bis in den Anfang des vorigen Jahrhunderts zurück; unter französischer Herrschaft hat sie als Mont de Piété vorübergehend bestanden. Neubegründet wurde sie im Jahre 1825, damals im engen Zusammenhange mit der Sparkasse, welche ihr die Betriebsmittel gegen eine Verzinsung von 5 % lieferte. Nach dem ältesten, erhaltenen Reglement verfolgte die Anstalt den Zweck, „geldbedürftige Bürger, welche genötigt sind, zur Befriedigung eines augenblicklichen Geldbedürfnisses Mobiliargegenstände gegen einen Geldvorschuß zu verpfänden, gegen Übervorteilung, Betrug und Wucher zu schützen".

Aus rein charitativen Erwägungen hervorgegangen, sollte die Anstalt von vornherein etwaige Überschüsse nicht an die Stadtkasse, sondern an die Armenkasse überführen, wozu sie auch nach der Kabinettsordre vom 28. Juni 1826, betreffend die Leihanstalten, rechtlich gezwungen war; zu einer wirklichen Erzielung von Überschüssen kam es freilich in den ersten Jahren nicht, trotzdem schon damals ein Zinsfuß von 12 % erhoben wurde. Im Gegenteil, schlechte Geschäftsführung hatte zur Folge, daß die Anstalt während der Jahre 1837 bis 1842 ihre Tätigkeit einstellte.

Bei ihrer Wiedereröffnung wurde ein neues Reglement vom 22. Februar 1842 erlassen. Dieses bestimmt, daß Pretiosen und edle Metalle bis zu $^4/_5$, alle andern Effekten nur bis zu $^2/_3$ des Wertes beliehen werden sollten (die Bestimmung besteht noch heute) und außer den Zinsen noch eine Schreib- und Taxationsgebühr zu zahlen sei; zur Sicherheit für den Betrieb wurden die jährlichen Einnahmen an Mahl- und Schlachtsteuer bestimmt.

Aber auch die ersten Jahre der Wiedereröffnung brachten Verluste von bis zu 1500 Taler im Jahr, und erst im Jahre 1845 konnte ein Gewinn von 795 Taler in die Armenkasse abgeführt werden. Der Geschäftsbetrieb freilich blieb in ziemlich engen Grenzen, namentlich deshalb, weil ein erheblicher Teil wertvoller Pfänder der bei größeren Darlehen empfindlich hohen Zinsen wegen, nach auswärts ging, insbesondere nach Elberfeld, dessen städtische Leihanstalt einen mit der Höhe des Darlehens sinkenden Zinsfuß erhob.

Angesichts dessen tauchte wohl der Gedanke auf, die Leihanstalt zu Düsseldorf der schlechten Geschäftsergebnisse wegen wieder eingehen zu lassen, zumal vom Ministerium des Innern obendrein noch eine grundsätzliche Ermäßigung des Zinsfußes angeregt wurde; man entschloß sich jedoch schließlich, es zunächst mit einer Reform zu versuchen; am 1. Januar 1848 wurde die Anstalt von der Sparkasse abgetrennt und einer eigenen Verwaltung unterstellt, und durch Stadtverordnetenbeschluß vom 7. Januar 1851 wurde, um dem gekennzeichneten Mißstand abzuhelfen, ein Staffeltarif eingeführt, der für Darlehen von unter 10 Taler 12 %, von 10 bis 30 Taler 10 %, von mehr als 30 Taler aber nur 8 % Zinsen vorsah.

In den fünfziger Jahren wurde das Reglement wiederum einer Revision unterzogen. Die wesentlichsten Änderungen betrafen jedoch lediglich die Erhöhung der Schreib- und Taxationsgebühren für die niederen Darlehenssummen.

Inzwischen hatte die Regierung ihren früher den kommunalen Leihhäusern so günstigen Standpunkt von Grund aus geändert. Im strikten Gegensatze zu jener Kabinettsordre von 1826 hieß es in einem Erlaß der Düsseldorfer Regierung vom 21. Dezember 1868 folgendermaßen:

„Zu den Krebsschäden (sic!), welche das Wohl der sogenannten kleinen Leute untergraben, gehören nach unwiderleglichen Erfahrungen die Pfand- und Leihhäuser.

Weit entfernt, einem fleißigen, aber augenblicklich des baren Geldes bedürftigen Handwerker oder Arbeiter den nötigen Vorschuß in wirksamer Weise herzuleiten, sind sie meist nur Institute, in denen Ausschweifung und Liederlichkeit Nahrung suchen, während sie für den Kredit um so überflüssiger geworden sind, als in den fast allerwärts errichteten Darlehnskassen, Vorschußkassen, Gewerbebanken usw. jeder, welcher einer Hilfe wirklich wert ist, solche findet, ohne die durch Nebenerhebungen gesteigerten Zinsen der Leihhäuser zahlen zu müssen und zuletzt die verpfändete Habe dennoch unter den Hammer gebracht zu sehen. Die Erfahrungen anderer Städte beweisen die Behauptung, daß die Leihhäuser entbehrlich sind. In der Stadt Aachen ist das Pfand- und Leihhaus schon vor mehr als einem Jahrzehnt und zwar mit dem besten Erfolge aufgehoben worden. Die Befürchtung, daß der

Wucher dadurch befördert werde, hat sich dort auch zur Zeit des Bestehens der Wuchergesetze nicht bestätigt. Angesichts dieser Tatsachen ist es geboten, die Frage wegen Aufhebung dieser überlebten Institute in nähere Erwägung zu ziehen und beauftragen wir Sie daher, solche zur Erörterung zu bringen."

Die geringe Inanspruchnahme der Leihanstalt (1868 wurden 68 849 Pfänder versetzt) ließ das Ansinnen der Regierung nicht völlig unmotiviert erscheinen. Aber es fand bei der Düsseldorfer Stadtverordnetenversammlung weniger Gegenliebe als anderwärts, und auch der wiederholten Anfrage der Regierung im Jahre 1874, ob sich Düsseldorf nicht doch zur Aufhebung der Leihanstalt entschließen könnte, wurde in der Stadtverordnetenversammlung fast einmütiger Widerstand entgegengestellt. Für dieses Festhalten an der nun schon ein halbes Jahrhundert alten Institution war die Erwägung entscheidend, daß die öffentlichen Leihanstalten allerdings manche Nachteile, namentlich leicht ein Überhandnehmen der unerfreulichen Pfandvermittlung durch dritte Personen, mit sich bringen, anderseits aber nach den Erfahrungen anderer Städte, welche ihre Leihanstalt aufgegeben hatten, beim Fortfall der städtischen Einrichtung ein Überwuchern privater Leihanstalten mit allen ihren wirtschaftlichen, sozialen und kriminellen Mängeln naturnotwendig eintreten müsse.

Die Leihanstalt der Stadt Düsseldorf blieb also bestehen, freilich von 1875 ab unter wiederum abgeändertem Regulativ, dessen Bestimmungen noch heute gelten. Es beseitigte die gar zu erhebliche Zinsdifferenz zwischen großen und kleinen Darlehen, indem die Pfandzinsen auf 12 % für Darlehen bis 100 Taler und 10 % für höhere Darlehen festgesetzt wurden. Die Darlehen werden höchstens auf ein Jahr gewährt; die mit der Höhe des Darlehens wachsenden Tax- und Schreibgebühren werden nach wie vor erhoben.

Seitdem hat der Betrieb der Leihanstalt seinen ruhigen Fortgang genommen. Tabelle 8 läßt die Entwicklung des Geschäftsganges seit 1850 erkennen; sie zeigt, daß er je nach wirtschaftlicher Gunst und Ungunst der Zeiten geschwankt hat, im ganzen aber erfreulicherweise nicht im gleichen Maße wie die Bevölkerung gewachsen ist.

Privatleihanstalten gibt es neben ihr nicht, dagegen freilich eine ganze Reihe von Pfandvermittlern, für deren Verkehr mit der Pfandleihanstalt am 23. Oktober 1900 eine besondere Geschäftsordnung erlassen worden ist, welche den Pfandvermittlern die für ihren Gewerbebetrieb fast unentbehrliche Möglichkeit des Massenversatzes und der Masseneinlösung nur gegen Einräumung gewisser Kontroll- und Verwaltungsrechte an die Leihhausverwaltung gewährt.

Tabelle 8. Geschäftsentwicklung der städtischen Leihanstalt zu Düsseldorf 1850 bis 1907.

Jahr	Bevölkerung	Bestand am Ende des Jahres		Zugang während des Jahres durch Neubeleihung		Abgang während des Jahres durch Pfandverkauf		Durchschnittsbetrag d. gewährten Darlehens	Gewinn	Durchschnittszahl der Pfänder auf den Kopf der Bevölkerung	Durchschnittsbetrag der Darlehen auf den Kopf der Bevölkerung
		Pfänder	Darlehen Mk.	Pfänder	Darlehen Mk.	Pfänder	Darlehen Mk.	Mk.	Mk.		Mk.
1850	40 800	27 618	129 004	65 159	260 635	6 494	27 275	4.00	3 588	0,68	3,16
1855	44 000	28 648	161 130	60 456	294 792	6 283	32 000	5,62	6 305	0,65	3,66
1860	51 100	24 870	133 500	54 700	271 911	5 514	29 377	5,37	4 404	0,49	2,61
1865	59 000	30 876	165 069	61 993	342 528	6 480	34 078	5,35	3 852	0,52	2,80
1870	67 200	32 564	187 659	58 778	341 711	8 723	37 134	5,76	6 006	0,48	2,79
1875	79 400	31 112	245 938	53 344	416 776	5 729	42 858	7,90	1 405	0,39	3,10
1880	94 200	26 812	189 667	45 627	299 388	6 099	34 230	7,07	5 888	0,28	2,01
1885	113 500	30 773	217 381	56 840	372 540	7 952	40 277	7,06	4 834	0,27	1,92
1890	141 900	32 621	201 748	67 515	401 020	7 557	41 639	5,94	8 313	0,23	1,42
1895	173 000	36 080	248 487	74 485	381 005	9 610	48 685	5,98	8 626	0,21	1,44
1900	211 200	52 707	349 269	93 843	534 383	14 280	66 538	6,63	14 601	0,25	1,66
1901	218 600	48 785	362 120	95 711	588 957	15 972	74 133	6,15	11 566	0,22	1,66
1902	225 100	54 645	423 837	106 852	662 306	12 578	63 663	6,21	13 843	0,24	1,88
1903	232 200	54 850	435 085	110 649	681 884	14 987	87 132	7,16	18 472	0,24	1,87
1904	240 600	58 616	471 921	113 864	763 866	15 485	85 860	7,31	20 712	0,24	1,96
1905	249 700	60 491	508 223	116 279	792 733	14 906	81 002	7,27	22 097	0,24	2,04
1906	259 400	61 608	491 457	121 183	803 927	16 402	96 753	7,27	22 320	0,24	1,89
1907	266 600	67 045	550 132	125 022	873 091	18 570	97 513	6,98	23 529	0,25	2,06

Die Finanzgebarung der Leihanstalt zeigt im allgemeinen geringe Überschüsse bei verhältnismäßig hohen Betriebskapitalien; letztere bestehen einerseits nach wie vor aus den von der städtischen Sparkasse geliehenen Betriebsmitteln, die zur Zeit mit 3 % verzinst werden und am 31. März 1908 299 000 Mk. sowie aus der Stadtkasse geliehenen Mitteln von 42 000 Mk., zusammen also 341 000 Mk. betrugen, anderseits aber aus einem eigenen Betriebs- und Reservefonds, der im Jahre 1878 derart geschaffen wurde, daß die bis dahin im vollen Betrage der Armenkasse zugeflossenen Überschüsse dieser fernerhin nur zur Hälfte zugute kamen, während der Rest dem Betriebsfonds zugeteilt wurde; seit 1900 floß in letzteren der volle Gewinn. Nachdem der Betriebsfonds jedoch am 31. März 1908 die Höhe von 219 825 Mk. erreicht hat, soll der Gewinn in Zukunft bis auf weiteres ungefähr zur Hälfte der Armenkasse und zur andern Hälfte dem Betriebsfonds zufließen.

Diese Vornahmen zeigen deutlich, daß irgend welche Entlastung der Gemeindekasse durch die Leihanstalt nicht beabsichtigt wird, sondern letztere vielmehr lediglich dem Interesse der ärmeren Bevölkerung zu dienen bestimmt ist; die Zinssätze sind dementsprechend so fixiert worden, daß sie im wesentlichen nur dauernd die Kosten decken und eine ausreichende Dotierung der Rücklagen gestatten.

Das finanzielle Ergebnis des letzten Jahres ergibt sich im einzelnen aus dem letzten Rechnungsergebnis:

Rechnungsergebnis 1907.

Einnahme	Mk.	Ausgabe	Mk.
1. Zinsen und Darlehen	62 923	1. Gehälter, Pensionen und andere persönliche Ausgaben	38 166
2. Pfandverkaufsgebühren. . . .	7 374	2. Bureaukosten	3 778
3. Schreib- u. Schätzungsgebühren	11 329	3. Pfandverkaufskosten.	502
4. Nicht erhobene Verkaufsüberschüsse aus Vorjahren	2 670	4. Miete des Gebäudes	6 000
5. Insgemein	234	5. Unterhaltung des Inventars.	350
		6. Feuerversicherung und sonstige Ausgaben	585
		7. Zinsen des Betriebskapitals .	9 740
		8. Insgemein	1 880
Zusammen	84 530	Zusammen	61 001

Der Gewinn von 23 529 Mk. ist zum Betriebsfonds geflossen.

2. Die städtische Sparkasse mit Alterssparkasse und Sammelkasse.

Die städtische Sparkasse ist, wie unter 1 erwähnt, im Jahre 1825 gegründet worden und gehört damit zu den älteren ihrer Gattung. Ihr erstes Statut ist nicht erhalten; der Zinsfuß betrug in jener Zeit 4 %.

Infolge der Kabinettsordre vom 12. September 1838, betreffend das allgemeine Reglement der Sparkassen für die Monarchie, trat am 1. Juli 1840 ein neues Statut in Wirksamkeit. Über den Zweck der Anstalt hieß es darin: „Die Sparkasse soll für die minderbemittelten Bürger selbst und ihre Kinder, für Dienstboten, Gesellen und Lehrlinge dienen, das Erübrigte in derselben anzulegen und daher jeder Entfernung von diesem Zwecke vorgebeugt werden." Die geringste Einlage wurde auf einen Taler, die höchste auf 200 Taler und der Zinsfuß auf 3 1/3 % festgelegt.

Diese Bestimmungen galten bis zum Jahre 1888; das in diesem Jahre neu erlassene Statut ist mit einigen Abänderungen noch heute gültig. In weit allgemeinerer Fassung als vordem, ohne besondere Hervorhebung besonderer Bevölkerungsschichten heißt es in dem heutigen Statut:

„Zweck der städtischen Sparkasse ist, Gelegenheit zur sicheren, verzinslichen Anlegung von Ersparnissen zu bieten".

Die Kasse nimmt infolgedessen Einlagen von allen Einwohnern der Stadt und den in Düsseldorf befindlichen Instituten bis zur Höhe von 2000 Mk. an; höhere Einlagen und solche von Auswärtigen nur mit Genehmigung des Kuratoriums. Doch darf der Gesamtbetrag eines Sparers

30 000 Mk. nicht übersteigen. Nur ausnahmsweise können höhere Einlagen angenommen werden, wenn es sich um milde Stiftungen, Kranken- oder Sterbekassen, Mündelgelder, Konkursgelder oder um Gelder handelt, welche auf Anordnung einer Behörde bei einer Sparkasse anzulegen sind oder schließlich um die Stadt Düsseldorf, die Bestände bis zur Höhe von 500 000 Mk. bei der Sparkasse hinterlegen kann. Die geringste Einlage ist eine Mark; der Zinsfuß ist statutarisch nur hinsichtlich eines Minimalzinsfußes von 2 % und eines Maximalzinsfußes von 4 % festgelegt. Innerhalb dieser Grenzen bestimmt das Sparkassen-Kuratorium den Zinsfuß mit Genehmigung der Stadtverordnetenversammlung nach Lage des Geldmarktes, jedoch unter Beobachtung von § 16 des Statuts, in dem es heißt: „Das Kuratorium kann auch für die Einlagen, je nachdem sie einen kleineren oder größeren Betrag erreichen, einen höheren oder niedrigeren Zinsfuß festsetzen, jedoch sollen Einlagen bis zu 2000 Mk. stets mit wenigstens 3 % verzinst werden". Die Schwankungen des Zinsfußes in den letzten Jahren gehen aus Tabelle 9 hervor.

Tabelle 9. Geschäftsentwicklung der städtischen Sparkasse zu Düsseldorf 1850 bis 1907.

Jahr	Bevölkerung	Guthaben der Einleger Mk.	Zahl der Konten	Zinsfuß für Spareinlagen %	Zinsbrutto-Einnahmen Mk.	Zinsausgaben Mk.	Höhe des Reservefonds Mk.	Durchschnittsguthaben auf den Kopf der Bevölkerung Mk.
1850	40 800	375 456	1 252	$3\frac{1}{3}$	19 500	17 400	27 750	9,20
1855	44 000	453 123	1 572	$3\frac{1}{3}$	23 556	20 960	67 200	10,30
1860	51 100	731 049	2 333	$3\frac{1}{3}$	30 900	27 500	141 300	14,31
1865	59 000	1 397 634	4 027	$3\frac{1}{3}$	63 900	42 837	143 705	23,69
1870	67 200	2 148 519	5 243	4	102 000	85 455	193 245	31,97
1875	79 400	4 743 009	7 581	$3\frac{1}{2}$	210 000	159 390	406 768	59,74
1880	94 200	8 488 100	10 068	$3\frac{1}{2}$	436 625	305 166	921 003	90,11
1885	113 500	16 118 057	18 165	$3-3\frac{1}{3}$	754 646	502 655	1 599 292	142,01
1890	141 900	20 897 406	26 253	$2\frac{1}{2}-3$	867 669	563 795	2 356 217	147,27
1895	173 000	25 294 160	35 793	$2\frac{1}{2}-3$	1 085 680	769 240	2 857 135	146,21
1900	211 200	35 466 204	56 141	$2\frac{1}{2}-3$	1 345 851	1 066 744	2 586 858	167,93
1901	218 600	39 777 848	59 708	$3-3\frac{1}{3}$	1 575 114	1 251 038	3 452 660	181,97
1902	225 100	43 135 709	63 485	$2\frac{2}{3}-3$	1 681 084	1 278 172	3 512 118	191,63
1903	232 200	45 046 376	67 110	$2\frac{2}{3}-3$	1 742 654	1 281 125	3 547 112	194
1904	240 600	47 371 737	71 944	$2\frac{2}{3}-3$	1 813 618	1 339 680	3 832 734	196,89
1905	249 700	51 462 694	75 706	$3-3\frac{1}{3}$ [1]	1 932 281	1 500 259	3 969 178	206,10
1906	259 400	56 248 601	80 872	$3\frac{1}{3}-3\frac{1}{2}$ [2]	2 191 583	1 793 880	3 009 194	216,84
1907	266 600	61 359 084	86 782	$3\frac{1}{3}-3\frac{1}{2}$ [3]	2 414 017	2 023 555	2 477 527	230,67

[1] Bis 31. Oktober 1905: $2\frac{2}{3}-3$, vom 1. November 1905: $3-3\frac{1}{3}$.

[2] Bis 31. Dezember 1906: $3-3\frac{1}{3}$, vom 1. Januar 1907: $3\frac{1}{3}-3\frac{1}{2}$.

[3] Vom 1. November 1907 ab tägliche Verzinsung.

Tabelle 9 zeigt weiter die Entwicklung des Sparkassenbetriebs seit 1850; besonders stark hat die Steigerung in den siebziger Jahren eingesetzt, was zum Teil wohl darauf beruht, daß zu dieser Zeit die Dienststunden der Kasse erheblich erweitert wurden und daher der Zutritt erleichtert war; freilich wirkte auch der Zusammenbruch der Gewerbebank, bei der viele kleine Leute ihre Ersparnisse verloren hatten, im Jahre 1875 in gleicher Richtung mit. Die starke Steigung von Handel und Verkehr Düsseldorfs zu Beginn der achtziger Jahre erklärt sodann die zweite starke Steigerung, die bis zum Jahre 1889 anhielt, um dann freilich wieder etwas zu sinken, weil die Verwaltung der allzu raschen Entwicklung durch Verweigerung der Annahme von Spareinlagen Auswärtiger entgegenwirkte.

Diese Maßregel wurde freilich schon zwei Jahre später aufgehoben, und die Folge davon war eine weitere, schnelle Zunahme der Guthaben, die mit sichtlich steigendem Wohlstande der Bevölkerung, namentlich in den letzten Jahren erhebliche Fortschritte gemacht hat. Der Zinsfuß betrug im letzten Verwaltungsjahre 3 ½ % für Einlagen bis zu 5000 Mk. und 3 ⅓ % für solche über 5000 Mk. In diesem Jahre konnte die Sparkasse für ihre Werte 3,89 % erreichen, während sie an ihre Einleger durchschnittlich 3,41 % zahlte; das Mehr der Aktiven gegenüber den Passiven betrug mithin 0,48 % — ein gewiß mäßiger Gewinn, wenn man berücksichtigt, daß noch davon die Verwaltungskosten mit rund 0,15 % abzusetzen sind.

Die starke Steigerung des Verkehrs ist nicht zuletzt auf die planmäßigen Bemühungen der Verwaltung zurückzuführen, die vor allem die Arbeiterbevölkerung durch geeignete Maßnahmen zum Sparen anzuregen gesucht hat. Diese Versuche sind zahlreich und von verschiedenem Erfolg begleitet gewesen.

Im Jahre 1848 wurde die Prämiierung für sparende Handwerker, Arbeiter, Tagelöhner, Dienstboten und dergleichen mit mehr als 200 Taler Spareinlagen eingeführt, ohne daß sie wesentliche Bedeutung erlangt hätte, auch die weit später eingeführte Abgabe von Sparmarken hatte keinen nennenswerten Erfolg. Die Nachfrage war meist sehr gering und nahm mit jedem Jahre mehr ab, so daß vom 1. Juli 1903 ab der Verkauf von Marken wieder eingestellt wurde. Im vorausgegangenen Rechnungsjahre waren nicht mehr als 3264 Marken zu 10 Pf. als Einlage in die Sparkasse zurückgeflossen.

Auch die versuchsweise Einführung des Abholungssystems bewährte sich nicht. Das Verfahren bestand darin, daß die Kasse von solchen Sparern, die sich zur Zahlung bestimmter, periodisch regelmäßiger Einlagen verpflichteten, den Betrag unentgeltlich abholen ließ. Die Kosten dieser Einrichtung waren hoch und die Erfolge nur sehr gering, wurden doch im Jahre

1899 zwar bei ungefähr 600 Einlegern 50 758 Mk. abgeholt, aber zu fast 2/5 vor der Gutschrift auf ein Sparkassenbuch wieder zurückgezogen. Nach fünfjährigem Bestehen wurde das Verfahren am 1. Juli 1900 wieder aufgehoben; statt dessen sind seit 1898 einige (z. Zt. 9) Annahmestellen für sonntägliche Einlagen der arbeitenden Klassen eingerichtet worden. Diese sind des Sonntags vormittags von 9 bis 11 Uhr für Personen aus dem Arbeiterstande und deren Angehörige für Spareinlagen von höchstens 25 Mk. monatlich und 300 Mk. insgesamt pro Jahr geöffnet und gewähren einen erhöhten Zinsfuß, der gegenwärtig 4 % beträgt. Die Zahl der Einlageposten der Sammelstellen betrug im Rechnungsjahre 1907 38 277, das Guthaben der Einleger 493 422 Mk. auf 8082 Sparbücher.

Zur Bequemlichkeit des übrigen Sparpublikums sind in den letzten Jahren mehrere Zweigstellen (z. Zt. 3) der Sparkasse errichtet worden; die vordem bestehenden ehrenamtlich verwalteten Annahmestellen sind dafür allmählich in Fortfall gekommen.

Der stark ausgeprägte soziale Charakter der städtischen Sparkasse kommt aber vor allem durch zwei weitere Einrichtungen zum Ausdruck, die der städtischen Sparkasse angegliedert sind. Seit dem 29. Februar 1884 besteht eine vom Kuratorium der Sparkasse verwaltete, aber im übrigen selbständige Alterssparkasse, die den Zweck hat, in Düsseldorf wohnhaften und mindestens 18 Jahre alten Fabrikarbeitern, Tagelöhnern, Dienstboten oder einem ähnlichen Stande angehörenden Personen durch Gewährung von Zuschüssen zu ihren ersparten Zinsen ein möglichst hohes Einkommen für die Zeit des Alters oder der Arbeitsunfähigkeit zu schaffen. Die Zuschüsse werden den Überschüssen der Sparkasse und den Zinsen etwaigen eigenen Vermögens entnommen. Für jedes Mitglied wird jährlich 1/4 der in der Sparkasse erworbenen Zinsen von seinem Konto bei der Sparkasse auf das bei der Alterssparkasse übertragen. Die Verzinsung der Mitgliederguthaben erfolgt im übrigen wie bei der Sparkasse; erreichen sie den Betrag von 3000 Mk., so hört die Überschreibung von Zinsen und Überweisung der Zuschüsse auf. Die Guthaben bei der Alterssparkasse sind vor Vollendung des 55. Lebensjahres nur in Ausnahmefällen kündbar und rückzahlbar. Die Kasse hatte 1885 23 Mitglieder mit einem Gesamtguthaben von 1104 Mk. und 1895 bereits 395 mit 100 807 Mk.; 1903 war der höchste Punkt der Guthaben mit 144 299 Mk. bei 393 Mitgliedern erreicht. Seitdem ist die Einlagesumme Jahr für Jahr gesunken, weil die in Betracht kommenden Bevölkerungsteile den großen Vorteil der Alterssparkassen nicht genügend erkennen, der darin liegt, daß sie infolge ihrer hohen Verzinsung wie eine Versicherung auf den Invaliditäts- und Todesfall wirkt. Am 31. März 1908 hatten die 366

Gewinn- und Verlustrechnung 1907.

A. Sparkassenfonds.

Einnahme			Betrag Mk.	Pf.
Zinsen-Soll			2 310 854	71
Sonstige Einnahmen			54 228	87
Vom Reservefonds gedeckte Kursverluste			738 313	55
Rücklagen aus dem Vorjahre:				
a) zur Errichtung von Zweigstellen	29 270	80		
b) für sonstige Zwecke	1 300	—		
			30 570	80
Zinsen von Diskonten aus dem Vorjahr			1 299	70
			3 135 267	63

B. Reservefonds.

Zinsen einschl. Mieten aus Bahnstraße 7		103 162	87
Rücklage aus 1907 für den Erweiterungsbau des Sparkassengebäudes		157 347	97
Betriebsgewinn beim Sparkassenfonds		221 624	64
Stand des Reservefonds 1. 4. 07	3 009 193,92		
" " " 1. 4. 08	2 477 527,12		
Abgang		531 666	80
		1 013 802	28

Mitglieder bei der Sparkasse ein Guthaben von 316 107 Mk., bei der Alterssparkasse von 124 387 Mk.; an Zinsen wurden im Jahre 1907 zur Alterssparkasse übertragen und an Prämien gutgeschrieben je 2698 Mk. Vielleicht gelingt es künftig der wiedereinsetzenden Propaganda, erneutes Interesse für die Alterssparkasse zu erwecken und die

Gewinn- und Verlustrechnung 1907.

A. Sparkassenfonds.

Ausgabe			Betrag Mk.	Pf.
Verwaltungskosten:				
a) Persönliche	71 961	77		
b) Sächliche einschl. Miete	22 697	16		
			94 658	93
Rücklage zur Einrichtung von Zweigstellen (einschl. 29 270,80 Mk. aus dem Vorjahre)			47 945	46
Zinsen von Spareinlagen:				
a) Barzahlung an die Einleger	106 296	99		
b) den Einlegern gutgeschrieben	1 875 685	83		
c) ¼ Zinsen von dem Spareinlagenguthaben der Mitglieder der Alterssparkasse	2 698	50		
			1 984 681	32
Sonstige Zinsen:				
a) für Lombarddarlehen	11 226	57		
b) Stückzinsen von angekauften Wertpapieren und für verkaufte Diskonten	3 530	50		
c) noch nicht verfallene Zinsen von Diskonten	8 337	82		
			23 094	89
Zuschuß zur Sammelkasse			13 678	66
„ „ Alterssparkasse			2 100	—
Sonstige Ausgaben			9 170	18
Kursverluste			738 313	55
Betriebsgewinn			221 624	64
			3 135 267	63

B. Reservefonds.

	Mk.	Pf.
Stadtkasse, Kosten des Erweiterungsbaues der Sparkasse	157 327	43
Unterhaltung des Hauses Bahnstraße 7	339	60
Dem Sparkassenfonds erstattete Kursverluste	738 313	55
Kursverluste bei dem Reservefonds	117 821	70
	1 013 802	28

Zahl ihrer Mitglieder durch Zugang jüngerer Neueintretender wieder zu vermehren.

Die zweite der erwähnten Einrichtungen ist die Sammelkasse, welche ein privater Verein im Jahre 1846 gegründet hat; sie sollte durch Einlage und Prämiierung von Ersparnissen eine sichere Gelegenheit geben, kleine

Ersparnisse vorteilhaft unterzubringen. Nachdem der Verein Anfang der siebziger Jahre derart zusammengeschmolzen war, daß er seit langer Zeit schon nicht mehr die statutenmäßigen Prämien ohne erhebliche städtische Zuschüsse aufbringen konnte, wurde die Kasse im Jahre 1874 als kommunales Institut von der Stadtverwaltung übernommen. Sie steht mit der städtischen Sparkasse derart in Verbindung, daß diese und die Stadt Düsseldorf den Einlegern subsidiarisch für ihre Einlagen haftet. Die Benutzung der Kasse ist der arbeitenden Klasse und der schulpflichtigen Jugend vorbehalten; die Annahme erfolgt Sonntag vormittags von 9 bis 11 Uhr. Regelmäßige Einleger erhalten eine Prämie von 20 Pf. für je 3 Mk., unregelmäßige eine Prämie von 10 Pf. für je 3 Mk. des an die Sammelkasse eingezahlten Kapitals. Sobald Einzahlung und Prämienzuwachs die Summe von 100 Mk. erreicht, so tritt der Einleger als selbständiger Sparer bei der städtischen Sparkasse ein und erhält von dieser ein Sparkassenbuch.

Im Jahre der Übernahme durch die Stadt zählte die Kasse 4139 Sparer mit 83 946 Mk. Guthaben; Ende September 1908 dagegen 11 633 Einleger mit 394 008 Mk. Guthaben. Die Benutzung nimmt Jahr für Jahr zu; freilich ist diese vermehrte Frequenz nicht zuletzt nur darauf zurückzuführen, daß früher nur die arbeitende Klasse, heute aber auch die schulpflichtige Jugend besser gestellter Kreise an den Vorteilen der Kasse teilnimmt.

Im letzten Betriebsjahre wurden an Prämien insgesamt 20 256 Mk. gewährt; die Sparkasse leistete hierzu 14 314 Mk. Zuschüsse. Erfreulich ist der stark steigende Prozentsatz der Prämien für regelmäßige Spareinlagen (1898: 68,55 %, 1907: 77,55 %) gegenüber den unregelmäßigen.

Die Kapitalien der Sparkasse sind zu annähernd der Hälfte in Hypotheken und zu einem Drittel in Wertpapieren angelegt; der Personalkredit ist kaum ausgebildet, dagegen ist die Sparkasse besonders in neuerer Zeit zur Depositenbank der eigenen Gemeinde mit erheblichem Verkehr geworden; am 31. März 1908 arbeiteten von dem Vermögen der Sparkasse rund 8 1/2 Millionen Mark in städtischen Betrieben mit.

Der Gewinn der Sparkasse wurde bis zum Jahre 1840 an Wohltätigkeitsanstalten abgeliefert, von da ab aber vorzugsweise zur Bildung eines Reservefonds und zu Unternehmungen verwandt, die „der Allgemeinheit zugute kamen". So sind im Laufe der Jahrzehnte bis zum 31. März 1908 zu gemeinnützigen Zwecken (zum größten Teil als Zuschuß zu den Kosten für Volksschulbauten — für Parks nur 578 704 Mk. —) 4 187 164 Mk. aus Sparkassenmitteln aufgewendet worden. Nach dem jetzt gültigen

Statut kann die Hälfte der jährlichen Zinsüberschüsse der Sparkasse und die Hälfte der Jahreszinsen des Reservefonds, sofern der Reservefonds 5 % der Gesamteinlagen beträgt, dagegen der Gesamtüberschuß, sofern der Reservefonds 10 % der Gesamteinlagen beträgt, zur Befriedigung außerordentlicher kommunaler Bedürfnisse an die Stadtkasse abgeführt werden.

Der Gesamtumsatz des letzten Rechnungsjahres beziffert sich auf 117 663 031 Mk., die Zahl der Abfertigungsposten auf 291 970, die Summe der rentbar angelegten Kapitalien einschließlich Reservefonds auf 62 598 933 Mk. Die Bilanz zum 31. März 1908 schloß im Sparkassenfonds mit 61 418 233,92 Mk., im Reservefonds mit 2 477 527,12 Mk. ab. Näheres über die Finanzgebarung ergibt die vorstehend abgedruckte Gewinn- und Verlustrechnung für 1907.

3. Die städtische Hypothekenverwaltung.

Eine ganz besondere Bedeutung, weit über die Grenzen des Stadtgebietes hinaus, als vielfach in größerem oder geringerem Maße nachgeahmtes Vorbild, hat das 1900 errichtete städtische Hypothekenamt gewonnen. Ein Experiment von grundsätzlicher Bedeutung, ist es heute zu einem wesentlichen Faktor in der Entwicklung des Düsseldorfer Bau- und Wohnungswesens geworden.

Im März 1900 legte die Verwaltung der Stadtverordnetenversammlung eine Denkschrift über die „Gewährung von hypothekarischen Darlehen durch die Stadt Düsseldorf" vor, die über Zweck und Ausführung der beabsichtigten Maßnahmen sich in prinzipiell so durchsichtiger und klarer Weise äußert, daß ihre wesentlichsten Teile hier wiedergegeben sein mögen.

Einleitend wird darauf hingewiesen, daß gerade mit dem starken gewerblichen Aufschwunge Düsseldorfs in den letzten Jahren eine Verlangsamung, Stockung der Bautätigkeit und damit allgemein beklagter Wohnungsmangel und Wohnungsteuerung eingetreten seien. Ursache dessen sei die Abwanderung des Großkapitals von gering verzinslichen Anlagen. Es heißt dann weiter:

„Immer mehr tritt die Neigung hervor, die niederen verzinslichen sicheren Anlagewerte aufzugeben und die immerhin noch erheblich höheren Nutzen verheißenden industriellen Werte zu erwerben. Die Wohnungsindustrie kann solchen Nutzen nicht bieten. Denn, wenn auch die Wohnungsmieten in den großen Städten erheblich gestiegen sind, so nahm doch einstweilen der Grundbesitz in Form der steigenden Grundpreise diesen Nutzen für sich in Anspruch und scheint vorerst nicht gewillt, diesen Anspruch aufzugeben. So verspricht der Häuserbau auch heute nicht den Nutzen, welchen die Industrie noch abwirft. Auf diese Weise ist es erklärlich, daß die Emission der durch städtische Hypotheken gesicherten Pfandbriefe zu einem für die Bank gegenüber den erzielbaren Hypothekenzinsen noch vorteilhaft erscheinenden Zinsfuß ins Stocken zu geraten begann und damit auch der Häuserbau selbst, zumal auch das Privatkapital sich mehr und mehr von diesem Geschäftszweig zurückzog.

Die Verhältnisse können allmählich Kalamitäten hervorrufen, deren Beseitigung eine Sorge der Stadtverwaltung und der Staatsregierung bilden muß. Das radikale Mittel, das nicht nur von sozialdemokratischer Seite vorgeschlagen wird, die Enteignung des noch unbebauten städtischen Geländes durch die Städte und die Erbauung der Wohnhäuser durch diese ist nicht weiter zu erörtern. Aber ein anderes Mittel muß ernstlich in Betracht gezogen werden: den städtischen Kredit dem Wohnhausbau dienstbar zu machen. Der durch Hypotheken und die Steuerkraft einer großen angesehenen Stadt gedeckte Kredit ist immerhin ein größerer Anreiz, sich mit einem mäßigen Zinse zu begnügen, als der Kredit, der ausschließlich auf Hypotheken und ein verhältnismäßig kleines Grundkapital fundiert ist. Auch wird das Vertrauen zu einer städtischen Geschäftsführung ein unbedingtes sein. Die Stadt hat überdies bei ihrem Kredit den gesetzlichen Vorteil, daß die städtischen Schuldverschreibungen Mündelsicherheit genießen.

Die Frage, ob eine Stadt sich am Bodenkredit beteiligen kann, ist im Prinzip insofern bereits gelöst, als die städtischen Sparkassen längst dieses Geschäft betreiben. Auch hier haftet die Stadt den Kreditgebern (Spareinlegern) und trägt somit das Risiko der Darlehnshingabe. Aber die Art der Aufbringung der Mittel bedingt naturgemäß einen engeren Rahmen als jenen, der erforderlich ist, um den städtischen Häuserbau zu fördern. Somit muß hier von dieser Erscheinungsform abgesehen werden. Eine andere Form wäre die Bildung einer Genossenschaft städtischer Grundbesitzer. Ein solches Institut würde ein Vorbild finden in den Genossenschaften ländlicher Grundbesitzer, welche mit Korporationsrechten und Privilegien ausgestattet, heute noch die Hauptträger des landwirtschaftlichen Bodenkredits sind. Alle Vorzüge einer genossenschaftlichen Vereinigung kämen auch dieser Genossenschaft zustatten: vorsichtige und doch nicht allein von der Vorsicht ausgehende Geschäftsgebarung, welche dem gemeinsamen Risiko und dem gemeinsam zu fördernden Zwecke entspricht, die Kenntnis und die richtige Einschätzung der für den Wert maßgebenden Umstände. Allein eine solche Genossenschaft zu organisieren ist kaum möglich. Auch läßt das Reichshypothekenbankgesetz die Ausgabe von Inhaberschuldverschreibungen zur Gewährung von Hypothekendarlehen durch eine Genossenschaft mit beschränkter Haftung nicht zu.

Die Stadtgemeinde, welche alle Grundbesitzer umfaßt, ist der natürliche Ersatz einer solchen Genossenschaft. Sie ersetzt auch auf anderen Gebieten eine besondere Vereinigung; denn die Versorgung der Häuser mit Wasser, die Entwässerung, die Zuführung von Licht und Kraft könnte auch auf genossenschaftlichem Wege erfolgen. Die Organisation der Gemeinde ersetzt bequem die Organe einer Genossenschaft. Auch vereinigt sich in der Vertretung der Stadt jene Kenntnis und jenes Urteil, welche von so großer Bedeutung sind für die Erreichung des angedeuteten Zweckes. Eine städtische Kommission, unterstützt durch Sachverständige, deren Beihilfe ja auch keine andere Organisation entbehren kann, würde sehr wohl in der Lage sein, das Kreditbedürfnis zu befriedigen und die Sicherheit des Darlehens aufrecht zu erhalten. Freilich könnte dieser Kredit auch von der Stadt nicht ohne alle Einschränkung gewährt werden. Schon um die erforderliche Bewilligung zur anlehensweisen Beschaffung der Betriebsmittel zu erlangen, und auch aus Gründen der vorsichtigen Geschäftsführung wird eine städtische Einrichtung sich im allgemeinen den Beschränkungen unterwerfen müssen, welche gesetzlich für die Hypothekenbanken festgesetzt sind. Die Darlehen werden also in der Regel 60 % des beliehenen Wertes nicht übersteigen dürfen. Zur Beurteilung dieser Werte aber dürfte eine städtische Kommission wohl besser in der Lage sein, als die Direktion einer anderwärts ansässigen Bank, die in der Hauptsache auf das Urteil ihres Agenten angewiesen ist.

Ist die Stadtgemeinde auch ihrerseits nicht in der Lage, die in der Organisation des Bodenkredits bestehende Lücke hinsichtlich der Beleihung der zweiten Werthälfte vollständig auszufüllen, so kann sie doch einen sehr wichtigen Zweig pflegen, der für außerhalb der Stadt ansässige Gesellschaften besonders schwierig, aber für die Wohnungsfrage von größter Bedeutung ist: die Hergabe von Baugelderdarlehen. Das Hypothekenbankgesetz begünstigt diese Art von Darlehen nicht; es schließt dieselben nicht aus, begrenzt aber ihren Umfang. Die Beschränkung dient dem Schutze der Pfandbriefgläubiger; der Gesetzgeber hält die Beurteilung der Frage, ob Baugelder auf einer reellen Grundlage ruhen, für schwierig, befürchtet, daß unfertige Häuser im Subhastationswege von den Banken erworben werden müssen, daß die für Baugelder bezahlten höheren Zinsen einen besonderen Anreiz bieten, zahlreiche derartige Darlehensgeschäfte, oft zweifelhafter Güte, abzuschließen, wodurch Kapital und Zinsforderung der Pfandbriefinhaber gefährdet werden könnten. Solche Bedenken stehen aber einem städtischen Betriebe nicht in gleichem Maße entgegen. Die Absicht, möglichst hohe Gewinne zu erzielen, liegt der Stadtgemeinde ferne. Die Leitung ist wohl in der Lage, zu erkennen, wo ein Darlehen bedenklich ist, wo nicht. Vermögen und Steuerkraft der Stadt decken den Kreditgeber. Zur Zeit pflegen eine größere Anzahl erster Banken diesen Kreditzweig überhaupt nicht. Sie haben es nicht nötig. Andere Banken geben solche Darlehen in sehr mäßigem Umfange. Daß Kreditgebung zur Erbauung von Wohnhäusern volkswirtschaftlich ebenso gerechtfertigt ist, wie bei sonstigen Unternehmungen, bedarf keiner weiteren Ausführung. Die bestehende Lücke ist schädlich; sie bewirkt, daß oft Leute, die nichts zu verlieren haben, sich dem Unternehmen des Wohnhausbaues widmen. Eine lokale Einrichtung ist zur Ausfüllung dieser Lücke besonders geeignet. Ihre Organe kennen Objekt und Person. Auch können die Darlehnsbedingungen Vorsorge treffen, daß Mißbräuche möglichst vermieden werden. Immerhin dürfte es angezeigt sein, weniger mit Rücksicht auf die Gefahren dieser Art der Kreditgewährung, als auf die zur Zeit noch vorherrschende Meinung, die Baugelderdarlehen auf einen Teil der zu gewährenden Hypothekendarlehen zu beschränken.

Man kann nun freilich verschiedene Bedenken erheben.

„Die Stadt übernehme eine Fürsorge, die ihr zu schwer sei, erwecke Hoffnungen, welche sie nicht erfüllen könne, erhöhe ihre Schuldenlast, schädige ihren Kredit." Zu letzterem Einwurf ist sofort zu bemerken, daß es niemals auf die absolute Höhe des Schuldenstands einer Stadt ankommt, sondern immer nur darauf, wie derselbe fundiert ist. Eine Fundierung durch erste Hypotheken ist eine sehr gute. Die Steuerkraft und das Vermögen würden auch zur Deckung von weiteren nicht fundierten 20 Millionen Schulden ausreichen. Von einer Schädigung des Kredits kann ernstlich keine Rede sein; eine bedenkliche Geschäftsgebarung, welche die Stadt in schlechten Ruf bringen könnte, ist wohl ausgeschlossen. Auch ist die Stadt durch die in Aussicht genommene Beleihung von Immobilien nicht verbunden, jeden Kreditanspruch zu befriedigen. Die Stadt soll die Erlangung des Kredits erleichtern; einen solchen unter allen Umständen auch in normaler Höhe zu garantieren, kann ihr nicht zugemutet werden.

„Bei Krisen werden der Stadt viele Häuser zufallen; eine Zerrüttung der Finanzen werde dann unvermeidlich sein". Ein derartiges Bedenken könnte man auch bei anderen städtischen Unternehmungen, deren Prosperität von dem Gedeihen der Stadt abhängt, erheben. Man hat es aus guten Gründen nicht getan. Düsseldorf entwickelt sich stetig und günstig. Es ist nicht ausschließlich Industriestadt und hängt nicht von dem Blühen irgend eines bestimmten Industriezweiges ab. Sollten einst für die Industrie weniger glänzende Zeiten kommen, so würde dies für Düsseldorf keine Katastrophe bedeuten. Aber nimmt man selbst an, daß in Düsseldorf bei einem Stillstand großer Industriezweige zahlreiche Existenzen ins Wanken geraten, so dürfte eine Krisis leichter und weniger verhängnisvoll für die Betroffenen und für die Stadt überwunden werden, wenn die Stadt Kreditgeberin bei zahlreichen Häusern ist, als wenn die verschiedenen Hypothekenbanken die Rückzahlung ihrer Kapitalien fordern und die Subhastation der Anwesen betreiben würden. Für solche Fälle werden für den neuen Geschäftszweig Reserven anzusammeln sein, die stark genug sein werden, um ein temporäres Ausfallen von Zinsen bei einer Anzahl von Objekten zu ertragen. Auch davon kann nicht wohl die Rede sein, daß bei einem größeren Bankinstitute das Risiko sich auf viele Städte verteile, so daß eine Krisis in einer Stadt nicht erheblichen Schaden anrichten könne. Einer rein lokalen Krisis ist Düsseldorf kaum ausgesetzt. Eine große Industriekalamität würde aber sicherlich in zahlreichen Städten gleichzeitig wirken und zwar in vielen stärker als in Düsseldorf. Übrigens haben sich auch große Bankinstitute tatsächlich auf eine große Stadt beschränkt. So hat die bayerische Handelsbank zu München fast ihren ganzen Hypothekenbestand von ca. 140 Millionen Mark in München plaziert, obwohl dort noch andere, größere, ältere Anstalten ebenfalls sehr hohe Summen untergebracht haben. Die Handelsbank hat in Konkurrenz mit diesen vielleicht weniger ängstlich gearbeitet; gleichwohl hat sie seit 15 Jahren nicht ein einziges Objekt erwerben müssen.

Auch die Befürchtung ist unbegründet, daß eine einheimische Leitung zu optimistisch verfahren würde, während eine auswärtige vorsichtiger operiere. Die größere Kenntnis ist bei ersterer. Das Vertrauen, daß sie nicht blind jeden angegebenen Wert als richtig ihren Entschließungen zugrunde legt, darf man zur verwaltenden Kommission haben.

„Soll die Stadt Gewinn nehmen?" Der genossenschaftliche Gedanke würde zur Verneinung dieser Frage führen. In der Tat hat die Stadt Berlin ihr Pfandbriefamt auf dieser Grundlage aufgebaut. Allein das Beispiel Berlins ist nicht wohl nachzuahmen. Berlin hat ein sehr kompliziertes System eingerichtet, auf Ansammlung eines Reservefonds tatsächlich verzichtet, nur auf Beleihung erstklassiger Gebäude Bedacht genommen, für welche eine mehrjährige Rente nachgewiesen werden kann. Infolgedessen müssen die Eigentümer zunächst einen anderweitigen Kredit nachsuchen, von dem sie sich häufig nicht ohne weiteres befreien können. So hat das Berliner Pfandbriefinstitut einen verhältnismäßig nicht großen Geschäftsumfang erreicht (ca. 100 000 000 Mk.).

Bei einem Verzicht auf Gewinn wird für den einzelnen Darlehnsnehmer nicht viel erspart. Mehr als $^1/_4$ % kann als Gewinn nicht wohl in Betracht kommen. Bei einer Hypothek von 100 000 Mk. ergibt dies eine jährliche Einsparung von 250 Mk. Ein solcher Betrag fällt bei dem einzelnen nicht sehr ins Gewicht. Die städtische Betriebsverwaltung kann aber hierdurch eine Verstärkung ihrer Reserven herbeiführen. Es besteht aber auch gar kein besonderer Anlaß, dem einzelnen bei Benutzung der städtischen Einrichtung wesentlich billigere Bedingungen zu gewähren, als solche für normale Hypotheken bei den großen Hypothekenbanken angeführt sind. Die koulante Erledigung jedes Antrages, die wohlwollende Würdigung aller Gesuche und Wünsche, die Sicherheit auf ständiges Entgegenkommen und ruhigen Genuß des Darlehens rechnen zu dürfen, außerdem die Möglichkeit, auch für Neubauten und Bauplätze Darlehen erhalten zu können, sind hinlängliche Vorteile, welche die städtische Einrichtung wohl beliebt machen werden. Überdies wird vorgeschlagen, dem Schuldner zu gestatten, seine Schuld jederzeit in Schuldverschreibungen der Kreditanstalt abzutragen, ein Vorteil, den nicht alle Bankanstalten gewähren und der ermöglicht, die jeweilige Lage des Geldmarktes auszunutzen."

Am 24. April 1900 beschloß die Stadtverordnetenversammlung, entsprechend dieser Vorlage auf Grundstücke im Stadtbezirk Düsseldorf hypothekarische Darlehen zu gewähren und die Hypothekengeschäfte nach näher erlassener Anweisung durch eine Deputation verwalten zu lassen.

Als Grundstock zum Reservefonds der neuen Betriebsverwaltung legte die Stadtkasse eine Million Mark ein. Behufs weiterer Aufbringung von Mitteln beschloß die Stadtverordnetenversammlung am 24. April 1900 „zur Förderung der Erbauung von Wohnhäusern im Stadtbezirk Düsseldorf durch Pflege des Realkredits" eine mit teils zu 3 ½ %, teils zu 4 % verzinslichen Anleihe von 20 Millionen Mark durch Ausgabe von Inhaberschuldverschreibungen aufzunehmen und vom sechsten Jahre nach Begebung eines jeden Abschnitts mit mindestens ½ vom Hundert zuzüglich der ersparten Zinsen zu tilgen.

Die Ressortminister begrüßten „den Versuch, den die Stadt Düsseldorf zur Milderung der Wohnungsnot zu unternehmen beabsichtigte, mit lebhafter Genugtuung" und erklärten sich gern bereit, an Allerhöchster Stelle die Ermächtigung dieser Anleihe zu erwirken, „zum Zwecke der Förderung des Baues von Wohnungen, und zwar vorzugsweise von kleineren und mittleren Wohnungen".

Die Anleihe wurde dann im Laufe der Jahre begeben; eine weitere Verstärkung ihrer Betriebsmittel erfuhr die Hypothekenverwaltung im Jahre 1908 durch Beschluß und Genehmigung zur Aufnahme einer weiteren Anleihe von 20 Millionen Mark zu gleichem Zwecke, wodurch sich die zur Verfügung stehenden Mittel auf 41 Millionen Mark erhöht haben.

Die Grundsätze über die Beleihung lauten folgendermaßen:[1]

„§ 1. Die Stadt Düsseldorf gewährt gegen erststellige hypothekarische Sicherheit auf Grundstücke im Gemeindebezirk Düsseldorf Darlehen.

§ 2. In der Regel werden nur Gebäude beliehen, welche einen sicheren Ertrag gewähren oder gewähren können. Die Beleihung darf sich nicht über 60 % des Wertes erstrecken; die Zinsen der Hypotheken auf Häuser sollen durch 60 % der nach Abzug der regelmäßigen Unkosten des Hauses verbleibenden, nachhaltig erzielbaren Mietrente gedeckt sein.

§ 3. Fabrikanwesen sollen nur bis zu 50 % des Wertes der Grundfläche beliehen werden[2].

Bei Wirtschaften und Apotheken darf die besondere Rentabilität des Geschäftes nicht berücksichtigt werden.

Bei Hotels ist die zulässige Höchstsumme um die Kosten zu kürzen, welche zur Umwandlung des Hauses in ein Miethaus erforderlich sind.

§ 4. Voraussetzung derjenigen Beleihungen, für deren Höhe der Wert von Gebäulichkeiten in Betracht kommt, ist, daß diese bei einer zuverlässigen Feuerversicherungsanstalt entsprechend versichert sind.

§ 5. Darlehen auf Grundstücke, welche mit noch nicht fertigen Neu- oder Umbauten versehen sind, sollen in der Regel nicht mehr als 50 % des Wertes der Grundfläche betragen.

Bei Wohnhausbauten kann jedoch das Darlehen bis zur Höhe von 60 % des jeweiligen Gesamtwertes der Grundfläche und des Baues abzüglich jenes Betrages gewährt werden, der erforderlich ist, um den Bau zu vollenden und gleichwohl mit dem alsdann auf das Anwesen gemachten Darlehens- und Bauaufwand die in § 2 bezeichneten Erfordernisse zu erfüllen.

§ 6. Die Darlehen werden je nach Wunsch des Schuldners als amortisierbare oder als einfache Zinsdarlehen gewährt. Beide Arten von Darlehen können

[1] Angesichts des weitverbreiteten Interesses für die Düsseldorfer Hypothekenverwaltung, das aus zahlreichen an die Stadtverwaltung ergehenden Anfragen spricht, ist der wörtliche Abdruck statt einer wenn auch hier und dort vielleicht übersichtlicher zu gestaltenden Inhaltsangabe gewählt worden.

[2] Hierzu heißt es in der die beantragte Anleihe genehmigenden Verfügung des Düsseldorfer Regierungspräsidenten vom 18. Juli 1900: „Übrigens sehen die mir eingereichten ‚Grundsätze' eine Beleihung von Fabrikanwesen und Hotels vor. Da aber der Gemeindebeschluß nur die Ermächtigung gibt, zur Förderung der Erbauung von Wohnhäusern die Anleihe aufzunehmen, so werden die zuerst genannten Beleihungen, für die ein allgemeines Interesse auch kaum vorliegt, unstatthaft sein."

in solchen für Beleihungszwecke ausgegebenen Schuldverschreibungen der Stadt Düsseldorf, deren Zinsfuß um nicht mehr als ½% niedriger ist, als jener des Darlehens, jederzeit zurückbezahlt werden. Im übrigen sind Zinsdarlehen zunächst beiderseits fünf Jahre unkündbar, alsdann beiderseits mit neunmonatlicher Kündigungsfrist kündbar. Die Kündigung kann nur mit Wirksamkeit vom 1. Januar, 1. April, 1. Juli und 1. Oktober erfolgen. Amortisierbare Darlehen sind nach Maßgabe des Tilgungsplanes zu tilgen; dieser wird so aufgestellt, daß die ersparten Zinsen vollständig zur Tilgung verwendet werden. Außerdem können amortisierbare Darlehen wie Zinsdarlehen vom Schuldner gekündigt werden, während der Stadt Düsseldorf ein Kündigungsrecht im allgemeinen nicht zusteht.

Im übrigen gelten die besonderen Darlehnsbestimmungen.

§ 7. Abgesehen von den Fällen des § 8 und der nach besonderen gesetzlichen Bestimmungen wegen Gefährdung der Sicherheit oder durch die besonderen Darlehensbestimmungen gegebenen Rechte auf sofortige Befriedigung, ist das Darlehen auch fällig bei Subhastation des Grundstücks und bei einem längeren als dreimonatlichen Verzug der Zinszahlung.

§ 8. Zum Behufe der Gewährung der Darlehen gibt die Stadt Düsseldorf Schuldverschreibungen aus. Die Schuldverschreibungen dürfen den Betrag der jeweils ausstehenden Darlehen nicht übersteigen. Bei gänzlicher oder teilweiser Rückzahlung von Darlehen muß demnach der nicht zur Gewährung neuer Darlehen erforderliche Kapitalsbetrag an den Schuldverschreibungen getilgt werden. Insoweit die Einlösung der letzteren nicht möglich oder sogleich tunlich ist, muß zwischenzeitlich eine ergänzende Deckung durch Geld oder durch Schuldverschreibungen des Reichs oder eines Bundesstaates stattfinden. Letztere dürfen höchstens mit einem Betrag in Ansatz gebracht werden, der um fünf vom Hundert des Nennwertes unter ihrem jeweiligen Börsenpreise bleibt.

§ 9. In den ausgegebenen Schuldverschreibungen darf für nicht längere Zeit die Unkündbarkeit zugestanden werden, als die Unkündbarkeit der bezüglichen Hypothekendarlehen seitens der Schuldner dauert.

Die Tilgung der Schuldverschreibungen muß seitens der Stadtgemeinde nur in dem Umfange stattfinden, der sich aus der Beobachtung der Bestimmungen des § 8 ergibt.

Seitens der Inhaber dürfen die Schuldverschreibungen nicht kündbar sein.

§ 10. Der Zinssatz der Hypothekendarlehen beträgt in der Regel ½% mehr als der Zinssatz der Schuldverschreibungen.

Der Hypothekdarlehensschuldner hat außer den Nebenkosten, welche bei der Darlehensgewährung erwachsen, auch die etwaige Differenz zwischen dem Verkaufswerte der Schuldverschreibungen und deren Nennwerte zu erstatten. Der hiernach sich ergebende Abzug wird im einzelnen Falle festgestellt.

§ 11. Die Verwaltung dieser Hypothekengeschäfte bildet eine von dem übrigen Gemeindehaushalt völlig abgesonderte Betriebsverwaltung der Stadt Düsseldorf; für dieselbe wird alljährlich eine besondere Bilanz aufgestellt. In diese sind die ausgegebenen Schuldverschreibungen zum Nennwerte einzustellen. Grundstücke, welche durch Subhastation eines belehnten Grundstückes erworben wurden, sind nur mit der Hälfte des Darlehensbetrages in die Bilanz aufzunehmen.

Die Stadt Düsseldorf legt aus Reservefonds der Stadtkasse als Grundstock des besonderen Reservefonds dieser Verwaltung den Betrag von einer Million Mark ein. Der Jahresgewinn, soweit er sich aus dem Überschusse der Aktiv- gegen die Passivzinsen ergibt und zu neuen Beleihungen nicht verwendet werden soll, muß zur verstärkten Tilgung dienen, im übrigen fließt er zur Hälfte in die Stadtkasse, zur Hälfte wird er zum besonderen Reservefonds geschlagen.

Verluste werden aus dem Reservefonds und soweit dieser nicht ausreicht, vorschußweise aus der Stadtkasse gedeckt und durch spätere Gewinne beglichen.

§ 12. Zur Verwaltung der Hypothekengeschäfte wird eine Deputation im Sinne des § 54 der Rheinischen Städteordnung gebildet. Dieselbe besteht aus dem Oberbürgermeister und fünf Mitgliedern. Sie ist zuständig zur Gewährung der Darlehen, Festsetzung der im einzelnen Falle maßgebenden Bedingungen, zur Kündigung der Darlehen, zum Verkaufe der Schuldverschreibungen und zu allen sonst sich ergebenden regelmäßigen Geschäften. Sie ist auch ermächtigt, Gelder, welche ihr von städtischen Verwaltungen zur Verzinsung überwiesen werden, gegen erstklassige mobile Sicherheiten zinsbar anzulegen. Die Deputation wird nach außen durch den Oberbürgermeister vertreten.

Die Deputation ist beschlußfähig bei Anwesenheit von drei Mitgliedern. Sie entscheidet nach Mehrheitsbeschluß. Zur Gewährung von Darlehen auf nicht fertiggestellte Gebäude ist einstimmiger Beschluß erforderlich."

Eine Abänderung haben diese Grundsätze lediglich durch den Stadtverordnetenbeschluß vom 7. Januar 1908 erfahren. Dieser ermächtigt im Interesse des Kleinwohnungsbaues die Hypothekenverwaltung aus den ihr zur Verfügung stehenden, nicht aus Anleihen herrührenden Mitteln Hypothekendarlehen für Häuser mit Kleinwohnungen bis zu 66 $^2/_3$ % des Wertes zu geben.

Über den Geschäftsumfang der Hypothekenverwaltung und dessen Entwickelung unterrichtet Tabelle 10.

Tabelle 10. Entwicklung des Darlehensgeschäftes der städtischen Hypothekenverwaltung zu Düsseldorf, 1900 bis 1907.

An Darlehen wurden angenommen			Von den angenommenen Darlehen entfallen auf					
			bestehende Gebäude		Um- oder Aufbauten		im Bau begriffene bzw. noch zu erbauende Gebäude	
im Jahre	Zahl	Betrag Mk.	Zahl	Betrag Mk.	Zahl	Betrag Mk.	Zahl	Betrag Mk.
1900	42	1 618 000	7	258 000	—	—	35	1 360 000
1901	60	1 877 000	21	704 500	—	—	39	1 172 500
1902	22	602 300	15	418 300	1	9 000	6	175 000
1903	48	1 403 500	28	860 500	3	85 000	17	458 000
1904	75	2 348 900	30	1 020 400	3	31 000	42	1 297 500
1905	82	3 526 500	45	1 967 500	1	12 000	36	1 547 000
1906	82	2 875 500	31	1 078 000	1	54 000	50	1 743 500
1907	166	7 918 000	38	1 866 500	8	394 000	120	5 657 500
	577	22 169 700	215	8 173 700	17	585 000	345	13 411 000

Gewinn- und Verlustkonto der städtischen Hypothekenverwaltung 1907.

Soll. Haben.

	Mk.	Pf.		Mk.	Pf.
1. Verwaltungskosten			1. Zinsen	641 325	89
a) Beitrag an d. allgemeine Verwaltung 5 000,— Mk.			2. Unkostenvergütungen . . .	64 522	50
b) Schätzungskosten. . . . 3 834,— „			3. Schätzungsgebühren	6 450	—
c) Allg. Unkosten 26 159,98 „	34 993	98	4. Sonstige Einnahmen . . .	4 213	65
2. Zinsen	556 058	47	5. Fonds zur Deckung der Kursverluste	33 598	55
3. Kursverlust	153 843	—			
4. Deckungsfonds f. Kursverluste	—	—			
5. Reingewinn	5 215	14			
	750 110	59		750 110	59

Der Gewinn von 5 215,14 Mk. ist zur Deckung von Kursverlusten verwandt worden.

Aktiva. **Bilanz der städtischen Hypothekenverwaltung 1907.** Passiva.

	Mk.	Pf.		Mk.	Pf.
1. Hypothekdarlehen	18 598 199	14	1. Anleihenkonto	18 435 167	97
2. Zinsrückstände	26 692	62	2. Tilgungsfonds	114 741	—
			3. Reservefonds	69 767	65
			4. Fonds zur Deckung von Kursverlusten bei Begebung der Stadtanleihen	—	—
			5. Gewinn lt. Gewinn- und Verlustrechnung	5 215	14
	18 624 891	76		18 624 891	76

Hiernach hat die Hypothekenverwaltung in der Zeit ihres Bestehens 577 Darlehen in Höhe von 22 169 700 Mk. gewährt, wovon auf Neubauten allein 345 Darlehen mit 13 411 000 Mk. entfallen, während auf Auf- oder Umbauten weitere 17 Darlehen mit 585 000 Mk. gewährt wurden. 48 Darlehen mit einer Beleihungssumme von 1 631 000 Mk. wurden vor Ablauf der vereinbarten Zeit zurückgezahlt. Die Schuldner machten in diesen Fällen von dem Rechte der Abtragung in Stadtanleihescheinen Gebrauch. Darlehen mit festen Tilgungssätzen wurden in 25 Fällen mit einer Gesamtsumme von 1 088 500 Mk. bewilligt. Die Tilgungssätze betragen je nach Wahl der Schuldner 1/2 bis 1 1/2 %.

Die Verzinsung der Hypotheken geschieht zur Zeit bei 6 630 000 Mk. mit 4 %, bei 1 910 000 Mk. mit 4 1/4 % und bei 12 097 000 Mk. mit 4 1/2 %.

Aus der Zusammenstellung ergibt sich des weiteren, daß sich in den Jahren 1902/1903 das Hypothekengeschäft in mäßigen Grenzen bewegte und daß mehr bestehende Häuser als Neubauten beliehen wurden. Es ist dies auf die damalige Lage des Geldmarktes zurückzuführen, wo Hypotheken von Privaten und Banken zu 3 7/8 % zu haben waren.

Sobald jedoch Geldmangel eintrat, haben sich die Ansprüche an die städtische Hypothekenverwaltung erheblich gesteigert.

So sind im letzten Verwaltungsjahr vom 1. April 1907 bis 31. März 1908 allein 166 Darlehen mit 7 918 000 Mk. gewährt worden, wovon auf 120 Neubauten 5 657 500 Mk. entfielen. Da in dem gleichen Zeitraum in Düsseldorf überhaupt nur 271 Neubauten privater Wohnhäuser ausgeführt sind, so ist fast die Hälfte mit den Geldern der städtischen Hypothekenverwaltung gebaut worden. Hier hat sich die städtische Hypothekenverwaltung ganz besonders bewährt und zwar umsomehr, als die Hypothekenbanken nicht allein keine Darlehen gewährten, sondern vielfach die fällig werdenden Kapitalien einforderten. Dieser Umstand führte auch dazu, daß in 1907 eine Anzahl bestehender Gebäude beliehen wurde, die bei einem Versagen der städtischen Hypothekenverwaltung unzweifelhaft der Zwangsversteigerung anheimgefallen wären.

Die städtische Hypothekenverwaltung hat also nicht nur wesentlich über die Flauheit in der Bautätigkeit hinweggeholfen, sondern sie hat auch Hauseigentümer vor Vermögensverlusten bewahrt und sich somit als wirtschaftlich und sozial bedeutsame Einrichtung bewährt.

Die Höhe des gewährten Kapitals betrug bei den am 31. März 1908 bestehenden Darlehnsverträgen:

			Bis	10 000	Mk.	einschl.	in	2	Fällen
Von über	10 000	Mk.	„	20 000	„	„	„	48	„
„ „	20 000	„	„	30 000	„	„	„	176	„
„ „	30 000	„	„	40 000	„	„	„	134	„
„ „	40 000	„	„	50 000	„	„	„	49	„
„ „	50 000	„	„	60 000	„	„	„	39	„
„ „	60 000	„	„	70 000	„	„	„	20	„
„ „	70 000	„	„	80 000	„	„	„	8	„
„ „	80 000	„	„	90 000	„	„	„	6	„
„ „	90 000	„	„	100 000	„	„	„	6	„
„ „	100 000	„	„	110 000	„	„	„	2	„
„ „	110 000	„	„	120 000	„	„	„	2	„
„ „	120 000	„	„	150 000	„	„	„	6	„
„ „	150 000	„	„	200 000	„	„	„	3	„
„ „	600 000	„					„	1	„
							Zusammen	502	Fälle.

Der Durchschnitt einer Einzelbeleihung beträgt rund 37 000 Mk.; die meisten Darlehen bewegen sich zwischen 20 000 und 40 000 Mk.; das Maximum stellen 600 000 Mk., das Minimum 6000 Mk. dar.

Auf die einzelnen Berufe haben sich die einzelnen Darlehensnehmer im Laufe der Jahre wie folgt verteilt:

	1900:	1901:	1902:	1903:	1904:	1905:	1906:	1907:
Bauunternehmer, Architekten	16	7	—	4	13	12	12	23
Handwerksmeister	18	24	8	14	15	22	30	53
Kaufleute, Händler . . .	8	13	3	10	28	28	18	32
Wirte	4	3	1	2	6	7	3	9
Rentner	11	12	3	10	5	8	13	31
Beamte, Lehrer, Angestellte, Ärzte	3	10	1	6	7	4	3	11
Fabrikarbeiter	—	—	3	2	—	1	2	1
Handelsgesellschaften usw. .	2	1	—	—	1	—	1	6
Zusammen	62 [1]	70 [1]	19 [1]	48 [2]	75 [2]	82 [2]	82 [2]	166 [2]

Der Gewinn, der sich bis zum 31. März 1908 aus dem Hypothekengeschäft aller bisherigen Betriebsjahre ergeben hat, beträgt insgesamt 270 130 Mk. Diese Summe ist gemäß § 11 der oben mitgeteilten „Grundsätze" verwandt worden. Gewinn- und Verlustrechnung, sowie die Bilanz auf 1907 finden sich vorstehend abgedruckt.

---

[1] Bewilligte Darlehen. [2] Ausgezahlte Darlehen.

IV.

Der städtische Grundbesitz und Wohnungsbau.

1. Der städtische Grundstücksfonds.

Lange hat die Stadt Düsseldorf verabsäumt, sich einen erheblichen Anteil am Besitz des Grund und Bodens innerhalb der städtischen Gemarkung zu sichern; dieses Versäumnis aber hat sie im letzten Jahrzehnt vollauf nachgeholt.

Im Jahre 1901 umfaßte der Grundbesitz der Stadtgemeinde, soweit er nicht einem bestimmten Gemeindezwecke bereits zugeführt oder für ihn bestimmt, oder einem bestimmten Gemeindebetriebe bereits zugewiesen war, 8712 a, zu einem Werte von rund 10 Millionen Mark, auf denen ungedeckte Ausgaben von rund 2,7 Millionen Mark ruhten. Am 25. Oktober 1901 unterbreitete der Oberbürgermeister der Stadtverordnetenversammlung eine Vorlage, in der er unter Hinweis auf die zahlreichen Grundstückserwerbungen der allerletzten Jahre folgendes ausführte, was noch heute für die Richtung der städtischen Grundstückspolitik maßgebend ist. Nachdem auf den gegenwärtigen Grundbesitz, seinen Wert und seine Belastung hingewiesen wird, heißt es:

„Die Ausdehnung der Stadt, ein ungeahntes Auftreten neuer Gemeindeaufgaben, die rasche Ausdehnung gemeindlicher Betriebe, die Zweckmäßigkeit der Verlegung bestehender Anstalten lassen den Besitz von Grundstücken in allen Teilen der Stadt als notwendig erscheinen. Eine Verwaltung, welche, nur dem augenblicklich vorkommenden Bedürfnis folgend, die weitere Fürsorge der Zukunft überläßt, würde mit Recht den Vorwurf der Kurzsichtigkeit hinnehmen müssen. Die Erfahrung lehrt, daß ein Grundstück im Zeitpunkte des Bedarfs häufig um ein vielfaches teuerer ist, als wenige Jahre vorher.

Die Stadt soll aber nicht nur für eigene, unmittelbare Zwecke Grundstücke erwerben. Es ist durchaus zu billigen, wenn die Stadt an der Preiserhöhung, welche die Errichtung städtischer Institute nicht selten den Nachbargrundstücken bringt, selbst beteiligt sein will. Dies geschieht durch Erwerbung größerer als der zur Erreichung des Zwecks unbedingt erforderlichen Flächen.

Namentlich in den Außenteilen soll die Stadt größeren Grundbesitz aufweisen können, um bestimmend auf die Ausgestaltung des Stadtteiles, die Bauweise, die Bildung größerer Plätze, schließlich auch auf den Zeitpunkt der Erschließung des Geländes zu Bauzwecken, und selbst auf die Preisbildung für die Grundfläche einwirken zu können.

Daß solche Erwerbungen nicht aus laufenden Mitteln gedeckt werden können, ist einleuchtend. Vom finanztechnischen Standpunkt aus wäre es erwünscht, wenn sich die Deckung in der Regel so vollziehen würde, daß Grundstücke in den mehr ausgebauten Teilen der Stadt, soweit die Bereitstellung für künftige Bedürfnisse nicht mehr erforderlich ist, veräußert und dafür Grundstücke größeren Umfangs in den Außenteilen neu beschafft werden. Diesem Gang entspricht es, daß die zu Gemeindezwecken nicht benötigten Grundstücke einem Fonds zugewiesen werden, bei dessen Verwaltung die Verwertung verfügbarer Grundstücke und die Beschaffung neuer Grundstücke sich ausgleichend ins Auge gefaßt wird. Es ist ja Aufgabe der Gemeindeverwaltung, das von ihr übernommene verwertbare Gemeindevermögen nicht nur vollständig zu erhalten, sondern mindestens auch den natürlichen Wertzuwachs der folgenden Generation zu überweisen. Dieser Verpflichtung wird die Gemeinde gerecht, wenn sie das Grundstücksvermögen ausschließlich zur Erwerbung von neuen Grundstücken, Rechten an solchen oder zu einer rentbaren Ausstattung von Grundstücken mit Gebäuden verwendet.

Nach den Beschlüssen und Intentionen der Stadtverordnetenversammlung sollen die Ausgaben dafür aus dem Erlös verkaufter Grundstücke gedeckt werden.

In der Hauptsache erklärt sich die bereits vorhandene Belastung des Grundbesitzes dadurch, daß Grundstücke neu erworben wurden, daß andere veräußert und die Kaufpreise flüssig gemacht worden sind. Dies erklärt sich aus dem von der oben aufgestellten Regel abweichenden, tatsächlich aber nicht selten gebotenen Verfahren, das auch hier zur Anwendung kam. Die Gemeinde kann nämlich nicht immer jene Grenze bei den Ankäufen einhalten. Sie muß, wenn sie klug handelt, mitunter über die Verkaufserlöse hinaus erwerben. Gerade die Zeiten, welche für Erwerbungen günstig sind, sind häufig für Veräußerungen ungünstig. Nicht immer sind die schon vorhandenen Grundstücke schon jetzt zur Veräußerung geeignet. Auch läßt sich darüber streiten, ob die Veräußerung von Grundstücken immer die richtige Form der Verwertung ist. Dies führt, wenn man auf Erwerbung rentierender Grundstücke nicht verzichten will, dazu, den Weg der Anleihe zu betreten.

Dieser Weg ist unter bestimmten Voraussetzungen ganz unbedenklich; man kann sogar sagen, daß keine andere Anleihe so sicher fundiert ist als jene, welche für Grundstücke solcher Art aufgenommen ist. Die Fundierung ist eine um so sicherere, wenn, wie dies hier vorgeschlagen wird, jede Verwendung eines beträchtlichen schon vorhandenen Grundstücksvermögens zu laufenden Zwecken ausgeschlossen wird.

Die Zinsen einer solchen Anleihe könnten aus laufenden Einnahmen der Gemeinde bestritten werden. Das wäre die vorsichtigste Lösung — aber wie das Bessere der Feind des Guten sein kann, so würde eine so vorsichtige Lösung dem zu erreichenden Zwecke Abbruch tun. Man kann dem Steuerzahler der Gegenwart kaum zumuten, die Kosten für Maßregeln, welche ihm zunächst gar nicht, sondern ausschließlich der Zukunft zugute kommen, zu bezahlen. Die Zinsen einer solchen Anleihe, ebenso die etwaigen Tilgungsbeträge müssen vielmehr aus den Einkünften des Fonds und, soweit Renten im eigentlichen Sinne nicht vorhanden sind, aus den Verkaufserlösen gedeckt werden. Der Wertzuwachs städtischer Grundstücke ist nach den bisherigen Erfahrungen, selbst wenn eine teilweise Stagnation eintritt, im Durchschnitt einer längeren Reihe von Jahren erheblich höher als der 4 % Zins eines Kapitals samt Zinseszinsen. Während ein Kapital zu 4 % Zinsen sich in 17 Jahren verdoppelt, haben wir den Wert städtischer Grundstücke innerhalb gleicher Zeit selbst auf das Vielfache steigen sehen. Die Aufwendung von Anleihemitteln hat auch den Vorzug, daß eine andere Verwertung vorhandenen Grundbesitzes als jene durch Veräußerung ermöglicht wird, falls nur dieselbe die Verzinsung und Tilgung des Anlagekapitals verbürgt. Man kann also z. B. Grundstücke selbst bebauen oder in Erbpacht zum Zwecke der baulichen Ausnutzung vergeben.

Daraus, daß eine Anleihe aufgenommen, also der Schuldenstand der Stadt vermehrt wird, darf man keinen Einwand hier ableiten. Die absolute Höhe der Schulden ist niemals ein Maßstab für das wirtschaftliche Wohlbefinden einer Korporation. Es kommt lediglich auf drei Dinge an: ob das reine Vermögen sich erhöht oder mindert, ob die Zinsen und Tilgungsbeiträge aus den Renten und Gewinnen gedeckt werden können, endlich ob die Rückzahlung der Schuld so geordnet ist, daß dem Schuldner nicht Verlegenheiten entstehen können — trotz aller günstigen Vermögensverhältnisse. In all diesen Beziehungen erweist sich eine Schuldaufnahme für Grundstücke innerhalb eines den Verhältnissen Düsseldorfs entsprechenden Rahmens als unbedenklich.

Dieser Rahmen muß vor allem durch Fixierung der Höhe der aufzunehmenden Schulden bestimmt sein. Wenn ein Betrag von 5 000 000 Mk. vorgesehen wird, so reicht dieser hin, um die bestehenden Verbindlichkeiten zu tilgen und darüber hinaus noch über 2 000 000 Mk. zu Ankäufen bereit zu halten. Eine Durchsicht des Grundstücksverzeichnisses ergibt, daß es keinesfalls schwer halten wird, wenn dies geschehen müßte, die Summe von 5 000 000 Mk. aus dem jetzt vorhandenen Grundbesitze rasch zu erzielen; dabei ist außer Betracht gelassen, daß aus jener Summe noch erhebliche Flächen sich zu den vorhandenen gesellen werden. Eine solche Notwendigkeit würde aber nicht eintreten können, da eine normale Tilgung der Anleihe — wohl innerhalb 41 Jahren — vorgesehen würde und den Inhabern der Schuldverschreibungen Kündigungsrechte nicht zustehen. Hingegen wäre die Stadt nicht imstande, für Verzinsung und Tilgung zusammen einen Jahresbetrag von 250 000 Mk. auf ihren ordentlichen Etat ohne erhebliche Steuererhöhung zu übernehmen.

Die Anleihe wäre sukzessive, d. h. nach Fortschreiten der Ankäufe zu begeben; in manchen Fällen würden die Verkäufer mit Schuldverschreibungen bezahlt werden können. Soweit zwischenzeitlich Verkäufe stattfinden, kann eine weitere Begebung unterbleiben. Ist dann in einigen Jahren der Anleihebetrag erschöpft, so wird der Stand des Fonds genau zu prüfen und zu ermitteln sein, ob die Aufnahme einer weiteren Anleihe gerechtfertigt ist oder nicht.

Auf ähnlicher Grundlage hat die Stadt Frankfurt a. M., deren Grundbesitz ein sehr großer, durch alle Teile der Stadt reichender ist, eine Spezialkasse für städtischen Grundbesitz eingerichtet und für deren Zwecke eine Anleihe von 6 000 000 Mk. aufgenommen.

Zur Beschränkung der Höhe der Anleihe muß noch anderes hinzutreten. Die Verwaltung des Grundstücksfonds muß nach bestimmten Prinzipien geordnet sein. Es muß ausgeschlossen sein, daß die Grundstücke einer Zweckbestimmung zugeführt werden, die sie nicht mehr als geeignet erscheinen lassen, einer Anleihe als Unterlage zu dienen. Findet eine solche Verwendung doch statt, so muß dem Fonds Ersatz geschaffen werden. Es ist auch geboten, daß alle laufenden Einnahmen aus der Verwaltung der Grundstücke den Ausgaben auf dieselben, nicht dem sonstigen Gemeindehaushalt zugute kommen.

Endlich muß die Verwaltung wie jene des städtischen Grundbesitzes überhaupt eine sachgemäße und konsequente sein. Zu diesem Behufe empfiehlt es sich, eine Deputation zu bilden, welche die laufenden Verwaltungsangelegenheiten in Grundstücksangelegenheiten erledigt und alle für Beschlußfassung der Stadtverordnetenversammlung geeigneten Gegenstände vorbereitet.

Auch muß die rechnerische Gebarung eine klare und übersichtliche sein, um gegebenen- — wenn auch nicht wahrscheinlichen- — falls eine Liquidation, die bei Veräußerung von Grundstücken und Rückzahlung der Schuld jederzeit eintreten kann, zu erleichtern."

In Verfolg dieser Vorlage beschloß die Stadtverordnetenversammlung am 17. Dezember 1901 die Einsetzung eines Grundstücksfonds und als Betriebskapital eine Anleihe von 5 000 000 Mk. aufzunehmen.

Der Grundstücksfonds bildet eine selbständige Betriebsverwaltung für den gesamten städtischen Grundbesitz, sofern er nicht für andere Zwecke bestimmter Verwaltungszweige unmittelbar benutzt wird; er stellt eine selbständige Verwaltung, ein in seinem Stock dauernd zu erhaltendes Vermögen dar. Entsprechend seiner Bestimmung wurden ihm zunächst die erwähnten Besitzungen im Werte von 10 000 000 Mk. mit Aktiven und Passiven übertragen und die Befugnis erteilt, weitere Grundstücke, die noch ohne Verwendungszweck oder die nur zum Teil einstweilig zu bestimmten Zwecken verwandt werden sollen, zu erwerben. Solche Grundstücke dagegen, welche ausschließlich einem bestimmten Gemeindezwecke unmittelbar zu dienen haben, sind nach wie vor für Rechnung der betreffenden Zwecke zu erwerben.

Die Einnahme des Grundstücksfonds darf nur zur Deckung der laufenden Ausgaben, zum Erwerbe von Grundstücken oder Rechten an solchen, zur Erbauung rentabler Gebäude sowie zur Verzinsung und Tilgung der für Zwecke des Grundstücksfonds überwiesenen Anleihen verwandt werden. Übersteigt die Ausgabe in einem Jahr die Einnahme, so ist das Defizit auf das folgende Jahr vorzutragen.

Die Verwaltung des Fonds unterliegt der Deputation zur Verwaltung des städtischen Grundbesitzes; um auch für künftige Zeiten Hoffnungs- und Meinungskäufe in den Schranken zu halten, wurde festgelegt, daß die jeweilige Schuld des Fonds aus Anleihemitteln nach Abzug der ausstehenden Forderungen nie mehr als 25 Mk. auf den Kopf der jeweiligen Einwohnerzahl der Stadt betragen darf.

Diese Beschränkung ist freilich mit Rücksicht auf die produktive Verwendung der Anleihemittel im Jahre 1905 aufgehoben worden, doch vermeidet die Organisation des Grundstücksfonds auch so unter allen Umständen eine Belastung des Steuerzahlers der Gegenwart durch Kosten für Maßregeln, die wie die hier fraglichen Grundstückskäufe ausschließlich der Zukunft zugute kommen. In ihm hat sich die Verwaltung ein brauchbares Instrument rationeller Bodenpolitik geschaffen. Die Gemeinde als solche nimmt durch die vorsorglich angekauften Grundstücke an der Zuwachsrente teil, verfügt stets über billiges Gelände für den Bau von Schulen, Verwaltungsgebäuden usw. und sichert sich einen bestimmten Einfluß auf die Ausgestaltung neuer Stadtteile und Straßen. Diese drei Funktionen sind in gleicher Weise sozial- wie finanzpolitisch von höchster Bedeutung.

Welche rege Tätigkeit der Grundstücksfonds entfaltet, und welche Erfolge er erzielt hat, ist aus folgender Tabelle 11 ersichtlich.

Der Umfang des Grundbesitzes hat sich in den sechs Jahren mehr als verdreifacht, während sein Buchwert von rund 7 Millionen Mark auf 17,5 Millionen Mark gestiegen ist. Diese Entwicklung ist natürlich nur möglich gewesen unter starker, aber wohl hier vor allem anderen gerechtfertigter Inanspruchnahme von Anleihemittteln; am 31. März 1908

Tabelle 11. Grundstücksbestand und Tätigkeit des städtischen Grundstücksfonds 1902 bis 1908.

Laut Bilanz vom	Bestand ha	Bestand a	Bestand qm	Buchwert Mk.	Buchwert Pf.	Buchwert pro qm Mk.	Buchwert pro qm Pf.	Im Laufe des folgenden Etatsjahres kamen hinzu durch Ankauf und Überweisung ha	a	qm	Im Laufe des folgenden Etatsjahres gingen ab durch Verkauf und Überweisung ha	a	qm
31. März 1902	83	53	76	6 993 477	86	8	37	5	89	26	2	58	16
31. „ 1903	86	84	86	7 802 966	24	8	98	3	80	88	1	85	37
31. „ 1904	88	80	37	8 417 933	77	9	48	50	89	64	5	44	71
31. „ 1905	134	25	30	10 761 464	18	8	02	42	53	61	13	29	59
31. „ 1906	163	49	32	12 148 322	33	7	43	97	52	49	11	10	11
31. „ 1907	249	91	70	13 636 181	61	5	46	44	36	49,5	8	55	20
31. „ 1908	285	73	10,5	17 594 273	33	6	16						

waren deren 12 101 785 Mk. (ohne das ursprüngliche Betriebskapital, s. oben[1]) verwandt.

Die **Bilanz** vom 31. März 1908 schloß mit 22 610 250 Mk. ab; im Soll figurierten, außer dem Grundstückskonto mit 17 594 273 Mk., Aktivhypotheken mit 4 840 388 Mk. und Debitoren mit 175 589 Mk.

Die Passivhypotheken betrugen am 31. März 1908: 2 657 636 Mk., das Gewinn- und Verlustkonto 1907 ist nachstehend abgedruckt.

Gewinn- und Verlustkonto.

	Mk.	Pf.		Mk.	Pf.
An Gebäude-Unterhaltungskonto	13 412	06	Per Mieten- und Pächtekonto	159 927	72
„ Grundstücks-Unterhaltungskonto	838	80	„ Konto: Erlös a. Grundstücken über den Buchwert	507 556	44
„ Unkostenkonto	40 928	26			
„ Zinsenkonto	318 337	77			
„ Konto: Aufwendungen f. andere Verwaltungszweige	76 646	21			
„ Bilanzkonto: Reingewinn 293 967,27 Mk. Aufwendungen 76 646,21 „	217 321	06			
	667 484	16		667 484	16

Der Gewinn in Höhe von 217 321 Mk. wurde dem Zinsen- und dem Amortisations-Reservekonto zugeführt.

[1] Jedoch einschließlich 102 000 Mk., die zur Tilgung der 5 000 000 Mk. Anleihe verwendet worden sind.

Das Gesamtgrundvermögen der Stadt Düsseldorf innerhalb und außerhalb des Grundstücksfonds war am 31. März 1908 nach den Anschaffungskosten auf 120 176 175 Mk. zu bewerten und umfaßte 93 986 a.

2. Der städtische Häuserbau.

Bereits oben (Abschnitt III, 3) ist von der Düsseldorfer Wohnungsnot am Ende des vorigen Jahrhunderts die Rede gewesen; dieses Versagen der privaten Bautätigkeit hat die Stadt nicht nur zu der dabei erwähnten Gründung der Hypothekenanstalt, sondern auch dazu geführt, durch Eigenbau den Mangel an Kleinwohnungen zu mindern.

Im Jahre 1899 wurde die Errichtung von zwanzig Wohnhäusern auf dem Gelände der alten Gasanstalt (vergl. I, 1) an noch aufzuschließenden Straßen in sehr günstiger Lage beschlossen. Die Baukosten wurden einer dreieinhalbprozentigen, von der Landesversicherungsanstalt gewährten Anleihe entnommen und betrugen rund 876 000 Mk. Der Grundwert war auf 190 000 Mk. anzunehmen.

Die Baukostenanleihe ist mit 3½ % zu verzinsen und mit ½ % zu tilgen, wozu noch Einzelbeträge für Unterhaltungsmittel, Ausfälle, Steuern usw. kommen. Der jährliche Gesamtaufwand beträgt darnach gegenwärtig 51 294 Mk.

Die 20 Wohnhäuser enthalten neben 5 Läden 143 Wohnungen, von denen 44 aus zwei, 86 aus 3 und 13 aus 4 Räumen einschließlich Küche bestehen; sie sind am 1. Oktober 1901 in Benutzung genommen und werden gegenwärtig bewohnt von:

43 Arbeitern,
66 Angestellten und Unterbeamten,
6 selbständigen Gewerbetreibenden,
18 mittleren Beamten,
10 Personen mit freiem Berufe und ohne Beruf,

insgesamt 143 Familien mit 701 Personen.

Mit Rücksicht auf die Höhe der Baukosten an Löhnen und Materialien einerseits, die wünschenswerte Nähe zum Stadtinnern anderseits wurde vom Typ des Ein- oder Zweifamilienhauses abgesehen, jedoch dafür besonderer Wert auf größere Abmessungen der Höfe gelegt.

Die Häuser sind einfach und solide unter Vermeidung jeden Prunks, doch nicht nüchtern erbaut; die Fassaden sind gefällig, die Treppenhäuser geräumig. Jede Wohnung bildet ein für sich abgeschlossenes Ganzes. Jeder Raum einer Wohnung ist mit seltenen Ausnahmen vom Flur aus zugänglich, der keiner Wohnung fehlt. Jede Wohnung besitzt Wasserklosett mit direkter Licht- und Luftzuführung innerhalb des Wohnungsabschlusses, ebenso eine unmittelbar belichtete Speisekammer. Zu jeder Wohnung gehört ein abschließbarer Keller und Speicherraum; Trockenspeicher und Waschküche sind zur abwechselnden Benutzung durch die Mieter in jedem Hause vorhanden. Fast alle Wohnungen haben nach dem Hofe einen einfachen Balkon. In keinem Hause sind mehr als zwei Wohnungen in einem Stockwerk.

Nach eingehenden Berechnungen wurde der durchschnittliche Mietpreis für den Quadratmeter bewohnbarer Zimmerfläche auf rund 6 Mk. im Jahre festgesetzt. Für Nebenräume wird nichts berechnet.

Die durchschnittliche Miete beträgt gegenwärtig für einen Wohnraum von rund 20 qm im Unterhaus 9,83 Mk., im ersten Stock 11,79 Mk., im zweiten Stock 11,12 Mk. und im dritten Stock 10,37 Mk. pro Monat. Zwar ist zu berücksichtigen, daß in diesen Mieten nur die Erstehung der leeren Wohnung ohne Herd und Öfen, wofür der Mieter nach Ortsgebrauch selbst zu sorgen hat, einbegriffen ist; immerhin sind die Sätze im Verhältnis zu den sonst in Düsseldorf gezahlten Mieten sehr mäßig zu nennen, namentlich, wenn man die vorzügliche Lage der Wohnungen berücksichtigt. Daß dem so ist, erhellt auch daraus, daß sie sofort nach Vollendung, bei insgesamt 800 (!) vorliegenden Meldungen, vergriffen gewesen waren und auch heute noch nach wie vor stark begehrt sind; ein gutes Zeichen ist auch die Seltenheit des Mieterwechsels. Aus den einheitlich abgefaßten Mietverträgen mag noch hervorgehoben werden, daß das Untervermieten und das Halten von Quartiergängern nicht gestattet ist, sowie daß der Oberbürgermeister berechtigt ist, zu angemessener Zeit selbst oder durch einen Bevollmächtigten die Wohnungen besichtigen zu lassen.

Die Einnahmen an Miete betrugen im letzten Jahre 53 912 Mk., d. h. 2618 Mk. mehr als oben für Ausgaben angegeben. Dieser Betrag bleibt für außergewöhnliche Instandsetzungen der Wohnungen reserviert.

Außer diesen Häusern besitzt die Stadt noch deren 3, die sie vor einigen Jahren für 222 000 Mk. gekauft hat und die gegen einen durchschnittlichen Mietpreis von 6 bis 8 Mk. pro Monat für das Zimmer an Leute vermietet werden, die, ohne arm im armenrechtlichen Sinne zu sein, trotz ihrer Bemühungen eine Wohnung nicht haben finden können, namentlich wegen zu großer Kinderzahl. In diesen Häusern sind an bewohnbaren Räumen im ganzen 93 Zimmer verfügbar, die am 31. März 1908 mit 172 Köpfen belegt waren.

Die Einnahmen (1907: 7816 Mk.) reichen, abgesehen von außerordentlichen Bedürfnissen, im allgemeinen zur Deckung der Ausgaben für Verzinsung und Tilgung der Anleihe sowie für Unterhaltung (1907: 9828 Mk.) aus; ein etwaiger Fehlbetrag wird aus der Stadtkasse gedeckt.

Beide Gruppen städtischer Arbeiterwohnungen werden im Etat der Vermögensverwaltung geführt; ein Unternehmergewinn wird bei ihnen nicht beabsichtigt, nur besteht das Programm, daß ihre Einnahmen einander gegenseitig und in den verschiedenen Jahren so ergänzen, daß die Wohnungen dauernd sich selbst erhalten, ohne daß sie Zuschüsse aus der Stadtkasse bedürfen.

V.

Der Fonds für Beteiligungen der Stadt Düsseldorf an gewerblichen Unternehmungen.

Einen bedeutsamen Fortschritt in der Politik der Gemeindebetriebe bedeutete im Jahre 1907 die Errichtung des Fonds für Beteiligung der Stadt Düsseldorf an gewerblichen Unternehmungen. In grundsätzlich bedeutsamer Weise paßte sich die Stadtgemeinde mit dieser Institution den Formen des modernen Wirtschaftslebens an, indem der Fonds die ausgesprochene Zweckbestimmung erhielt, die finanzielle Beteiligung der Stadt Düsseldorf an fremden gewerblichen Unternehmungen aller Art und jeder Form, soweit nur ein öffentliches Interesse mitspricht, zu ermöglichen und herbeizuführen.

Den Anlaß zur Errichtung des Fonds bildete der oben (S. 67) erwähnte Erwerb von Aktien der Rheinischen Bahngesellschaft im Nennwert von 5 561 000 Mk. zum Preise von 8 204 015 Mk. Die für diese Finanzoperation maßgebenden Grundgedanken schienen zu gesund und zu bedeutungsvoll für die zukünftige wirtschaftliche Stellung der Stadt, um nicht stabilere Form zu erhalten.

Die Grundsätze für die Verwaltung sind folgende:

§ 1. Die im Besitze der Stadt Düsseldorf befindlichen Aktien der Rheinischen Bahngesellschaft und andere Aktien oder Anteile von in den Reichs- und Landesgesetzen vorgesehenen Gesellschafts- und Genossenschaftsformen, deren demnächstiger Erwerb durch das öffentliche Interesse oder das Allgemeinwohl der Stadt Düsseldorf ratsam erscheint, bilden ein aus dem übrigen Gemeindevermögen ausgeschiedenes, selbständig verwaltetes, in seinem Stocke zu erhaltendes Vermögen der Stadt Düsseldorf unter der Bezeichnung „Fonds für Beteiligungen der Stadt Düsseldorf an gewerblichen Unternehmungen".

§ 2. Die laufenden Erträgnisse dieses Fonds, die Einnahmen, insbesondere die Gewinne aus Veräußerungen oder bankmäßigen Geschäften hinsichtlich der zum Fonds gehörigen Effekten, die eingezogenen Forderungen und sonstigen Anfälle und die zur Erfüllung der Zwecke des Fonds überwiesenen Anleihemittel sollen in der Regel zur Deckung der laufenden Ausgaben des Fonds, zum Erwerbe von neuen Beteiligungen oder zur Vergrößerung bereits bestehender Beteiligungen oder sonstiger Rechte an gewerblichen Unternehmungen und zur Verzinsung und Tilgung der für Zwecke des Fonds überwiesenen Anleihen verwendet werden.

§ 3. Beteiligungen an solchen gewerblichen Unternehmungen, welche ausschließlich einem bestimmten Gemeindezwecke unmittelbar zu dienen haben, oder deren Vermögen als Ganzes zur Verschmelzung mit bestimmten bereits bestehenden oder noch einzurichtenden gewerblichen Unternehmungen der Stadt Düsseldorf selbst bestimmt ist, sollen dem Fonds nicht zugeführt werden.

§ 4. 1. Ob die Beteiligung an einem gewerblichen Unternehmen nach § 1 gegenwärtiger Grundsätze ratsam erscheint, beschließt die Stadtverordnetenversammlung. Sie befindet auch über einen jeden Erwerb, der im Einzelfalle mehr als 50 000 Mk. Aufwand verursacht, es sei denn, daß keine so lange Bindefrist für ein Verkaufsangebot zu erlangen ist, daß vor ihrem Ablauf ein Beschluß der Stadtverordnetenversammlung herbeigeführt und mitgeteilt werden kann, oder daß allgemein der Erwerb bestimmter Beteiligungen unter bestimmten Bedingungen beschlossen worden ist.

2. Zum Erwerbe neuer Beteiligungen, die im Einzelfalle einen größeren Aufwand als 50 000 Mk. bedingen, muß die Stadtverordnetenversammlung unbedingt vorher die grundsätzliche Genehmigung erteilt haben.

3. In allen Fällen, in denen die Stadtverordnetenversammlung einen Erwerb nicht selbst allgemein oder besonders beschlossen hat, ist ihr in der nächsten Sitzung eventuell auch außer der Tagesordnung Bericht zu erstatten.

§ 5. Zum Erwerbe von Beteiligungen an gewerblichen Unternehmungen gibt die Stadt Düsseldorf Schuldverschreibungen auf den Inhaber aus. Bei gänzlicher oder teilweiser Veräußerung einer Beteiligung muß der nicht zum Erwerbe neuer Beteiligungen oder zur Vergrößerung bestehender Beteiligungen erforderliche Kapitalsbetrag an Schuldverschreibungen getilgt werden. Insoweit ihre Einlösung nicht möglich oder sogleich tunlich ist, muß zwischenzeitlich eine ergänzende Deckung durch Geld oder mündelsichere Anlagewerte stattfinden.

§ 6. 1. Abgesehen von der im § 5 gegenwärtiger Grundsätze vorgesehenen außerordentlichen Tilgung von Schuldverschreibungen muß die Stadt Düsseldorf sie vom sechsten auf die Ausgabe eines jeden Anleiheabschnittes folgenden Etatsjahre ab tilgen und zwar alljährlich mit einem halben Prozent des Kapitals unter Zuwachs der Zinsen von den getilgten Schuldverschreibungen.

2. Seitens der Inhaber sind die Schuldverschreibungen nicht kündbar.

§ 7. 1. Die Verwaltung des Fonds bildet eine von dem übrigen Gemeindehaushalte völlig abgesonderte Betriebsverwaltung der Stadt Düsseldorf. Die Ausgaben des Fonds haben sich im Rahmen des alljährlich von der Stadtverordnetenversammlung festzusetzenden Etats zu halten. Erforderliche Nachkredite sind rechtzeitig zu beantragen. Der Stand des Fonds ist der Stadtverordnetenversammlung alljährlich durch eine Bilanz und eine Gewinn- und Verlustrechnung nachzuweisen.

2. Alle Beteiligungen sind hierin mit dem wirklichen Markt- oder Börsenkurse vom 31. März des betreffenden Jahres oder des letzten vorangehenden Tages, an welchem eine offizielle Kursnotiz stattfand, höchstens aber mit dem Erwerbskurse einzusetzen. Die ausgegebenen Schuldverschreibungen sind zum Nennwerte einzusetzen.

§ 8. Verluste werden aus dem zu bildenden Reservefonds und, soweit dieser nicht ausreicht, vorschußweise von der Stadtkasse gedeckt und durch spätere Gewinne beglichen.

§ 9. Betriebsvorschüsse hat die Stadtkasse zu leisten, wogegen überschüssige Barmittel von ihr aufbewahrt werden. Beiderseits werden hierbei 4 % Zinsen für das Jahr berechnet.

§ 10. Die Verwaltung der Geschäfte des Fonds und die Vorbereitung der Anträge an die Stadtverordnetenversammlung obliegt einer neu zu bildenden Deputation zur Verwaltung des Fonds für Beteiligungen der Stadt Düsseldorf an gewerblichen Unternehmungen mit dem Namen „Industrie-Deputation", soweit diese Geschäfte in den Bestimmungen dieser Deputation nicht ihrem Vorsitzenden zugewiesen sind.

§ 11. 1. Der Oberbürgermeister, die Beigeordneten, die Beamten und die Angestellten der Stadt Düsseldorf erhalten hiermit die Genehmigung etwa auf sie fallende Wahlen zu Mitgliedern des Aufsichtsrates oder eines anderen Verwaltungsorganes solcher gewerblicher Unternehmungen, an denen die Stadt Düsseldorf finanziell beteiligt ist, anzunehmen.

2. Sie haben aber in dieser Eigenschaft nur den Anspruch auf Ersatz ihrer baren Auslagen; bei Reisen usw. finden die jeweiligen von der Stadtverordnetenversammlung genehmigten Bestimmungen über die Reisekosten, Tagegelder und Umzugskosten — zur Zeit die vom 17. November 1903 — sinngemäße Anwendung. Alle anderen baren Vergütungen, unter welchem Titel sie auch gegeben werden mögen, sind an die Kasse des Fonds für Beteiligungen der Stadt Düsseldorf an gewerblichen Unternehmungen ungekürzt abzuführen.

3. Die Stadt Düsseldorf übernimmt die Ersatzleistung für alle Ent-

schädigungsansprüche gegen die Mitglieder von Verwaltungsorganen, die ihr Amt unter Verzicht auf irgendwelche Vergütung zugunsten der Stadt Düsseldorf oder eines von ihr verwalteten Fonds als Ehrenamt ausüben, wenn sie wegen versehentlicher Verletzung ihrer Obliegenheiten in Anspruch genommen werden. Insoweit die Stadt Düsseldorf einen solchen Anspruch nicht für begründet erachtet, hat das betreffende Mitglied der Stadt Düsseldorf die Führung des Rechtsstreites zu überlassen unter Überweisung aller vorhandenen Behelfe und Erteilung jeder erforderlichen Auskunft. Die Kosten eines solchen Rechtsstreites trägt die Stadt Düsseldorf.

4. Die Deputation hat die Richtung zu beraten, in welcher sich die städtischen Interessen bei der Beschlußfassung von Organen der Gesellschaften oder Genossenschaften, an welchen die Stadt Düsseldorf beteiligt ist, bewegen.

5. Die Bestimmungen in den Absätzen 2 bis 4 des gegenwärtigen Paragraphen finden sinngemäße Anwendung auf Stadtverordnete und andere Personen, die auf Vorschlag der Stadt Düsseldorf als Beteiligter auf Grund besonderen Beschlusses der Stadtverordnetenversammlung oder der Deputation in ein Verwaltungsorgan eines gewerblichen Unternehmens gewählt werden.

6. Ausnahmen hiervon sind nur auf Grund eines besonderen Beschlusses der Stadtverordnetenversammlung zulässig.

Für das Geschäftsverfahren der Verwaltungsdeputation im einzelnen sind besondere Bestimmungen erlassen, die ihr, dem Zweck des Fonds entsprechend, mehr Wirkungsfreiheit lassen als sonst bei städtischen Deputationen üblich ist. Insbesondere erledigt die Deputation innerhalb der durch den Etat und die Fondsbewilligung gezogenen Grenzen alle bankmäßigen Geschäfte des Fonds, erwirbt und veräußert Beteiligungen an gewerblichen Unternehmungen, soweit sie von der Stadtverordnetenversammlung grundsätzlich beschlossen worden sind und im einzelnen Falle nicht mehr als 5000 Mk. und höchstens 50 000 Mk. repräsentieren. In dringlichen Fällen hat die Deputation freie Hand ohne Rücksicht auf die Höhe des Umsatzes, wenn ein grundsätzlicher Beschluß der Stadtverordnetenversammlung vorliegt; wenn nicht, bis zum Höchstumsatz von 50 000 Mk. In diesen beiden Fällen ist nachträglicher Bericht an die Stadtverordnetenversammlung erforderlich.

Zur Verwirklichung der Zwecke des Fonds hat die Stadtverwaltung eine Obligationenanleihe im Betrage von 15 000 000 Mk. aufgenommen, wovon 1907 9 000 000 Mk. begeben wurden. Andere Beteiligungen als die Aktien der Rheinischen Bahngesellschaft sind bislang in der kurzen Zeit des Bestehens des Fonds noch nicht erworben worden.

Gewinn- und Verlustkonto sowie Bilanzkonto für das erste Geschäftsjahr sind nachstehend abgedruckt.

Bilanz des Fonds für Beteiligungen der Stadt Düsseldorf an gewerblichen Unternehmungen für 1907.

Gewinn- und Verlustkonto.

Soll.			Haben.		
Zinsenkonto . .	Mk.	241 478,83	Dividendenkonto .	Mk.	265 925,27
Vorschuß-(Disagio-) konto . . . (Anteil 1907)	„	28 024,00	Tantièmen . .	„	7 473,04
Reingewinn . .	„	3 895,48			
	Mk.	273 398,31		Mk.	273 398,31

Bilanzkonto.

Aktiva.			Passiva.		
Beteiligungenkonto	Mk.	8 159 260,23	Anleihekonto .	Mk.	8 267 480,25
Vorschuß-(Disagio-) konto . .	„	112 115,50	Reingewinn . .	„	3 895,48
	Mk.	8 271 375,73		Mk.	8 271 375,73

Der Reingewinn beträgt somit 3895,40 Mk. gleich 0,05 % der Anleiheschuld und wurde auf das nächste Jahr vorgetragen. Er ergibt sich aus der Differenz zwischen Zinssatz der Anleihe und Höhe der Dividende aus den erworbenen Wertpapieren.

VI. Sanitäre Unternehmungen[1].

1. Die Kanalisation.

Die Entwässerung Düsseldorfs vor Ausführung der Kanalisation war wenig befriedigend und gesundheitlich bedenklich. Soweit sich die Möglichkeit bot, wurden das Regenwasser und die Schmutzwässer ohne die menschlichen Auswurfstoffe, die in Gruben gesammelt und abgefahren wurden, in den in der Nähe des Rheines gelegenen Stadtteilen durch Kanäle diesem Flusse, in anderen Stadtteilen den beiden Düsselarmen und den von diesen

[1] Unter Zugrundelegung des Werkes „Die Assanierung von Düsseldorf", herausgegeben von Th. Weyl (Leipzig 1908), mit Beiträgen von C. Geusen (Abschnitt 1), G. Brix (2), G. Tremus (3), M. Schenk (4), F. Schrakamp (5, 6, 7).

gebildeten Zierteichen zugeführt. In den vom Rhein und den Bachläufen entfernt liegenden Stadtteilen mußten die Abwässer in Senkgruben geleitet werden, oder sie flossen tief gelegenen Geländeflächen zu. Bei Anlage neuer Straßen konnte vielfach eine Entwässerung nur dadurch ermöglicht werden, daß künstlich eine Anzahl von Tiefpunkten geschaffen wurde, an denen das Wasser gesammelt und durch Senkgruben beseitigt wurde.

Diese mangelhaften Entwässerungsverhältnisse hatten eine Reihe von Übelständen im Gefolge, die mit dem Wachstum der Stadt für die Gesundheit der Bevölkerung gefahrdrohend wurden, die Behaglichkeit des Wohnens störten und dem Fremden den Aufenthalt in der Stadt verleideten. Die in den Düsselarmen und den Zierteichen sich sammelnden Schlammmassen verbreiteten, besonders in den Sommermonaten, vielfach üble und lästige Ausdünstungen; der Boden und das Grundwasser wurden durch die zahlreichen Senkgruben in gefährlicher Weise verunreinigt und gelegentliche Überflutungen niedrig gelegener Stadtteile und benachbarter Geländeflächen vermehrten noch die aus dem Fehlen einer unterirdischen planmäßigen Entwässerung sich ergebenden Übelstände.

Diese mißlichen Verhältnisse, die sich bei der raschen Entwicklung der Stadt naturgemäß immer mehr fühlbar machten, wurden unhaltbar nach der vermehrten Wasserzuführung durch die im Jahre 1856 in Betrieb gesetzte Wasserleitung; auch zeitigte die Erkenntnis, daß in den neu entstehenden Bauvierteln beizeiten für ordnungsmäßige Entwässerung gesorgt werden müsse, den Entschluß, eine systematische Kanalisation auszuführen. Nachdem schon in den siebziger Jahren des vorigen Jahrhunderts einzelne Kanäle ausgeführt worden waren, die den schlimmsten Mißständen abhalfen, wurde ein den größten Teil des Stadtgebiets umfassender Entwurf im Jahre 1882 aufgestellt.

Hiernach begann die Ausführung des unteren Systems im Jahre 1884, des oberen Systems 1889. Einen vorläufigen Abschluß brachte der Bau der Reinigungsanlagen und der dorthin führenden Hauptsammelkanäle im Jahre 1903, natürlich ohne daß deshalb die Ausführungen neuer Kanalisierungen angesichts der ständigen Vergrößerung der Straßenanwohner jetzt in geringerem Umfange vorzunehmen wären als bislang.

Von den Vororten Hamm, Volmerswerth und Flehe abgesehen (vergl. den Stadtplan), die noch einen rein dörflichen Charakter tragen, entbehrt jetzt keine bewohnte Straße der unterirdischen Entwässerung. Die Gesamtlänge der ausgeführten Leitungen (einschl. Hausanschlüsse und Sinkkastenleitungen) betrug am 31. März 1908: 239 709 m.

Der Anschluß der bebauten Grundstücke an den Kanal ist obligatorisch;

am Ende des Verwaltungsjahres 1907 waren 12 706 bebaute Grundstücke angeschlossen. Die Anschlußleitungen von den Häusern zum Straßenkanal gelangen, um eine gleichartige und gute Herstellung zu erzielen und nachträgliche Straßensenkungen infolge mangelhafter Zufüllung der Baugrube zu vermeiden, durch die städtische Verwaltung auf Kosten der Hausbesitzer zur Ausführung.

Die Gesamtaufwendungen für die Kanalisationsanlagen beliefen sich am 31. März 1908 auf 12 865 167 Mk., davon sind durch Beiträge der Hausbesitzer rund 4 Millionen Mk. gedeckt worden. Für die Aufbringung der Kanalbaukosten wird von den Hausbesitzern ein einmaliger Beitrag von 40 Mk. für das Meter Frontlänge des Grundstücks bei dessen Anschluß erhoben. Da indessen die Kanalbaukosten höher sind, auch die Betriebskosten eine erhebliche Höhe erreichen, ist in der für die Kanalisation erlassenen Gebührenordnung bestimmt, daß, außer einem aus städtischen Mitteln zu leistenden Zuschusse zu dem Bedarf, von den Hausbesitzern eine jährliche Gebühr erhoben wird, die nach der Länge der Grundstücksfront und nach dem Nutzungswerte der Grundstücke bemessen ist. Der Beitrag der Stadt und der Prozentsatz, der vom Nutzungswert des Grundstücks zu erheben ist, wird jährlich festgestellt; ersterer soll nicht weniger als 20 und nicht mehr als 30 % des Bedarfs betragen. Augenblicklich trägt die Stadt 30 % des Bedarfs, der Prozentsatz vom Nutzungswert der Gebäude ist zu 1 % festgesetzt. Die Jahresabgabe für das Meter Frontlänge beträgt 1 Mk.

Die Kanalisation wird als besonderes wirtschaftliches Unternehmen der Stadt betrieben und hat einen selbständigen Etat, der sich für das Jahr 1908 in Einnahmen und Ausgaben auf 1 666 000 Mk. stellte. Hierin sind in Einnahme und Ausgabe 180 000 Mk. für die Herstellung der Hausanschlußleitungen und 6000 Mk. für die Materialienprüfungsstation, die mit der Dienststelle für Kanalisation verbunden ist, enthalten. Für Kanalneubauten sind 600 000 Mk. ausgeworfen, die mit 230 000 Mk. durch Beiträge der Hausbesitzer und durch vorgelegte Baukosten von Straßenbauunternehmern, mit 364 500 Mk. aus Anleihen und 5500 Mk. aus anderen Einnahmen gedeckt wurden. Beim Kanalbetrieb, der in Einnahme und Ausgabe mit 807 000 Mk. abschließt, sind in der Ausgabe 523 000 Mk. für Verzinsung und Tilgung des Anlagekapitals vorgesehen. Die Einnahmen beim Kanalbetrieb bestehen außer aus kleinen Summen für Pächte, Verkauf von Rückständen der Reinigung u. a. m. aus 632 000 Mk. Jahresgebühren der Hausbesitzer und 158 000 Mk. Zuschuß des Wasserwerks. Letztere Summe schwankt nach dem Bedürfnis; sie stellt sich, wie schon auf S. 33 bemerkt, als Leistung für Leistung dar und ist der Ausgleichsfaktor, der dafür sorgt, daß auch die Kanalisationsanlage ein Betrieb bleibt, der zwar keinen Gewinn für die Stadt abwirft, sich aber doch selbst erhält. Dabei sind die finanziellen Ansprüche an die Angeschlossenen keineswegs hoch. Die Belastung eines Wohnhauses von 10 m Front und 2000 Mk. Mietwert beträgt bei der jetzt geltenden Gebührenordnung (außer dem einmaligen Beitrage von 10 · 40 = 400 Mk.) jährlich 30 Mk., ein im Verhältnis zu den Annehmlichkeiten und dem Nutzen der Kanalisation jedenfalls verhältnismäßig geringer Betrag.

2. Straßenreinigung und Fuhrpark.

Die Pflicht zur Reinigung der Straßen ist in Düsseldorf durch landesherrliche Verordnung, Observanz und auf beide gegründete Polizeiverordnungen den Anliegern auferlegt worden.

Das Dekret des Herzogs Johann Wilhelm vom Jahre 1703 erneuert den schon im Jahre 1554 von Herzog Wilhelm gegebenen Befehl, daß jeder Einwohner der Residenzstadt Düsseldorf die Straßenreinigung vor seiner Wohnung selbst besorgen und den Kot in den Rhein bringen lassen soll. Ein Dekret des Herzogs Carl Theodor aus dem Jahre 1760 genehmigte eine zur besseren Handhabung der Straßenreinigung vom Magistrat behufs der Beaufsichtigung vorgeschlagene Bezirkseinteilung und verordnet sodann, „daß jeder Einwohner an den dazu bestimmten Tagen zur Reinigung der Straße vor seinem Hause verpflichtet ist . . ., und daß an heißen Tagen die Gossen täglich gesäubert werden, auch alle Einwohner ein Gefäß mit Wasser vor ihre Türe setzen müssen.“ Auch die Verordnung vom 13. Oktober 1807 betreffend die Munizipalverwaltung der Städte und Gemeinden des Großherzogtums Berg wiederholte die Bestimmungen über die Straßenreinigungspflicht der Einwohner, die dann auch in die seit jener Zeit erlassenen Polizeiverordnungen aus den Jahren 1827, 1848, 1854 und 1860, in die Straßenpolizeiverordnung vom Jahre 1876 und die jetzt gültige Straßenpolizeiverordnung vom Jahre 1888 übergegangen sind.

Letztere bestimmt, daß alle Straßen (Fahrdämme, Rinnen und Bürgersteige) täglich vormittags mit Ausnahme der Sonn- und Feiertage reingekehrt werden müssen, und daß die Reinigung an den Tagen vor Sonn- und Feiertagen nachmittags zu wiederholen ist; der Kehricht muß entfernt oder auf Haufen gestellt werden, im letzteren Falle erfolgt die Wegschaffung durch das von der Stadt gestellte Fuhrwerk; die Pflicht der Einwohner umfaßt auch die Reinigung der Bürgersteige und Straßenübergänge von Schnee und deren Bestreuen mit Sand oder Asche bei Winterglätte; während des Frostwetters sind die Straßen und Querrinnen stets frei von Schnee und Eis zu halten und die so aufgebrachten Schnee- und Eismengen auf Haufen zu kehren; bei eintretendem Tauwetter sind die Verpflichteten verbunden, das Eis auf den Fahrdämmen aufzuhauen und auf Haufen setzen zu lassen. In asphaltierten Straßen sind die zur Straßenreinigung verpflichteten Anwohner gehalten, die Reinigung durch den städtischen Fuhrpark bewirken zu lassen, die zur Winterszeit vorzunehmenden außergewöhnlichen Arbeiten bleiben aber Pflicht der Anwohner. Für diese durch Polizeiverordnung vom 18. März 1902 festgesetzte Bestimmung war der Gesichtspunkt maßgebend, daß die Asphaltfahrbahnen eine besondere, für den einzelnen schwer auszuführende Reinigung und sonstige Behandlung verlangen, sollen die Vorteile dieser Befestigungsart in vollem Umfange erreicht und ihre Nachteile nicht so sehr fühlbar werden. Die Erfahrung hatte gezeigt, daß es den Anwohnern nicht möglich war, die Reinigung der Asphaltstraßen sachgemäß zu bewirken, während die Reinigung der mit Steinen gepflasterten Straßen durch die Anlieger keinen berechtigten Wunsch unerfüllt läßt. Eine dringende Veranlassung, die gesamte Straßenreinigung durch die Stadt vornehmen zu lassen, liegt noch nicht vor. Wie lange dieser Standpunkt noch aufrecht erhalten werden kann, ist freilich fraglich, denn der wachsende Verkehr der Stadt wird in absehbarer Zeit die Reinigung zur Nachtzeit erfordern, die nur durch eine behördlich organisierte Einrichtung zu bewirken ist.

Die Abfuhr des Straßenkehrichts und der Abfälle der Hauswirtschaft erfolgt durch den städtischen Fuhrpark. Straßenkehricht und die Abfälle der Hauswirtschaft (Asche, Hauskehricht, Küchenabfälle usw.) werden zusammen täglich entfernt und zur Ausfüllung von Kiesgruben, zur Aufschüttung von Flächen, die in Zukunft Parkanlagen werden sollen, sowie zur Aufschüttung von Mittelpromenaden breiter Straßen verwendet. Zur Ausfüllung der Straßen selbst dienen die Massen nicht, weil beim Wiederaufgraben der Straßen zwecks Herstellung unterirdischer Leitungen gesundheitliche Schädigungen der Arbeiter und Straßenanlieger nicht ausgeschlossen sind. Bis jetzt haben in dem ausgedehnten Stadtgebiete noch stets genügend Flächen zur Unterbringung des Mülls zur Verfügung gestanden. Gesundheitliche Mißstände sind bisher noch nicht beobachtet worden, denn die Ablagerungsplätze liegen genügend weit von den bebauten Teilen der Stadt entfernt. Eine Änderung in der Art der Unterbringung und Unschädlichmachung des Mülls ist daher einstweilen noch nicht in Aussicht genommen, wenn auch dauernd die Fortschritte auf dem Gebiete der Müllunterbringung sorgfältig verfolgt werden.

Beim Fuhrpark sind außer 14 Aufsichts- und Bureauangestellten 178, bei der Straßenreinigung 101 Personen beschäftigt; jener arbeitet mit 66 Pferden und 162 Fahrzeugen, diese mit 9 Pferden und 74 Fahrzeugen.

Reparaturen an den Fahrzeugen, Geschirren und sonstigen Geräten werden in eigenen Werkstätten ausgeführt.

Im einzelnen bestehen die dem Fuhrpark und der Straßenreinigung obliegenden Arbeiten in:

1. Abfuhr des Hausmülls, rund 100 000 cbm im Jahr,
2. Abfuhr des Straßenkehrichts, rund 20 000 cbm im Jahr,
3. Reinigung der asphaltierten Straßen, rund 161 000 qm Fahrbahnen und 70 000 qm Bürgersteige,
4. Reinigung von gepflasterten Straßen rund 225 000 qm Fahrbahnen und rund 45 000 Bürgersteige,
5. Reinigung von 40 Bedürfnisanstalten, darunter 6 große und 34 kleine,
6. Besprengen der Straßen und Plätze.

Außerdem leistet der Fuhrpark noch die für eine Reihe städtischer Dienststellen erforderlichen Fuhren, besorgt, soweit diese Dienststellen Pferde halten, die Fourage und für die Feuerwehr den Hufbeschlag.

Der Etat des städtischen Fuhrparks ist dem Etat der Stadtkasse eingegliedert und sieht für 1908 vor: 76 500 Mk. an Einnahmen, darunter 32 000 Mk. für geleistete Fuhren und 483 500 Mk. an Ausgaben, er erfordert also einen Zuschuß von 407 000 Mk. oder rund 1,50 Mk. auf den Kopf der Bevölkerung.

Im Etat der Straßenreinigung für 1908 sind an Einnahmen vorgesehen 82 400 Mk., darunter 65 000 Mk. Gebühren von den verpflichteten Anliegern für die Reinigung der Asphaltstraßen, berechnet nach dem Satze von 0,50 Mk. für das Quadratmeter Fahrbahnfläche. Da die Fläche der Bürgersteige rund $^2/_5$ der Größe der Fahrbahnen ausmacht, entfällt also auf das Quadratmeter der überhaupt gereinigten Flächen ein Betrag von 0,35 Mk. Die Reinigung ist verhältnismäßig teuer, weil die zu reinigenden Straßen und Bürgersteige größtenteils keine zusammenhängenden Flächen bilden, sondern in den verschiedenen Stadtteilen weit auseinanderliegen. Die Ausgaben bei der Straßenreinigung betragen 187 400 Mk., darunter 131 900 Mk. Löhne für stadtseitig vorzunehmende Straßenreinigungen.

3. Die städtischen Badeanstalten.

Die Badeverhältnisse Düsseldorfs waren lange Zeit sehr mangelhaft. Da der Versuch, eine Aktienbadeanstalt zu gründen, mißlang, beschloß im Jahre 1885 die Stadtverordnetenversammlung die Errichtung einer städtischen Badeanstalt. Zu diesem Zwecke wurde ein zwischen der Grün- und Bahnstraße gelegenes Grundstück in der Größe von 53 a erworben und der Bau im Jahre 1887 begonnen. Im Jahre 1888 konnte die Anstalt dem Betriebe übergeben werden. Sie umfaßte eine Herrenschwimmhalle mit 57 Auskleidezellen für Erwachsene und 5 gemeinschaftlichen Auskleideräumen für Knaben; eine Damenschwimmhalle mit 24 Ankleidehallen für Erwachsene und mit 4 gemeinschaftlichen Auskleideräumen für Mädchen; ferner 14 Wannenbäder, ein Heißluftbad mit Ruheraum für 10 Betten. Schon im Jahre 1889 wurde die Zahl der Wannenbäder auf 42 erhöht; im Jahre 1893 wurde auch eine Dampfbadeanlage dem Betrieb übergeben, ferner wurden 8 Brausebäder angelegt.

Die Kosten der gesamten Bauausführungen betrugen 502 000 Mk., das benötigte Wasser (etwa 180 000 cbm pro Jahr) wird aus besonderen Brunnen entnommen; Wasserleitungswasser wird nur für einzelne Brausen und für Trinkwasserzwecke verwendet.

Mittwoch und Samstag sind sogenannte Volksbadeabende eingerichtet.

Die an der Grünstraße versuchsweise eingerichteten Brausebäder wurden sehr bald so stark besucht, daß sich der Bau eines besonderen Brausebades empfahl. Ein solches wurde im Jahre 1895 eingerichtet. Die Anlagekosten beliefen sich auf 61 000 Mk. Das Bad umfaßt 15 Brausezellen für Männer, sowie 3 Brause- und 3 Wannenbäder für Frauen. Durch die fortschreitende Ausbreitung der Stadt nach dem Norden zu wurde Mitte der 90er Jahre das Bedürfnis der Errichtung einer besonderen Badeanstalt in diesem Stadtteil immer mehr fühlbar; hierzu kam die allmählich hervortretende Überlastung der Badeanstalt an der Grünstraße, um die baldige Errichtung einer zweiten großen Anstalt ins Auge zu fassen. Daher beschloß die Stadtverordnetenversammlung am 25. August 1896 die Erwerbung geeigneter Grundstücke im Hinterland an der Ecke der Münster- und Blücherstraße zum Gesamtpreise von 46 656 Mk., von welchen 18 438 Mk. auf einen zu dem gedachten Zwecke abgetrennten Grundstücksstreifen eines anstoßenden Schulgrundstückes entfallen. Das Bad, welches in den ersten Tagen des April 1902 eröffnet worden ist, enthält eine Schwimmhalle mit 72 Auskleidezellen, 4 gemeinsamen Auskleideräumen für Schüler, Wäscheaufbewahrungsräumen, Brausen und den erforderlichen Nebenräumen, außerdem sind vorhanden: 50 Wannenbäder, und zwar für Männer 22 III. und 8 II. Klasse, für Frauen 12 III. und 8 II. Klasse; ferner 15 Brausebäder für Männer. An Heilbädern sind im Jahre 1905 eingerichtet worden: ein Dampfbad und ein Warm- und Heißluftbad mit Ruheraum und 19 Ruhebetten und eine Abteilung „Kohlensäurebäder“.

Städtische Badeanstalten.

Soll. Betriebskonto.

	1906 Mk.	1906 Pf.	1907 Mk.	1907 Pf.
An Gehälter	95 955	59	28 862	31
„ Löhne			71 301	66
„ Drucksachen, Insertionsgebühren usw.	2 115	29	2 570	95
„ Druckkosten für die städtische Druckerei	100	—	100	—
„ Haftpflichtversicherungsprämie	1 917	—	435	14
„ Beitrag zur Berufsgenossenschaft	1 210	41	1 165	97
„ Invaliden- und Hinterbliebenenversorgung	150	—	150	—
„ Unterhaltung der Gartenanlagen	32	42	282	47
„ Transport und Liegegebühr der Rheinbadeanstalten	1 169	05	1 219	10
„ Verwaltungskosten an die Stadtkasse	600	—	600	—
„ Kanalbetriebsgebühren	320	45	335	85
„ Reinigung zwischen Bahn- und Grünstraße	51	—	51	—
„ Wohlfahrtseinrichtungen	305	92	220	—
„ Fernsprechanschlußgebühren	363	—	363	—
„ Brennmaterialien einschl. Fracht und Anfuhr	47 723	43	54 663	86
„ Ascheabfuhr	624	—	832	50
„ Gasverbrauch	7 806	56	8 786	40
„ elektrische Beleuchtung	6 943	08	6 174	90
„ Wasserverbrauch	3 285	10	3 608	30
„ Kesselreinigung	787	60	1 483	20
„ Putzmaterial	6 793	98	6 751	03
„ Dienstanzüge	1 073	55	825	70
„ Badezutaten	5 000	66	5 723	14
„ Unterhaltung und Ergänzung der Betriebsgeräte	5 760	59	6 807	57
„ „ und Reparatur der maschinellen Einrichtung	6 095	86	6 381	50
„ „ der Gebäude	11 836	16	10 128	85
„ „ der Mobilien und Utensilien	2 903	25	5 428	70
„ „ der Wäsche	6 976	30	12 852	25
„ laufende Betriebskosten für zwei Normaluhren	192	—	192	—
„ nicht vorgesehene Ausgaben	167	77	217	84
			238 515	19

Die Gesamtkosten der Anstalt belaufen sich ohne Grundstück auf 495 000 Mk.

Am 10. September 1907 wurde eine vierte städtische Badeanstalt mit Einrichtung für Wannen- und Brausebäder in einem Schulhausneubau eröffnet[1]; im selben Jahre wurde in der Badeanstalt an der

[1] Diese Anstalt dient als Schulbad, ist aber außerhalb der Badezeit für die Schulkinder auch dem allgemeinen Verkehr geöffnet.

Städtische Badeanstalten.

Betriebskonto. Haben.

	1906 Mk.	1906 Pf.	1907 Mk.	1907 Pf.
Per Schwimmbad, Dauerkarten für Erwachsene	9 105	—	8 245	—
" " " " Kinder.	1 005	—	875	—
" " Einzel- u. Zehnerkarten f. Erwachsene	39 938	90	37 454	80
" " " " " Kinder . .	13 433	45	13 064	15
" Schwimmunterrichtskarten	2 770	—	2 600	—
" Volksschwimmbadkarten	5 365	40	5 577	80
" Benutzung d. Rheinbadeanstalt seitens d. Truppenteile	2 500	—	2 500	—
" Allgemeiner Schwimmverein	180	—	175	—
" Schwimmverein „Poseidon"	180	—	175	—
" Düsseldorfer Rudersportverein.	62	50	190	—
" Wannenbäder I. Klasse	14 407	20	15 170	—
" " II. "	23 071	–	24 692	50
" " III. "	19 232	10	21 389	10
" Zellenbäder.	1 009	30	444	80
" Brausebäder	20 892	—	22 315	40
" Heißluft, Dampfbad, Massage und Dusche	7 250	—	8 223	—
" " Massage und Dusche	3 710	25	3 843	—
" Dampfbad, " " "	9 460	50	10 935	75
" Massage und Dusche.	1 038	—	1 152	—
" Dampfbad und Dusche.	2 691	—	3 270	—
" Duschebad	683	—	538	—
" Kohlensäurebäder	6 438	—	6 168	—
" elektrische Lichtbäder.	·	·	2 145	—
" Aufbewahren fremder Wäsche	3 952	50	3 759	—
" Verleihen der Anstaltswäsche	18 911	55	19 115	75
" Badezutaten	4 560	70	5 289	80
" Wiegegeld	507	60	424	20
" Besichtigung der Anstalt	80	25	49	50
" Wäschereinigung.	162	30	171	30
" Rabatt auf Gas und elektrischen Strom	1 374	19	1 527	83
" nicht vorgesehene Einnahmen	172	78	501	06
" Gewinn- und Verlustkonto (Verlust)	6 216	—	16 533	45
			238 515	19

Münsterstraße eine elektrische Lichtbäderabteilung errichtet; ferner ist seit Frühjahr 1908 ein Licht- und Luftbad auf den im Osten der Stadt gelegenen Waldhöhen in Betrieb.

Neben den vier Badeanstalten im Innern der Stadt bestehen noch zwei städtische Rheinbadeanstalten; die eine dieser zuletzt genannten Anstalten wird als Volksbadeanstalt mit erheblich reduzierten Badepreisen verwaltet.

Die Hauptpositionen des zur Zeit gültigen Tarifs sind folgende (sämtliche Preise ohne Wäsche):

	Einzelkarten Mk.	Zehnerkarten Mk.
Schwimmbäder: Erwachsene	—,30	2,50
Kinder unter 14 Jahren . .	—,15	1,25
Volksschwimmbad	—,10	—
Wannenbäder: Klasse I	—,80	6,—
„ II	—,50	4,—
„ III	—,30	2,50
Brausebad einschließlich Seife	—,10	—
Zellenbäder in den Rheinbadeanstalten . . .	—,50	4,—
Volkszellenbad	—,10	—
Sonnenbad	—,40	3,—
Lichtluftbad	—,20	—

Bei Benutzung der Anstaltswäsche werden erhoben für ein großes Badetuch 10 Pf., für ein Handtuch 5 Pf., für einen Damenanzug 10 Pf., für eine Badehaube und Badehose je 5 Pf.

An Volksschulkinder werden Freibäder in den offenen und geschlossenen Schwimmbadeanstalten in ausgedehntem Maße unentgeltlich verabfolgt. Außerdem sind in einer Reihe von Schulen Schülerbrausebäder eingerichtet worden.

Tabelle 12 läßt den Besuch der städtischen Badeanstalten nach Umfang und Entwicklung erkennen.

Finanziell haben die Badeanstalten keine sonderlich günstigen Ergebnisse. Die Anstalt an der Grünstraße hat zwar zwischen 15000 und 30 000 Mark schwankende rechnerische Überschüsse, die indes nur dadurch zustande kommen, daß Tilgung und Verzinsung des Anlagekapitals nicht unter die Ausgaben gesetzt worden sind, und daß die Kosten der Erweiterungen und für größere Unterhaltungsarbeiten nicht von der Badeanstalt getragen werden. Im Jahre 1907 betrug die Betriebsunterbilanz der sämtlichen Badeanstalten, wie aus der vorstehend abgedruckten Betriebsrechnung ersichtlich, 16 533 Mk.

Die städtischen Badeanstalten sind somit — und das spiegelt sich in den Festsetzungen des oben mitgeteilten Tarifs wieder — Zuschußbetriebe; ihre Verluste fallen aber nicht der Stadtkasse zur Last, sondern dem Wasserwerk (vergl. oben S. 33), das aus seinen Überschüssen auch sämtliche Anlagekosten aufgebracht hat.

Tabelle 12. Frequenz der städtischen Badeanstalten zu Düsseldorf 1888 bis 1907.

Jahr	Gesamt-besuchsziffer	Hiervon entfallen auf die: Schwimmbäder einschl. Volksbäder		Volksbäder		Wannenbäder		Brausebäder		Heilbäder	
		männl.	weibl.	männl.	weibl	männl.	weibl.	männl.	weibl.	männl.	weibl.
1888	77 977	49 475	9 613	15 220	640	11 215	5 187	—	—	2 336	151
1889	169 743	112 547	23 546	39 306	1 496	18 942	10 278	—	—	4 178	252
1890	198 344	114 206	28 091	33 976	2 117	29 439	21 104	843	—	4 421	240
1891	246 102	126 786	32 911	36 944	2 644	34 226	26 852	20 147	—	4 901	279
1892	261 615	133 198	32 677	38 947	2 350	34 301	29 177	26 592	—	5 410	260
1893	283 697	138 268	36 671	42 438	3 019	37 404	29 862	34 776	—	6 378	3[illegible]8
1894	273 543	127 363	34 036	35 675	3 201	36 253	28 273	40 285	—	6 730	603
1895	328 164	150 725	41 934	41 573	4 539	38 370	30 307	58 130	1 253	6 817	628
1896	345 809	138 117	38 271	39 240	3 241	38 125	28 063	91 612	4 314	6 661	646
1897	379 216	149 206	41 415	41 942	3 905	41 840	31 747	102 380	4 674	7 306	648
1898	390 372	144 515	39 079	40 763	3 752	43 799	36 000	113 589	4 799	7 822	769
1899	399 891	142 021	41 454	35 624	3 793	45 736	34 127	123 010	4 682	8 075	786
1900	407 723	145 516	39 757	34 477	3 195	45 401	36 769	125 020	5 474	8 830	956
1901	425 248	151 799	46 833	33 098	3 174	46 458	38 988	125 289	5 135	9 660	1 086
1902	525 001	87 899	51 716	43 913	1 925	62 923	50 942	154 548	5 223	10 478	1 272
1903	524 071	190 487	51 344	37 231	1 815	61 268	51 798	152 794	5 364	9 634	1 382
1904	616 117	232 726	60 387	46 462	2 328	69 319	57 909	177 347	6 060	11 035	1 334
1905	663 088	244 701	75 116	56 364	3 364	71 079	60 733	185 104	6 120	16 612	3 623
1906	711 084	252 048	83 634	50 033	3 621	74 794	66 642	201 065	7 855	20 485	4 561
1907	761 869	261 993	89 526	51 462	4 316	82 293	75 055	213 433	9 721	24 286	5 562

4. Der städtische Schlacht- und Viehhof.

Ein öffentliches Schlachthaus, verbunden mit einer Verkaufshalle für Fleisch, wird für Düsseldorf zuerst 1706 erwähnt, am 9. April dieses Jahres wurde ein „Reglement, warnach sich ein und der ander, sonderlich aber hiesiger Unserer Residentz- und Haupt-Statt Fleischhackere in der New erbawter Fleischhallen und sonsten vor künftig zu verhalten haben sollen", erlassen, in dem die Schlachtung alles „in oder außer Landes" gekauften Viehes in dem öffentlichen Gemeindeschlachthaus und der Verkauf in der öffentlichen Verkaufshalle obligatorisch gemacht worden war.

Im Jahre 1764 befanden sich bereits zwei Schlacht- und Fleischhallen zu Düsseldorf in Betrieb, doch wurden sie in den Stürmen der Revolutionsjahre (1795) ihren Zwecken entfremdet; diese alte Ordnung wurde aufgelöst, und Schlachthauszwang mit Fleischbeschau geriet in Vergessenheit.

Auch, nachdem ruhigere Zeiten eingetreten, blieben die Verhältnisse bezüglich der Versorgung der Stadt mit gesundem und preiswertem Fleisch im ganzen ersten Viertel des 19. Jahrhunderts ungünstig. Bald darauf jedoch ging die Stadtverwaltung dazu über, die alte Fleischbeschau- und Hallenordnung wiederherzustellen. Ein bisher als Marstall benutztes Ge-

Tabelle 13. Entwicklung des Schlachtbetriebes

	1876[1]	1880	1885	1890	1895
Ochsen und Stiere . . .	3 355	4 001	4 103	4 035	3 677
Kühe	2 496	2 780	4 297	5 995	7 674
Rinder	2 134	2 638	2 788	3 391	2 909
Kälber	9 520	14 634	14 911	15 831	15 400
Schweine	12 466	12 063	22 497	29 187	42 510
Schafe	5 936	7 685	6 399	9 642	16 136
Spanferkel	16	2	5	42	136
Ziegen	8	—	—	—	—
Pferde	—	325	551	808	877
Zusammen	35 931	44 128	55 551	68 931	89 319

bäude wurde erworben und für Schlachthauszwecke hergerichtet. Durch die neue Hallenordnung der Stadt Düsseldorf vom 16. März 1827 wurden alle wichtigen Bestimmungen der früheren Ordnungen von 1706 und 1774, welche zwar einige Jahrzehnte nicht gehandhabt, aber bisher nicht gesetzlich aufgehoben worden waren, erneuert, vor allem der Schlachthauszwang und die obligatorische Vieh- und Fleischbeschau mit den entsprechenden polizeilichen Maßnahmen. Es gelang jedoch nicht, die alte Bestimmung des Zwangsverkaufs von Fleisch lediglich in den von der Stadt errichteten öffentlichen Fleischverkaufshallen wiederherzustellen. Die Staatsbehörde sprach sich in Anbetracht der Aufhebung der Zünfte und der eingetretenen Gewerbefreiheit dagegen aus. Auch eine an König Friedrich Wilhelm III. gerichtete diesbezügliche Eingabe der Stadtverwaltung wurde von diesem unter dem 21. Juni 1828 abschlägig beschieden.

In späteren Jahren wurde am Rheinufer ein neues Schlachthaus erbaut, das bis 1875 in Betrieb blieb.

Zu Beginn des Jahres 1876 fand dann die Eröffnung eines den Anforderungen der Zeit mehr entsprechenden, auf einem 1 ha 38 a großen Terrain an der Schäferstraße erbauten städtischen Schlachthofes mit Viehmarkthalle und Stallungen statt.

Auf Grund des preußischen Schlachthausgesetzes vom 18. März 1868 und eines Gemeindebeschlusses vom 7. Mai 1875 veröffentlichte die städtische Behörde unter dem 15. Januar 1876 eine Verordnung, betreffend die Benutzung des städtischen Schlachthofes zu Düsseldorf. Sie regelte den Betrieb im Schlachthofe und sprach den Schlachtzwang über sämtliche Viehgattungen (mit Ausnahme der Pferde, die aber späterhin einbezogen wurden) sowie

[1] Vom 15. Februar 1876 bis 31. März 1877.

auf dem städtischen Schlachthofe zu Düsseldorf.

1900	1901	1902	1903	1904	1905	1906	1907
4 717	4 941	6 130	5 195	4 541	4 180	4 430	4 264
11 728	12 446	12 416	12 308	15 011	17 303	16 607	17 000
4 442	4 235	4 292	3 222	3 058	2 676	2 559	2 857
19 692	20 659	24 169	19 966	19 458	20 946	20 485	22 052
63 346	56 906	59 356	71 341	75 704	53 224	72 330	99 287
23 720	25 505	28 570	24 127	24 558	31 267	35 149	36 890
153	52	82	366	249	105	261	268
154	241	246	270	307	319	206	189
1 716	1 975	1 838	1 711	1 760	2 131	1 964	1 845
129 668	126 960	137 099	138 506	144 646	132 151	153 991	184 652

den Untersuchungszwang für alles eingeführte frische Fleisch aus. Nur in den Außenorten Hamm, Volmerswerth, Flehe, Stoffeln und Mörsenbroich, ausschließlich der Münsterstraße, findet der Schlachtzwang auf das nicht gewerbsmäßige Schlachten von selbstgemästeten, zum eigenen Gebrauch bestimmten Schweinen (Hausschlachtungen) keine Anwendung. Der Grund für diese Ausnahmebestimmungen liegt in der Entfernung und dem ländlichen Charakter der Außenorte.

Die neue Schlachthofanlage an der Schäferstraße konnte lange Zeit als mustergültig angesehen werden. Allein auf die Dauer genügte sie bei der starken Zunahme der Bevölkerung und den auf technischem Gebiete eingetretenen, vielseitigen Verbesserungen den Bedürfnissen nicht mehr. Vor allem machte sich der Mangel eines Bahnanschlusses zur Versorgung der Großstadt mit Schlachtvieh, eines Kühlhauses zur Konservierung der Fleischvorräte, einer Sanitätsanstalt zur strikten Handhabung der erforderlichen veterinär- und sanitätspolizeilichen Maßregeln, größerer Markthallen zur Hebung des Viehhandels, sowie geeigneter Einrichtungen zur Klärung der Schlachthofabwässer immer mehr fühlbar. Die städtische Verwaltung beschäftigte sich daher seit dem Ende des Jahres 1890 mit der Frage der Erbauung einer modernen, allen sanitären und technischen Anforderungen genügenden Schlacht- und Viehhofanlage größeren Stils. Mit deren Bau wurde im Sommer 1896 begonnen, ihre Fertigstellung erfolgte im Frühjahr 1899. (Vgl. den Stadtplan.)

Die Grunderwerbskosten des heutigen Schlachthofes beliefen sich auf 396 087 Mk. Die Gesamtkosten betragen in der heutigen Ausführung für den Schlachthof 3 205 000 Mk., für den Viehhof 669 696 Mk. Der Gesamtkostenaufwand für die ganze Schlacht- und Viehhofanlage beträgt demnach zur Zeit 3 874 696 Mk. einschließlich Grunderwerb.

Die Benutzung seit Eröffnung des Schlachthauses an der Schäferstraße (1876) zeigt Tabelle 13.

Auf dem Viehhof wurden im letzten Jahre 149 472 Tiere aufgetrieben. Die Benutzungsgebühren waren früher außerordentlich gering, so daß nach dem Bau der neuen Anlage aus Rentabilitätsgründen ihre Erhöhung notwendig wurde. Dagegen aber erhob sich ein Widerstand, der nur durch eine — später ausgefüllte — Lücke im Gesetz möglich war. Da nämlich das Gesetz für von außen eingeführtes Fleisch nicht den Beschauzwang eingeführt hatte, suchte ein großer Teil der hiesigen Gewerbetreibenden in völliger Verkennung der großen sanitären Bedeutung der städtischen Anstalt sich den Gebühren zu entziehen und errichtete in der Nachbargemeinde Oberkassel, hart an der Grenze ein gemeinschaftliches Privatschlachthaus, wo das Vieh ohne Feststellung seines Gesundheitszustandes zur Schlachtung gelangte. Das Fleisch wurde dann unbeanstandet in der Stadt in Verkehr gebracht. Dadurch wurde der Bestand der städtischen Anstalt in Frage gestellt. Mangels gesetzlicher Hilfe mußte die Gemeinde nachgeben und die Gebühren ermäßigen. Erst nachdem das Gesetz vom 9. März 1881 den weiter gehenden Beschauzwang eingeführt hatte, wurde es möglich, diesen gewiß nicht wünschenswerten Zustand zu beseitigen.

Der Schlacht- und Viehhof ist im Sinne der bestehenden gesetzlichen Bestimmungen eine selbständige Betriebsverwaltung, die zwei gesonderte Etats aufweist. An die Stadtkasse führt der Viehhofs- und Fleischbeschaubetrieb außer den Zins- und Amortisationsbeträgen für die Anlagekosten etwaige Betriebsüberschüsse, der Schlachthofbetrieb dagegen in voller Höhe die als Schlachtgebühren eingehenden Beträge an die Stadtkasse ab, die dafür ihrerseits Tilgung und Verzinsung der Schlachthofanleihe übernimmt. Der darüber hinausgehende Teilbetrag war im Etat auf 1908 mit 102 677 Mk. angesetzt.

Der Reservefonds der Schlachthofkasse beträgt 60 000 Mk., angelegt in Stadtobligationen. Er soll zur Deckung etwaiger Betriebsverluste dienen. Im letzten Jahre ist, da ein finanzieller Ausgleich zwischen den einzelnen Betriebsstellen nicht stattfindet, ein Defizit des Schlachthofbetriebs eingetreten, wie aus den nachstehend abgedruckten Rechnungsergebnissen ersichtlich ist, die für 1907 abschließen bei

1. Schlachthof mit einem Ausgabemehr von	42 829	Mk.
2. Fleischbeschau mit einem Einnahmemehr von	975	„
3. Trichinenschau „ „ „ „	7 780	„
4. Viehhof „ „ „ „	31 092	„

Rechnungsergebnis des städtischen Schlachthof- und Viehhofbetriebs.

1. Schlachthof.

Einnahme.	1907 Mk.	1906 Mk.
1. Schlachtgebühren	310 507	276 929
2. Gebühren für die Untersuchung des Schlachtviehes	19 390	16 428
3. Wiegegebühren	18 153	17 893
4. Stallgebühren einschließlich Futtergeld	19 879	17 456
5. Platzmiete	20 855	29 716
6. Erlös aus verkauftem Dünger	254	400
7. Mieten	6 040	8 871
8. Zinsen von rentbar angelegten Bestandgeldern	3 647	3 917
9. Schächtergebühren	1 430	1 323
10. Miete vom Trichinenschauamt	2 000	2 000
11. Beitrag zur Besoldung der bei den Viehmärkten und bei der Fleischbeschau tätigen Beamten	6 370	6 445
12. Einnahme von der Freibank	81 600	101 947
13. Aus dem Eisverkauf	30 115	31 820
14. Für Benutzung der Kühlzellen und der Vorkühlräume einschließlich Eierkühlraum	57 307	54 778
15. Insgemein	27 409	28 614
Zusammen	604 956	598 537

Ausgabe.	1907 Mk.	1906 Mk.
1. Gehälter, persönliche Auslagen	51 584	49 861
2. Bureaukosten, Brennmaterial, Beleuchtung usw.	7 622	5 940
3. Steuern u. Abgaben einschl. Versicherungsbeiträge	207	5 071
4. Unterhaltung der Gebäude und Utensilien	93 487	93 062
5. Löhne der Arbeiter	54 863	52 593
6. Viehfutter und Streu	9 416	9 129
7. Schächtergebühren	1 430	1 323
8. Desinfektion und sonstige Ausgaben, Kohlen für Kesselfeuerung usw.	72 742	39 662
9. Zinsen, Schuldentilgung	152 808	150 394
10. Abführung an die Stadtkasse	109 364	95 778
11. Erlös aus der Freibank an die Metzger	81 600	101 947
12. Sonstige Ausgaben	3 825	3 227
13. Restausgaben	8 837	—
Zusammen	647 785	607 987

Die Ausgaben übersteigen die Einnahmen um 42 829 (9 450) Mk.; das Defizit wird aus dem Fonds aus früheren Betriebsüberschüssen gedeckt.

2. Fleischbeschau.

Einnahme.	1907 Mk.	1906 Mk.
1. Gebühren für die Untersuchung des inländischen Fleisches	1 202	601
2. Gebühren für die Untersuchung des ausländischen Fleisches	6 192	12 666
3. Staatliche Fleischbeschaugebühren	2 064	4 222
4. Entschädigung für den Tierarzt der Auslandsfleischbeschau	1 183	1 275
5. Zölle, Zollverwaltungskosten	290 114	401 435
6. Sonstige Einnahmen	—	—
Zusammen	300 755	420 199

Ausgabe.	1907 Mk.	1906 Mk.
1. Staatliche Fleischbeschaugebühren	2 064	4 222
2. Zölle, Zollverwaltungskosten	290 114	401 435
3. Gehälter, Mieten und sonstige Ausgaben	7 602	8 356
Zusammen	299 780	414 013

Die Einnahmen übersteigen die Ausgaben um 975 (6186) Mk.; an die Stadtkasse abgeführt.

3. Mikroskopische Untersuchung (Trichinenschau).

Einnahme.	1907 Mk.	1906 Mk.
1. Untersuchungsgebühren für die im Schlachthofe geschlachteten Schweine	79 663	58 125
2. Untersuchungsgebühren für eingeführtes inländisches Fleisch	—	—
3. Untersuchungsgebühren für eingeführtes ausländisches Fleisch	223	3 770
4. Staatliche Gebühren	18	1 183
5. Sonstige Einnahmen	—	—
Zusammen	79 904	63 078

Ausgabe.	1907 Mk.	1906 Mk.
1. Staatliche Untersuchungsgebühren	18	1 184
2. Gehälter, Löhne und sonstige Ausgaben	72 106	57 716
Zusammen	72 124	58 900

Demnach übersteigen die Einnahmen die Ausgaben um 7780 (4178) Mk.; an die Stadtkasse abgeführt.

4. Viehhof.

Einnahme.	1907 Mk.	1906 Mk.
1. Mieten	4 076	5 532
2. Marktgebühren	38 764	31 696
3. Wiegegebühren	14 320	10 540
4. Stallgebühren	15 691	13 474
5. Rampengebühren	18 364	14 921
6. Futter und Streu	30 315	23 057
7. Sonstiges	3 654	1 727
Zusammen	125 184	100 947
Ausgabe.		
1. Unterhaltungskosten	9 910	5 021
2. Verwaltungskosten	9 545	8 843
3. Betriebskosten	40 329	31 086
4. Lasten	30	964
5. Zinsen und Tilgung	31 844	31 844
6. Sonstiges	2 434	452
Zusammen	94 092	78 210

Die Einnahmen übersteigen die Ausgaben um 31 092 (22 737) Mk.; an die Stadtkasse abgeführt.

5. Die städtische Tierkörpervernichtungsanstalt.

Die in den Jahren 1898 und 1899 im äußersten Norden des Stadtgebietes (vgl. den Stadtplan) am Vogelsangerweg erbaute Vernichtungsanstalt zur unschädlichen und geruchlosen Beseitigung von Tierleichen, Fleischkonfiskaten und Schlachthofabfällen (Kadaver-Extraktionsanstalt) wurde am 15. Oktober 1899 dem Betriebe übergeben.

Bis dahin geschah die Beseitigung von Tierleichen und des bei der Schlachtung gesundheitsschädlich befundenen Fleisches in einer Privatabdeckerei an der Ratherstraße, und zwar in einer den modernen Anforderungen der Hygiene und Technik durchaus nicht entsprechenden Weise. Der Bezirksausschuß erteilte die gewerbepolizeiliche Genehmigung zum Betriebe der städtischen Anstalt am 11. Januar 1898, jedoch unter der ausdrücklichen Bedingung, daß der Betrieb unter der Leitung und Aufsicht der städtischen Verwaltung erfolge, da nur ein Regiebetrieb durch die Gemeindeverwaltung eine ausreichende Kontrolle in sanitätspolizeilicher Hinsicht gewährleiste.

Die Anstalt ist errichtet nach dem verbesserten System der Firma Rud. A. Hartmann in Berlin. Dem Hartmannschen System liegt das

Arbeitsverfahren der sogenannten indirekten Durchdämpfung und Trocknung zugrunde.

Es beruht darauf, daß zum Aufkochen und Trocknen des Kadavermaterials nicht direkter Dampf verwendet wird, wie er aus der Dampfkesselanlage kommt, sondern es wird das Eigenwasser der Kadaverteile in Dampf verwandelt und in diesem Dampf die Trocknung vollzogen.

Verarbeitet wurden:

		1905	1906	1907
Pferde .	Stück	201	215	223
Rindvieh	„	93	99	132
Kälber .	„	19	12	14
Schweine	„	54	87	127
Schafe .	„	12	6	12
Hunde .	„	96	321	331
	Stück	475	740	839
Andere Tiere und Konfiskate, Schlachthofabfälle . . .	Zentner	5 585	6 680	7 600
Insgesamt	Zentner	9 250	10 130	11 488

Gewonnen wurden:

		1905	1906	1907
Dungpulver .	Zentner	912	1 015	1 382
Fett . . .	„	268	246	357,62

Einen Betriebsüberschuß hat die Vernichtungsanstalt bislang in keinem Jahre abgeworfen; sie dürfte auch in Zukunft ein von der Stadtkasse finanziell unterstützter Zuschußbetrieb bleiben, was gerade bei diesem Regiezweig auch kaum anders zu erwarten war und ist.

Im letzten Betriebsjahr (1907) betrugen die Einnahmen (Erlös aus dem Verkauf von Dungpulver, Fett, Häuten usw.) 25 765 Mk., die Ausgaben 36 834 Mk., wovon entfielen auf:

1. Gehälter, Löhne und persönliche Ausgaben	8 338 Mk.,
2. Betriebskosten	9 233 „
3. Verzinsung und Schuldentilgung . . .	8 044 „
4. Unterhaltung der Utensilien, Gebäude usw.	9 302 „
5. Insgemein	1 917 „

Daraus ergibt sich ein Betriebsverlust von 11 069 Mk.

Die Kosten der Anlage sind in der heutigen Ausführung auf 158 000 Mk. zu beziffern.

6. Die städtische Nahrungsmitteluntersuchungsanstalt.

In Ausführung des Gesetzes vom 14. Mai 1879, betreffend den Verkehr mit Nahrungsmitteln, Genußmitteln und Gebrauchsgegenständen wurde im Jahre 1890 in Düsseldorf eine öffentliche Nahrungsmitteluntersuchungsanstalt durch die Stadtgemeinde errichtet. Bis dahin hatte eine Kontrolle der Nahrungsmittel nur in ganz beschränktem Maße stattgefunden. Eine planmäßige Probeentnahme sowie fortlaufende Untersuchungen von Nahrungsmitteln bestanden nicht; die Überwachung des so wichtigen Milchverkehrs insbesondere lag im weitaus größten Teile in den Händen der unteren Polizeiorgane.

Mit Errichtung des Untersuchungsamts wurde die Lebensmittelkontrolle nach bestimmten Grundsätzen gehandhabt. In dem Statut der Anstalt vom 29. April 1890 ist als deren Aufgabe die chemische, mikroskopische und sonst geeignete Art der Untersuchung von Nahrungs- und Genußmitteln nach wissenschaftlichen, zuverlässigen Methoden, durch amtlich berufene sachkundige Personen bezeichnet. Die Untersuchungen erfolgen sowohl für die Stadtverwaltung von Düsseldorf und für Behörden, als auch für Privatpersonen. Als Sachverständige fungieren an der Anstalt, außer dem leitenden Chemiker, der Stadtarzt und der Polizeitierarzt. Von allen eingehenden Gegenständen wird, soweit es eben möglich ist, zunächst nur eine qualitative Untersuchung auf grobe Fälschung oder gesundheitsschädliche Stoffe ausgeführt. Erst wenn solche ungehörige Beimengung nachgewiesen oder sonst eine Fälschung vorzuliegen scheint, ferner in den Fällen, wo überhaupt eine Vorprüfung von vornherein als zwecklos angesehen werden muß, wird eine eingehendere quantitative Untersuchung nebst Bestimmung der Mengenverhältnisse der in Betracht kommenden Stoffe ausgeführt, d. h. eine Untersuchung angestellt, wie sie in dem speziellen Falle in polizeilicher oder gerichtlicher Hinsicht notwendig erscheint. — Für beide Arten der Untersuchung bestehen besondere ausführliche Taxen, die übrigens nicht bindend sind, sondern je nach Lage der Sache und Schwierigkeit der Untersuchung überschritten bezw. herabgesetzt werden können.

Die Entwicklung der Nahrungsmittelkontrolle zeigt die nachfolgende Zusammenstellung:

Jahr	Zahl der Untersuchungen	Zahl der Beanstandungen
1892	307	105
1893	173	82
1894	588	113

Jahr	Zahl der Untersuchungen	Zahl der Beanstandungen
1895	799	171
1896	971	116
1897	1421	214
1898	1948	364
1899	2726	514
1900	6713	698
1901	5679	524
1902	5042	277
1903	4026	326
1904	5651	453
1905	5484	490
1906	4974	458
1907	6384	365

Nicht eingeschlossen in die vorstehende Tabelle sind die chemischen und bakteriologischen Wasseruntersuchungen, und zwar sowohl die regelmäßige Kontrolle des städtischen Wasserwerks als auch die Rheinwasseruntersuchungen; letztere werden zeitweise aus besonderen Gründen in sehr großem Umfange ausgeführt.

Das Personal des Instituts besteht zur Zeit aus einem leitenden Chemiker und 5 Hilfskräften.

Die Nahrungsmitteluntersuchungsanstalt wird im Etat der städtischen Polizeiverwaltung geführt; sie erfordert jährlich einen geringen Zuschuß. Im Haushaltsvoranschlag für 1908 waren für sie vorgesehen in Einnahme für Untersuchungen 9000 Mk., in Ausgabe 13 200 Mk.

7. Die städtische Desinfektionsanstalt.

Bereits durch § 19 des „Regulativs bei ansteckenden Krankheiten" vom 8. August 1835 wurde nach der Entfernung eines ansteckenden Kranken oder nach erfolgter Genesung Reinigung der Wohnung und der darin befindlichen Effekten vorgeschrieben. Ob diese Verordnung freilich jemals allgemein und genügend ausgiebig durchgeführt wurde, ist sehr zweifelhaft.

Erneut wurde durch Polizeiverordnung der Königlichen Regierung vom 1. August 1887 den Haushaltungsvorständen die Pflicht auferlegt, während des Bestehens von Cholera, Ruhr (epidemischer), Scharlach, Diphterie, Pocken, Flecktyphus, Rückfallfieber, Unterleibstyphus, Genickstarre, Kindbettfieber, Rotz- und Wurmkrankheit, Milzbrand und Wutkrankheit, sowie nach Beendigung dieser Krankheiten eine vollständige Reinigung und Desinfektion der Sachen und Wohnungen vorzunehmen. Die Ausführung dieser Reinigung geschah in Düsseldorf anfangs durch die Privaten selbst. Bald aber fand sich ein Unternehmer für ihre Erledigung, zu der nach Einführung der Wasserdampf-Desinfektion geeignete Apparate verwendet wurden. Bei Bemittelten geschah die Desinfektion auf deren eigene Kosten, für diejenige bei Unbemittelten erhielt der Unternehmer einen jährlichen Zuschuß von 3000 Mk.

Auf die Dauer konnte aber auch der Unternehmer den an die Ausführung der Desinfektion zu stellenden Anforderungen nicht genügen, insbesondere bezüglich der Art der Ausbildung der Desinfektoren und der Möglichkeit einer regelmäßigen Kontrolle durch die Aufsichtsbehörde. Die Stadtverwaltung übernahm das Desinfektionswesen und erbaute eine Desinfektionsanstalt, welche am 12. August 1901 in Betrieb genommen wurde. Die Kosten der Anstalt, einschließlich des Dampfdesinfektionsapparates, beliefen sich auf 35 000 Mk. Die Anstalt ist an das Feuerwehrhauptdepot angeschlossen. Der Dienst wird durch als Desinfektoren ausgebildete Feuerwehrleute erledigt.

Im Jahre 1903 wurde durch die Polizeiverordnung vom 15. Juni für den Stadtkreis Zwangsdesinfektion eingeführt und gleichzeitig mit dieser die Desinfektion durch Formalin.

Diese Einführung der Zwangsdesinfektion hat keinerlei Schwierigkeiten gemacht. Das Publikum gewöhnte sich vielmehr sehr bald an diese Maßregel derart, daß sehr häufig Desinfektion freiwillig auch dort gewünscht wird, wo die Polizeiverordnung sie nicht fordert.

Über die Tätigkeit der Desinfektionsanstalt und ihre Rechnungsergebnisse gibt die nachfolgende Tabelle 14 Auskunft.

Tabelle 14. Inanspruchnahme der städtischen Desinfektionsanstalt zu Düsseldorf 1901 bis 1907.

Jahr	Es wurben vorgenommen Wohnungs- Desinfektionen	Es wurden vorgenommen Dampf- Desinfektionen	Von den Desinfektionen entfielen auf: Typhus	Diphtherie und Krupp	Scharlach	Kindbettfieber	Schwindsucht	Ruhr	Krätze	Masern	Genickstarre	Fälle ohne Angabe der Krankheit	Einnahme für ausgeführte Desinfektionen Mk.	Pf.	Ausgaben der Desinfektionsanstalt Mk.	Pf.
1901	12	199	29	99	44	5	7	—	3	3	1	20	1 884	50	5 089	58
1902	69	320	11	224	77	18	10	4	11	6	—	28	3 253	—	7 142	26
1903	721	360	32	555	305	17	33	2	25	4	—	108	4 034	—	14 003	12
1904	1 090	201	44	573	295	28	54	12	1	9	—	275	3 562	—	11 798	59
1905	882	290	66	352	285	44	118	10	29	5	17	246	3 523	—	11 472	62
1906	976	419	34	383	365	32	254	6	30	2	26	263	3 963	—	15 702	28
1907	1 576	429	41	373	960	39	286	2	17	12	64	211	5 730	—	16 073	16

Der erforderliche Zuschuß wird von der Stadtkasse getragen. Er bebetrug im Jahre 1907: 10 343 Mk.

8. Die städtische Friedhofs- und Begräbnisverwaltung.

Das Friedhofs- und Begräbniswesen ist schon seit Jahrzehnten in städtischer Regie; Begräbnisgesellschaften haben hier nicht bestanden; in den achtziger Jahren wurde zwar ein Versuch gemacht, eine solche zu gründen, aber ohne Erfolg. Die Berechtigung des Regiebetriebes liegt namentlich in Verhütung einer Benachteiligung der Hinterbliebenen durch einseitige Interessen privater Unternehmungen und Vermeidung unnützen Pompes und Verschwendung.

Friedhofs- und Begräbnisverwaltung bilden gemeinsam eine selbständige Betriebsverwaltung, die von der Stadtkasse weder Zuschüsse erhält, noch, abgesehen von 6000 Mk. Beitrag zu den allgemeinen Verwaltungskosten, solche leistet. Durch die Einnahmen für Benutzung der Leichenwagen, für Erdarbeiten, aus den Gärtnereien der Friedhöfe und Verleihung von Familien- und Erbbegräbnissen werden die Kosten für Verwaltung, Verzinsung und Tilgung der Friedhofsschulden, Unterhaltung der Friedhöfe und Gebäude, bestritten.

Tabelle 15. Finanzielle Entwickelung der städtischen Friedhofs- und Begräbnisverwaltung zu Düsseldorf 1880 bis 1907.

Jahr	Einnahme	Ausgabe	Betriebsüberschuß[3]	Jahr	Einnahme	Ausgabe	Betriebsüberschuß
1880	61 913	42 030	19 883	1894	124 831	81 860	42 971
1881	80 437	67 079	13 358	1895	148 124	71 913	76 211
1882	50 732	36 766	11 539	1896	107 549	75 155	32 394
1883	86 915	67 504	15 382	1897	141 578	122 525	19 053
1884	102 342	88 734	12 193	1898	274 586[2]	165 829[2]	108 757[2]
1885	62 098	47 279	14 156	1899	96 979	55 317	41 662
1886	148 529	125 395	21 453	1900	92 030	60 123	31 907
1887	90 264	64 981	23 648	1901	85 543	61 054	24 489
1888	82 991	60 661	20 272	1902	100 624	64 643	35 981
1889	81 752	60 754	20 211	1903	102 499	132 510	— 30 011
1890	103 218	95 247	4 285[1]	1904	141 319	141 579	— 260
1891	99 163	89 186	8 716	1905	241 685	239 444	2 241
1892	151 172	130 880	16 872	1906	246 723	233 852	12 871
1893	131 380	103 499	25 440	1907	229 581	272 383	— 42 802

[1] Die Verminderung der Betriebsüberschüsse erklärt sich daraus, daß die Mittel zur Erweiterung der Anlagen, die seither die Stadtkasse vorgeschossen hatte, nunmehr aus einer Anleihe von 1888 beschafft wurden, deren Verzinsung und Tilgung einen Mehraufwand brachte.

[2] Für an die Vermögensverwaltung überwiesene Flächen 130 665 Mk.

[3] Von den Betriebsüberschüssen der Jahre 1882 bis 1893 sind die entstandenen Restausgaben abgesetzt worden; infolgedessen ergibt die Differenz zwischen Einnahme und Ausgabe nicht genau den Betriebsüberschuß.

Etwaige Überschüsse werden dem Fonds zur Anlegung neuer und Erweiterung bestehender Friedhöfe zugeführt. Das Betriebsjahr 1907 war das erste, welches infolge des geringen Verkaufs von Familien- und Erbbegräbnissen einen Fehlbetrag aufgewiesen hat, doch ist anzunehmen, daß dies keine dauernde Erscheinung sein wird.

Die finanzielle Entwicklung der Friedhofs- und Begräbniskasse ist aus Tabelle 15 ersichtlich; der erwähnte Erweiterungs- und Erneuerungsfonds wies, nach Deckung des Fehlbetrags von 1907, am 31. März 1908 noch einen Bestand von 17 739 Mk. auf.

VII.

Städtische Betriebe für den Eigenbedarf der Gemeinde.

1. Das städtische Gartenamt.

Das städtische Gartenamt untersteht dem Dezernenten der Tiefbauverwaltung; seine Aufgaben bestehen in Anlegung und Unterhaltung der städtischen Straßenpflanzungen und Alleen, der Schmuck-, Spiel- und Sportplätze, in Anfertigung von Plänen, Kostenvoranschlägen und Ausführung neuer Anlagen, Herstellung und Unterhaltung der Pflanzungen in sämtlichen städtischen Anstalten, Ausführung von Dekorationen bei festlichen Anlässen, Empfängen und dergleichen, sowie in Unterhaltung der umfangreichen Stadtwaldungen, die bereits gegenwärtig (Frühjahr 1909) einen Umfang von 1,5 Millionen Quadratmeter einnehmen und durch den unlängst beschlossenen Ankauf weiterer großer Waldungen sich noch um rund 3 Millionen Quadratmeter vermehren werden.

Zwecks Durchführung seiner Aufgaben unterhält das Gartenamt zwei eigene Baumschulen und eine eigene Stadtgärtnerei.

Die Abgabe an Private beschränkt sich auf den Verkauf von abgeschlagenem Holz aus den Waldungen, des Grasaufwuchses in den öffentlichen Anlagen und gelegentlich von Gegenständen aus der Gärtnerei sowie des durch die Stadtförsterei erlegten Wildes; die Einnahmen hieraus sind so gering, daß sie nicht in Betracht kommen: im Jahre 1907 betrugen sie insgesamt rund 4000 Mk. Angesichts dieser minimalen Beträge und mit Rücksicht auf die privaten Gärtnereien will man den Verkauf von Gegenständen aus der Gärtnerei demnächst überhaupt einstellen. Weitere Arbeiten für Stellen außerhalb der Stadtverwaltung werden nicht ausgeführt, abgesehen von der Unterhaltung des fiskalischen Teils des Hofgartens und der Anlagen vor der Königlichen Kunstakademie, wofür die Regierungshauptkasse einen jährlichen Betrag von 4250 Mk. bezahlt.

Dem Gartendirektor ist auch die Friedhofs- und Begräbnisverwaltung unterstellt, die im übrigen von der Garten- und Stadtverwaltung getrennt ist und bereits oben (vgl. Abschnitt VI, 8) behandelt worden ist.

Das Wirkungsgebiet des Gartenamts ist, auch wenn man Friedhofsverwaltung und Stadtwald außer Betracht läßt, sehr umfangreich, besitzt doch die „Gartenstadt" an öffentlichen Park- und Schmuckanlagen im Innern der Stadt 12 406 a, wozu noch die staatlichen oben erwähnten Anlagen mit insgesamt 738 a hinzukommen.

Die Steigerung in den Aufgaben des Gartenamts während der letzten achtzehn Jahre kommt in Tabelle 16, welche die Ausgaben des Gartenamts (ausschließlich Friedhof und Stadtwald und ohne Terrainankauf) wiedergibt, deutlich zum Ausdruck.

Tabelle 16. Ausgaben des Gartenamts
(ausschließlich Friedhöfe, Stadtwald und Terrainankäufe).

Jahr	Etatsmäßige Ausgaben	Außeretatsmäßige Ausgaben für Neuanlagen	Im ganzen	Jahr	Etatsmäßige Ausgaben	Außeretatsmäßige Ausgaben für Neuanlagen	Im ganzen
1890	44 773	6 687	51 460	1899	86 700	39 085	125 785
1891	51 918	19 389	71 307	1900	81 969	44 755	126 724
1892	51 859	10 124	61 983	1901	90 982	66 272	157 254
1893	52 814	11 078	63 892	1902	101 077	46 746	147 823
1894	60 496	6 154	66 650	1903	115 660	49 347	165 007
1895	64 773	2 230	67 003	1904	117 594	53 715	171 309
1896	63 822	12 829	76 651	1905	135 723	54 455	190 178
1897	76 164	41 958	118 122	1906	147 200	22 600	169 800
1898	70 492	54 440	124 932	1907	166 700	35 800	202 500

Einschließlich des Stadtwaldes ergaben sich im letzten Rechnungsjahr (1907) an laufenden Ausgaben 169 224 Mk., an einmaligen Ausgaben 72 986 Mk., insgesamt 242 210 Mk.; da die Einnahmen im ganzen nur 38 453 Mk. betrugen, so war ein Zuschuß der Stadtkasse in Höhe von 203 757 Mk. zu leisten; 1880 betrug dieser Zuschuß rund 16 500 Mk., 1890: 41 052 Mk., 1900: 101 294 Mk.

Das Gartenamt ist demnach, wie auch nach seinem ganzen Wesen natürlich, ein ständiger und nicht unerhebliche Aufwendungen fordernder Zuschußbetrieb.

Das Personal des städtischen Gartenamts ohne den Direktor umfaßte im Jahre 1907 für die öffentlichen Gartenanlagen durchschnittlich

211 Personen (1 Stadtgärtner, 3 Obergärtner, 4 Gartentechniker, 2 Obergehilfen, 13 Gärtnergehilfen, 9 Vorarbeiter und 179 Arbeiter) und für den Stadtwald 26 Personen (1 Stadtförster, 1 Hilfsförster, 1 Waldwärter und durchschnittlich 23 Arbeiter).

2. Die städtische Druckerei.

Düsseldorf ist die einzige deutsche Stadt, welche eine eigene Gemeindedruckerei größeren Umfanges besitzt; die freilich erheblich größere Dresdener Druckerei beruht, als Stiftung unter städtischer Verwaltung, auf wesentlich anderer Grundlage.

Im Band I der Veröffentlichungen des Vereins für Sozialpolitik über „Gemeindebetriebe" ist bereits die Düsseldorfer Gemeindedruckerei auf Grund von Angaben des städtischen Statistischen Amts eingehender behandelt worden (S. 364 ff.); der Vollständigkeit halber seien aber auch hier die wesentlichsten Angaben wiederholt.

Als der vorhandene Steindruckhandbetrieb nicht mehr in der Lage war, das stetig wachsende Bedürfnis an Drucksachen mit der erforderlichen Beschleunigung zu befriedigen, wurde auf Antrag des Oberbürgermeisters in der Sitzung der Stadtverordnetenversammlung vom 28. Januar 1903 beschlossen, die städtische Steindruckerei durch Einführung von Stein- und Buchdruckschnellpressen mit Kraftbetrieb zu erweitern; gleichzeitig wurden zu diesem Zwecke 12 600 Mk. für einmalige Aufwendungen und 8010 Mk. für jährliche Betriebskosten bewilligt. Hierzu kamen später noch 2400 Mk. für Errichtung eines Papierlagers, Anschaffung von weiteren Gerätschaften und für bauliche Änderungen. Die Stadtverwaltung sollte durch die Neueinrichtung in den Stand gesetzt werden, gegebenenfalls unabhängig von Privatbetrieben, auf deren Inanspruchnahme sie bei den bisherigen Verhältnissen immer allzu sehr angewiesen war, sich die rechtzeitige Fertigstellung ihrer Drucksachen zu sichern.

Zur Anfertigung im eigenen Betriebe wurden in Aussicht genommen alle Drucksachen, welche bisher mit den Steindruckhandpressen hergestellt wurden, diejenigen Buchdruckarbeiten geringeren Umfangs, welche bisher nicht vertragsmäßig an Privatunternehmer vergeben waren, und die Formulardrucksachen, soweit sie der eigene Betrieb herzustellen vermag. Alle Drucksachen erheblicheren Umfangs, wie der Verwaltungsbericht, der Voranschlag, größere Broschüren, sowie die statistischen Monats- und Jahresberichte sind von der Anfertigung im eigenen Betriebe ausgeschlossen. Die etwa vorkommenden bedeutenderen Buchbinderarbeiten werden von einem Vertragsunternehmer besorgt. Die Papierlieferung ist einem am Platze befindlichen Grossisten übertragen, welcher stets ein ausreichendes Lager zu halten hat.

Die Neueinrichtung der Druckerei erforderte einen Umbau der am Rathausufer gelegenen Räume. Die Beleuchtung erfolgt durch elektrische Glüh- und Bogenlampen. An Personal wurden eingestellt: 1 Schweizerdegen (Setzer und Drucker), 1 Steindruckmaschinenmeister, 1 Hilfsarbeiter für den Steindruck und 3 Einlegerinnen. Die Leitung des Betriebs, der Ende März 1903 eröffnet wurde, liegt in der Hand des Vorstehers der städtischen Zentralkanzlei. Am 30. Januar 1903 wurden Bestimmungen über die Beschaffung von Drucksachen und am 1. April 1903 eine Arbeitsordnung für das Druckerpersonal erlassen.

Die Erfahrungen, welche man mit dem neuen, erweiterten Unternehmen gemacht hat, sind als durchweg günstige zu bezeichnen. Die an den Betrieb gestellten weitgehenden Anforderungen konnten bisher immer mit der nötigen Schnelligkeit und Sicherheit erfüllt werden. Die Druckerei ist das ganze Jahr über so stark in Anspruch genommen, daß stets noch eine beträchtliche Menge von Drucksachen den Privatdruckereien überwiesen werden muß.

Die etatsmäßig veranschlagten Kosten zur Bestreitung der für die Druckerei erforderlichen Bedürfnisse bezifferten sich im Verwaltungsjahr

	1903 Mk.	1904 Mk.	1905 Mk.	1906 Mk.	1907 Mk.	1908 Mk.
a) für Löhne . .	5 650	7 900	10 000	10 000	12 000	15 000
b) „ Materialien	2 360	1 800	2 500	2 500	3 000	3 000
c) „ Papier . .	11 000	15 100	13 500	13 500	15 000	16 000
Summe	19 010	24 800	26 000	26 000	30 000	34 000

Von den tatsächlich verausgabten Beträgen entfielen auf den

	Buchdruck Mk.	Steindruck Mk.
im Jahre 1903	13 314	8 005
„ „ 1904	15 888	8 277
„ „ 1905	15 660	10 633
„ „ 1906	15 769	9 972
„ „ 1907	27 068	11 225

Die scheinbar rasche Steigerung der Druckkosten im letzten Jahre erklärt sich aus der Übernahme sämtlicher Druckarbeiten für die städtischen Betriebsanstalten, Schulen usw., die dafür Pauschalsummen an den Etat der Allgemeinen Verwaltung abführen; bis dahin diente der Betrieb lediglich den Bedürfnissen der Allgemeinen Verwaltung.

Die Frage der Rentabilität des eigenen Betriebs gegenüber dem Privatbetriebe läßt sich für den Buchdruck nur im besonderen Einzelfalle beurteilen. Von ausschlaggebender Bedeutung bleibt hierbei immer, welche Arten und Mengen von Drucksachen herzustellen sind, und ob ein regelmäßiger Bedarf daran während des ganzen Betriebsjahres vorhanden ist. Größere Drucksachen, wie Verwaltungsberichte und Geschäftsberichte, umfangreiche tabellarische Zusammenstellungen sind in der Gemeindedruckerei nicht herzustellen, da das Personal zu gering ist und das Schriftenmaterial hierzu nicht ausreicht. Wenn aber das Anlagekapital wesentlich erhöht würde — das Schriftenmaterial allein müßte auf mindestens 15 000 Mk. ergänzt werden —, so würde es sich wegen nicht ausreichender Verwendung nicht verzinsen und der Betrieb geradezu unrentabel werden. Bei Verwendung von nicht gängigen Schriftarten (modernen und Luxusschriften) würden sich die Anlagekosten noch erheblich steigern.

Der Steindruck kann schlechtweg als rentabel bezeichnet werden, insbesondere dann, wenn die Herstellung der Überdrücke mit der Schreibmaschine erfolgt und Maschinen mit kleiner, enggestellter Schrift verwendet werden; ebenso stellt sich die Herstellung von mit autographischer Tinte geschriebenen Tabellen als das billigste Vervielfältigungsmittel dar. Voraussetzung ist aber auch hier immer, daß genügend Arbeitszufluß vorhanden ist, so daß das Material genügend ausgenutzt und das Personal vollauf beschäftigt werden kann.

Wenn so der eigene Betrieb auch nicht immer und nicht in allen Teilen rentabel gestaltet werden kann, so stellt sich doch die Sicherheit und Schnelligkeit der geschäftlichen Erledigung von Druckaufträgen im Gesamtbetriebe als ein hinreichender, nicht zu unterschätzender Ausgleich für einen eventuellen Mindererträg des Spezialbetriebes dar.

3. Ausführung häufig wiederkehrender Arbeiten und kleinere Regiebetriebe.

Die wirtschaftliche Tätigkeit der Stadtgemeinde äußert sich außer in den Eigenbetrieben auch in solchen Arbeiten, die, ohne in derartig fester Organisation zusammengefaßt zu sein, je nach Bedarf, aber mit einer gewissen Regelmäßigkeit innerhalb dieser oder jener Betriebszweige wiederkehren. Hierbei kommen besonders in Betracht: Hochbauten, Kanalisationsarbeiten, Pflasterarbeiten, Hafen- und Uferbauten, Legung von Gas- und Wasserröhren und Kabeln.

Bei Hochbauten ist das Verfahren grundsätzlich so, daß die Einzelarbeiten öffentlich ausgeschrieben werden, die Bauleitung jedoch in Händen der Stadt verbleibt. Letzteres trifft auch für alle Tiefbauten zu. Soweit es sich im übrigen bei den Pflasterarbeiten um Neuanlagen und größere Reparaturen handelt, werden sie ebenfalls Privatunternehmern übertragen; kleine Ausbesserungen dagegen werden im Regiebetriebe ausgeführt. Das Gleiche gilt für die Kanalisationsarbeiten. In entsprechender Weise werden Ausbesserungen, kleinere Erweiterungen sowie Hausanschlüsse des Gas-, Wasserrohr- und Kabelnetzes durch die Betriebe in Regie ausgeführt; handelt es sich dagegen um Ausführung von größeren Erweiterungen, um Anlage und Verlegung von Hauptrohren und dergleichen, so tritt für die Erdarbeiten Submission ein, hier wie überall aber unter Beibehaltung der Bauleitung durch die städtische Betriebsverwaltung. Die Verlegungsarbeiten selbst werden stets in eigener Regie ausgeführt. Über früher ausgeführte, seit Jahren aber eingestellte Installationsarbeiten bei industriellen Werken vgl. Seite 9, 28 und 48.

Hafen- und Uferbauten werden stets öffentlich ausgeschrieben; die gewöhnliche Unterhaltung erfolgt im Regiebetriebe.

Am weitesten ausgedehnt ist die Regiearbeit bei der Straßenbahnverwaltung, die alle ihre Gleisverlegungen, Wagenreparaturen usw. selbst vornimmt. —

Aus den Bestimmungen über das Verdingungswesen, die für Hoch- und Tiefbauarbeiten gelten, sind die Abschnitte I und V besonders hervorzuheben, da sie die Grundsätze über die Art der Vergebung und die Zuschlagserteilung enthalten.

Hiernach ist

1. die öffentliche Verdingung von Lieferungen und Arbeiten zu städtischen Bauausführungen nach Gewerken getrennt bei Beträgen von über 3000 Mk. an die Regel.
2. Handelt es sich um Lieferungen oder Arbeiten, die einer schnellen Erledigung bedürfen, eigenartig sind, oder eine besondere Fertigkeit verlangen, so kann auch bei Beträgen von über 3000 Mk. beschränkte Verdingung beschlossen werden.
3. Bei Kostenbeträgen bis 3000 Mk. bleibt es dem Ermessen des Oberbürgermeisters bzw. seines Stellvertreters überlassen, beschränkte Verdingung oder freihändige Vergebung anzuordnen.

Die Wahl unter den Bietenden bleibt der Stadt Düsseldorf vorbehalten, sie kann auch den Zuschlag teilweise oder ganz versagen, ohne zur Angabe von Gründen verpflichtet zu sein. Im letzteren Falle wird das schwebende Verfahren eingestellt und ein neues Verdingungsverfahren eingeleitet oder freihändige Vergebung angeordnet.

Für die Erteilung des Zuschlages soll die Zuverlässigkeit, Tüchtigkeit und Leistungsfähigkeit des Unternehmers sowie die Angemessenheit der Preise — nicht unbedingt das niedrigste Angebot — maßgebend sein. Unter mehreren gleich vorteilhaften Angeboten sollen möglichst ortsansässige Bieter und, soweit handwerksmäßige Arbeiten in Frage kommen, möglichst solche Handwerksmeister berücksichtigt werden, die einwandfrei nachweisen, daß sie zur Führung des Meistertitels berechtigt sind. —

Aus dem oben geschilderten Verfahren ergeben sich folgende allgemeine Grundsätze:

Die Stadtgemeinde gibt Arbeiten nur soweit an Privatunternehmer, als diese die Kräfte stellen, der Stadt aber die völlige Leitung verbleibt; infolgedessen bestellt die Stadt für jeden in Betracht kommenden Unternehmer stets allgemein einen Bauleiter.

Reparaturen werden mit Ausnahme der Unterhaltungsarbeiten beim Hochbauamt im Regiebetrieb ausgeführt, weil diese sich auf die verschiedenen Jahreszeiten ziemlich regelmäßig verteilen und so zweifellos billiger hergestellt werden können; insonderheit hat es die Stadtverwaltung bei den Regiearbeiten in ganz anderer Weise in der Hand, die ausgeworfenen Etatsätze einzuhalten.

Derselbe Gesichtspunkt ist bei dem Verfahren der Straßenbahn, der Gas-, Wasser- und Elektrizitätswerke maßgebend. Die Arbeiten dieser Betriebe verlangen zudem ein besonders geschultes Personal, das im Winter leicht in anderen Teilen der Betriebe verwendet werden kann; dagegen findet auch hier Abgabe an Unternehmer statt, wenn es sich um Arbeiten außergewöhnlichen Umfanges handelt, die eine besonders große Zahl von zu aller Zeit in städtischen Betrieben nicht verwendbaren Arbeitskräften erfordern.

Wenn im Winter 1908/09 erstmalig Straßenanschüttungsarbeiten in städtischer Regie ausgeführt worden sind, so bedeutet dies keineswegs eine Durchbrechung dieser Grundsätze, sondern eine Ausnahme, begründet in der Notwendigkeit, zahlreichen Arbeitslosen schnell Gelegenheit zu nützlicher Beschäftigung zu schaffen.

Kleine Reparaturarbeiten an Fahrzeugen, Geschirren und ähnlichen Geräten werden möglichst in eigenen Werkstätten der betreffenden Betriebsverwaltungen ausgeführt: so beim städtischen Fuhrpark, den industriellen Werken und namentlich bei der Feuerwehr; der Werkstättenbetrieb der letzteren übernimmt auch für andere städtische Betriebe, namentlich für Schulen usw., Reparaturen und kleine Arbeiten, die im Rechnungsjahre 1907 eine Einnahme von insgesamt 17 402 Mk. gebracht haben.

Innerhalb der Städtischen Allgemeinen Krankenanstalten schließlich arbeitet für den Hausbedarf ein eigener Bäckerei- und Fleischereibetrieb: in jedem von diesen ist 1 Meister mit 2 Gesellen ständig tätig. Die vorstehend geschilderten Vornahmen und Grundsätze haben sich bislang durchaus bewährt.

Schlußwort.

In seinem bekannten Buche „Industrial Efficiency" ruft Shadwell nach einer Betrachtung der wirtschaftlichen Tätigkeit der Stadtgemeinde Düsseldorf aus: „Düsseldorf has no timidy about municipal enterprise". Die Darstellung der vorstehenden Seiten erweist die Richtigkeit dieses Ausspruches. Wenn die Geschäfte der Stadtverwaltung noch vor fünfzig Jahren (1851) durch einen Bürgermeister, einen Beigeordneten und kaum 50 Beamte erledigt werden konnten, heute dagegen rund 4800 Personen im unmittelbaren Dienste und Solde der Gemeindeverwaltung stehen, so ist dies nicht zum mindesten auf die starke Ausdehnung der kommunalen Aufgaben, wie sie ihren prägnantesten Ausdruck in der Vermehrung und Vergrößerung der Gemeindebetriebe findet, zurückzuführen; und nicht minder zum guten Teile hierauf die gewaltige Steigerung der Gemeindeeinnahmen und -Ausgaben, deren Etats im Jahre 1851 mit 484 200 Mk., 1908 dagegen mit 103 514 973 Mk. balanzierten.

Die Gemeinde ist im Laufe der Zeit der bei weitem größte Arbeitgeber in der Stadt geworden.

Nach dem Ergebnis der letzten Berufs- und Betriebszählung vom 12. Juni 1907 betrug die Gesamtzahl aller in Düsseldorfer Handels- und Gewerbebetrieben beschäftigten Personen 95 902; Tabelle 17 zeigt, daß die Gewerbebetriebe der Stadt allein, abgesehen noch von den in der Allgemeinen Verwaltung dafür tätigen Personen (Dezernenten, Bureau- und Kassenbeamte) 3131 Personen, d. h. 3,27 % aller in Düsseldorf Gewerbetätigen beschäftigten. Auf je 1000 Einwohner entfallen 11,2 in städtischen Betrieben beschäftigte Personen; in München dagegen, dem die erste Monographie dieser Sammlung gewidmet war, beträgt diese Quote nur 6,31 %.

Noch klarer tritt die allgemeine wirtschaftliche Bedeutung der Gemeindebetriebe hervor, wenn die in ihnen tätige motorische Kraft derjenigen des gesamten Gewerbes in Düsseldorf (einschließlich der städtischen Betriebe) gegenübergestellt wird. Letzteres, dessen Gewicht und mächtiges Emporblühen genugsam bekannt ist, arbeitete 1907 in regelmäßigem Be-

Tabelle 17. Personal der Düsseldorfer Gemeindebetriebe.

Im Dezember 1908 waren, von den Beamten der allgemeinen Verwaltung abgesehen, im vorbezeichneten Gemeindebetriebe tätig	Beamte		Angestellte	Arbeiter	Insgesamt
	technische	nicht technische			
I. 1. Gaswerk Düsseldorf	2	2	61	492	557
Gerresheim	1	1	2	9	13
2. Wasserwerk ausschl. Badeanstalten	1	—	47	146	194
3. Elektrizitätswerk	2	—	53	121	176
II. 1. Straßenbahnen	2	—	37	902	941
2. Hafen	3	38	11	194	246
3. Tonhalle mit Weingeschäft	2	2	3	14	21
4. Stadtwagen		verpachtet			—
5. Eichamt	3	—	—	—	3
6. Marktverwaltung		wie bei IV 1			—
III. 1. Leihanstalt	2	5	4	3	14
2. Sparkasse Alterssparkasse Sammelkasse	—	22	7	1	30
3. Hypothekenverwaltung IV. 1. Grundstücksfonds 2. Arbeiterwohnungen V. Fonds zur Beteiligung an gewerblichen Unternehmungen	Die Geschäfte werden durch Beamte der Allgemeinen Verwaltung wahrgenommen				
VI. 1. Kanalisation	6	—	2	91	99
2. Straßenreinigung und Fuhrpark	12	—	3	301	316
3. Badeanstalten	1	—	22	53	76
4. Schlachthof 5. Viehhof	6	12	45	62	125
6. Tierkörpervernichtungsanstalt	—	—	1	3	4
7. Nahrungsmitteluntersuchungsanstalt	1	—	—	—	1[1]
8. Desinfektionsanstalt	—	—	7	—	7
9. Friedhof- und Begräbniswesen	5	—	6	92	103
VII. 1. Gartenamt einschl. Stadtwald	9	—	4	180	193
2. Druckerei	—	—	—	12	12
Insgesamt	58	82	315	2676	3131

triebe mit einer motorischen Kraftleistung von 22 019 K. W. und 96 161 P. S., davon entfallen allein auf die städtischen Betriebe 5375 K. W. und 14 536 P. S. Kraft; d. h. bei Umrechnung der Kilowatt in P. S. zusammen 17,4 % aller im Düsseldorfer Gewerbe verwendeten motorischen Kraft[2].

Noch in der Mitte der sechziger Jahre war die Stadt Düsseldorf bis auf geringfügige Hafenanlagen und das altübernommene Schlachthaus sowie

[1] Außerdem 4 technische Hilfskräfte, die im Privatvertragsverhältnis mit dem Leiter stehen.

[2] Mitteilungen zur Statistik der Stadt Düsseldorf, Nr. 3, Most, Industrie und Handelsgewerbe in Düsseldorf am 12. Juni 1907, S. 41*, S. 20.

von Leihhaus und Sparkasse abgesehen ohne Gemeindebetriebe; heute machen diese das Rückgrat der städtischen Vermögens- und Finanzgebarung aus.

Von dem gesamten Vermögen der Stadt am 31. März 1908 entfielen, wie aus Tabelle 18 ersichtlich, auf die Gemeindebetriebe ohne die öffentlichen Anlagen 122 142 394 Mk., gleich 82 %, einschließlich der öffentlichen Anlagen 125 499 613 Mk., gleich 84,2 % der Gesamtsumme. Entsprechend ist der Anteil der Gewerbebetriebe an den städtischen Anleiheschulden; Düsseldorf ist diejenige preußische und wohl auch deutsche Stadt, welche von ihren Anleiheschulden den größten Prozentsatz lediglich für produktive Zwecke zur wirtschaftlichen Anlage in ihren Gemeindebetrieben aufgenommen hat[1]. Bis zum 31. März 1908 waren aus Anleihemitteln insgesamt 102 069 979 Mk. verausgabt worden; davon entfallen allein auf die in Tab. 18 nachgewiesenen Unternehmungen (ohne Straßenreinigung und Fuhrpark, Desinfektionsanstalt, öffentliche Anlagen und einige Kleinbetriebe) 88 858 331 Mk., gleich 87,1 %.

Tabelle 19 zeigt weiter, welchen erheblichen und ständig wachsenden Anteil die Gemeindebetriebe an den Einnahmen und Ausgaben der Stadtgemeinde haben; er ist fast ebenso groß wie bei der Anleihenverwendung und wächst zwar langsam, aber sicher. Von den Bruttoausgaben aller städtischer Kassen entfielen auf die Gemeindebetriebe 1898 74,9 % und 1908 77,6 %; von den Bruttoeinnahmen 1898 74,2 % und 1908 76,7 %.

Absolut genommen, ist die Summe der Brutto-Einnahmen und Ausgaben der Gemeindebetriebe in nur zehn Jahren von 23 Millionen Mark auf mehr als das dreifache, nämlich auf über 73 Millionen Mark gestiegen.

In derselben Tabelle 19 wird für die einzelnen Gemeindebetriebe die Höhe der Gewinnabführungen an die Stadtkasse und der Zuschüsse aus dieser in den Jahren 1898 und 1908 dargestellt; sie ergibt eine starke Zunahme der Gewinnabführungen wie der Zuschüsse, läßt aber im übrigen erkennen, daß die Gewinnabführungen sich nur auf ganz bestimmte Unternehmungen ausgesprochen industrieller Art konzentrieren und die übrigen Betriebe auch heute noch keineswegs allzustark mit Abführungen für andere Zwecke belastet sind.

Nach Tabelle 19 wie nach den vorausgegangenen Einzelabhandlungen scheiden sich die Gemeindebetriebe in vier Gruppen:

---

[1] Vergl. Beilage zu den Statistischen Monatsberichten der Stadt Düsseldorf. September 1908, S. XLVI.

Tabelle 18. Schulden und Vermögen der wichtigsten Gemeindebetriebe zu Düsseldorf.

	Anleiheschulden am 31. März 1908 Mk.	Vermögen am 31. März 1908 Bewertungsmaßstab	Vermögen am 31. März 1908 Mk.
I. 1. Gaswerk Düsseldorf .	2 903 943	Anlagekapital	14 925 243
Gerresheim.	—	"	950 738
2. Wasserwerk.	—[1]	"	8 523 554
3. Elektrizitätswerk . .	5 368 121	"	11 694 749
II. 1. Straßenbahnen . . .	5 757 376	"	10 004 519
2. Hafen	16 642 814	Aus Anleihen verausgabte Beträge	16 642 814
3. Tonhalle.	1 201 801	Anlagekapital	1 836 000
III. 3. Hypothekenverwaltung	18 435 168	Hypothekendarlehen u. Zinsrückstände	18 624 892
IV. 1. Grundstücksfonds . .	17 069 985	Buchwert der Grundstücke und Aktivhypotheken[2] . .	22 434 661
2. Arbeiterwohnhäuser .	1 012 714	Anlagekapital	1 235 465
V. Fonds zur Beteiligung an gewerblichen Unternehmungen.	8 267 480	Nennwert der Wertpapiere[3]	5 361 000
VI. 1. Kanalisation	6 356 100	Aus Anleihen verausgabte Beträge für die Hauptsammelkanäle u. die Kanalwasserreinigungsanlage[4]	1 799 418
3. Badeanstalten . . .	462 000[1]	Anlagekapital	1 321 592
4. Schlachthof	2 910 499	Aus Anleihen verausgabte Beträge	4 084 845
5. Viehhof	609 788		
6. Tierkörper-Vernichtungsanstalt .	130 314		
9. Friedhofs- und Begräbnisverwaltung .	1 730 228	Anlagekapital	2 702 904
Insgesamt	88 858 331	Insgesamt	122 142 394
Sämtliche städtische Anleiheschulden am 31. März 1908 (nach den verausgabten Beträgen) . . .	102 069 974	Städtisches Vermögen (ohne die zwar begebenen, aber noch nicht verausgabten Anleihebeträge)[4]	148 940 488
Auf obige Gemeindebetriebe entfallen . . . . . . %	87,1	Auf obige Gemeindebetriebe entfallen . . . . . . %	82,0

[1] Die für die Errichtung der Badeanstalten aufgenommenen Anleihebeträge werden vom Wasserwerk getilgt und verzinst.

[2] Die in der Spalte „Anleiheschulden" nicht nachgewiesenen Passivhypotheken betrugen am 31. März 1908: 2 657 636 Mk.

[3] Nach dem Beschaffungspreis: 8 204 015 Mk.

[4] Ohne die sonstigen Stadtentwässerungskanäle.

Tabelle 19. Einnahmen, Ausgaben, Gewinnabführungen und Stadtkassenzuschüsse der Gemeindebetriebe 1898 und 1908.

	Bruttoausgaben 1898 Mk.	Bruttoausgaben 1908 Mk.	Bruttoeinnahmen 1898 Mk.	Bruttoeinnahmen 1908 Mk.	Gewinnabführung an die Stadtkasse 1898 Mk.	Gewinnabführung an die Stadtkasse 1908 Mk.	Zuschuß aus der Stadtkasse 1898 Mk.	Zuschuß aus der Stadtkasse 1908 Mk.
I. 1. Gaswerk Düsseldorf* .	2 150 000	5 100 000	2 150 000	5 100 000	200 000	680 000	—	—
„ Gerresheim* .	—	144 000	—	140 000				
2. Wasserwerk einschließlich Badeanstalten* . . .	926 000	1 991 000	926 000	1 991 000	—	400 000	—	—
3. Elektrizitätswerk* . . .	482 000	2 352 000	482 000	2 352 000	—	200 000	—	—
II. 1. Straßenbahnen* . . .	240 800	3 800 000	240 800	3 800 000	—	—	—	—
2. Hafen*	695 000	1 566 590	695 000	1 566 590	—	—	—	300 000
3. Tonhalle mit Weingeschäft*	358 650	523 500	358 650	523 500	—	—	31 750	33 500
4. Stadtwagen	50	14	286	100	233	86	—	—
5. Eichamt	3 150	2 800	11 000	11 500	—	7 700	350	—
6. Marktverwaltung . . .	600	2 400	39 900	62 100	39 300	59 700	—	—
III. 1. Leihanstalt*	518 200	1 107 000	518 200	1 107 000	3 000	—	—	—
2. Sparkasse einschließlich Reservefonds* . . .	16 577 000	39 801 000	16 577 000	39 801 000	111 690	105 322	—	—
Alterssparkasse* . . .	21 450	17 000	21 450	17 000				
Sammelkasse*	223 500	299 500	223 500	299 500				
3. Hypothekenverwaltung*	—	4 875 000	—	4 875 000	—	17 500	—	—
IV. 1. Grundstücksfonds* . .	—	4 850 000	—	4 850 000	—	—	—	—
2. Arbeiterwohnungen . .	—	55 096	—	63 536	—	8 440	—	—
V. Fonds zur Beteiligung an gewerblichen Unternehmungen*	—	3 668 000	—	3 668 000	—	—	—	—

VI. 1. Kanalisation *	572 275[1]	1 666 000	562 000[1]	1 666 000		—	—	—	—
2. Straßenreinigung und Fuhrpark.	239 500	670 900	63 200	158 900		—	—	176 300	412 000
3. Badeanstalten.	vergl. oben I, 2.								
4. Schlachthof *	170 700	647 000	170 700	647 000		22 774	102 677	—	—
5. Viehhof *.	2 500[2]	93 000	5 000[2]	93 000		2 500	—	—	—
6. Tierkörpervernichtungsanstalt	—	31 000	—	19 000		—	—	—	12 000
7. Nahrungsmitteluntersuchungsanstalt . . .	—	13 200	—	9 000		—	—	—	4 200
8. Desinfektionsanstalt[3] .	—	10 500	—	25 350		—	—	—	14 850
9. Friedhofs- und Begräbniswesen *	99 200	314 500	99 200	314 500		—	—	—	—
VII. 1. Gartenamt (einschließlich Stadtwald)	91 100	243 500	26 000	57 900		—	—	65 100	185 600
2. Druckerei	—	34 000	.	22 000[4]		.[4]	.[4]	.[4]	.[4]
Insgesamt	23 371 675	73 878 500	23 169 886	73 240 476	Insgesamt	379 497	1 581 425	273 500	962 150
Summe aller städtischen Kassen[5]	**31 214 614**	**95 214 973**	**31 214 614**	**95 214 973**	Summe der ordentlichen Einnahmen bzw. Ausgaben der Stadtkasse Mk	**8 623 000**	**22 323 000**	**8 623 000**	**22 323 000**
Auf die Gemeindebetriebe entfallen davon . . . . . . %	74,9	77,6	74,2	76,9	Auf die Gemeindebetriebe entfallen davon . . %	4,4	7,1	3,2	4,3

* Die mit * bezeichneten Betriebszweige sind selbständige Kassen, deren Einnahmen und Ausgaben sich im Etat rechnerisch ausgleichen, sodaß in den Ausgaben die Abführungen der Stadtkasse, in den Einnahmen die Zuschüsse der Stadtkasse mit enthalten sind.

[1] 1898 noch im Tiefbauetat enthalten. [2] 1898 Viehmarkt enthalten im Etat der Vermögensverwaltung.

[3] Einschließlich Einnahmen und Ausgaben für Krankentransportwesen.

[4] Von den außerhalb der allgemeinen Verwaltung stehenden Verwaltungszweigen für in der Rathausdruckerei gefertigte Arbeiten. Da die Drucksachen für die allgemeine Verwaltung nicht berechnet werden, ist ein Ansatz für Überschuß oder Zuschuß nicht angängig.

[5] Ohne den außerordentlichen Etat der Anleihekasse.

Als Überschußbetriebe, die grundsätzlich der Stadtkasse Abführungen zu leisten haben, sind heute anzusehen Gaswerk, Wasserwerk und Elektrizitätswerk; ferner in durch das Gesetz beschränkter Weise Sparkasse und Schlachthof, sowie im kleineren Umfange die Markt- und Hypothekenverwaltung.

Als grundsätzliche Zuschußbetriebe haben zu gelten Tonhalle, Straßenreinigung und Fuhrpark, Tierkörpervernichtungsanstalt, Nahrungsmitteluntersuchungsanstalt, Desinfektionsanstalt, Garten- und Stadtwaldverwaltung; auch Kanalisation und Badeanstalten, die zwar nicht von der Stadtkasse, sondern vom Wasserwerk jährlich Beträge zum Ausgleich des Betriebsdefizits erhalten.

Grundsätzlich weder Gewinn an die Stadtkasse abführen noch von dieser Zuschuß erhalten Straßenbahn, Grundstücksfonds, Beteiligungsfonds und Friedhofs- und Begräbnisverwaltung.

Weder als Überschuß- noch als Zuschußbetrieb seinem inneren Wesen nach hat namentlich der Hafen zu gelten, sowie die kleineren Betriebe, Stadtwagen und Eichamt, für die je nach Lage der Dinge Abführungen oder Zuschüsse etatisiert werden, sowie der Viehhof, der zwar im Etat in Einnahme und Ausgabe für sich abschließt, einen über den Etatansatz hinausgehenden Gewinn aber der Stadtkasse abzuführen hat.

Die Gewinnabführungen der Gemeindebetriebe an die Stadtkasse sind als sachlich und durch die Bestimmungen des Kommunalabgabengesetzes (§ 3 ff.) berechtigte Risikoprämien anzusehen; in keinem Falle aber hat, wie ebenfalls aus den einzelnen Darlegungen zur Genüge hervorgeht, die Aussicht auf den finanziellen Effekt den maßgebenden Grund zur Errichtung kommunaler Betriebe abgegeben; und ebensowenig hat anderseits die Furcht vor etwa erforderlichen Zuschüssen die Errichtung oder Kommunalisierung jemals hintenangehalten, wenn höhere Rücksichten das Eingreifen der Stadtgemeinde forderten.

In Tabelle 20 sind schließlich noch die für die Entwicklung der Stadt als gewerbliche Unternehmerin wichtigsten historischen Daten zusammengestellt worden; sie lassen nochmals und auf einen Blick erkennen, wie erst langsam und dann in schnellerer Reihenfolge sich ein Kommunalbetrieb an den anderen zum Kranze gereiht hat, der heute fast lückenlos alle Unternehmungszweige umfaßt, die nach der gegenwärtigen Lage der Dinge für den gemeindlichen Regiebetrieb in Frage kommen.

Die Überzeugung von seiner Bedeutung und Berechtigung hat sich auch in Düsseldorf erst allmählich, aber mit seltener Durchschlagskraft Bahn

Tabelle 20. Chronik der wichtigsten Ereignisse in der Geschichte der Düsseldorfer Gemeindebetriebe.

Nr.	Jahr		Abschnitt, in dem das betr. Ereignis behandelt wird
1.	1825	Neubegründung der städtischen Leihanstalt, die schon vordem als Mont de Piété bestanden hatte	III, 1.
2.	1825	Eröffnung der städtischen Sparkasse.	III, 2.
3.	1846	Beginn der öffentlichen Gasbeleuchtung durch konzessioniertes Privatunternehmen	I, 1.
4.	1863	Erwerb eines Grundstücks mit Baulichkeiten für die städtische Tonhalle.	II, 3.
5.	1866	Betriebseröffnung der städtischen Gasanstalt	I, 1.
6.	1870	Errichtung des städtischen Eichamts	II, 5.
7.	1870	Betriebseröffnung des städtischen Wasserwerks	I, 2.
8.	1876	Errichtung eines städtischen Schlachthauses mit Viehmarkthalle	VI, 4.
9.	1876	Betriebseröffnung der privaten Straßenbahn	II, 1.
10.	1884	Beginn der systematischen Kanalisation.	VI, 1.
11.	1888	Eröffnung der ersten städtischen Badeanstalt	VI, 2.
12.	1890	Errichtung der städtischen Nahrungsmitteluntersuchungsanstalt	VI, 6.
13.	1890	Inbetriebsetzung der neuen Gasanstalt.	I, 1.
14.	1891	Betriebseröffnung des städtischen Elektrizitätswerks	I, 3.
15.	1891	Ankauf der Straßenbahn und deren Verpachtung an Unternehmer	II, 1.
16.	1896	Inbetriebsetzung des neuen Rheinhafens.	II, 2.
17.	1899	Eröffnung des neuen Schlacht- und Viehhofes . . .	VI, 4.
18.	1899	Betriebseröffnung der städtischen Tierkörpervernichtungsanstalt (bis dahin Privatabdeckerei)	VI, 5.
19.	1900	Errichtung des städtischen Hypothekenamts	III, 3.
20.	1900	Übernahme des elektrischen Straßenbahnbetriebs in städtische Regie	II, 1.
21.	*1900/01*	*Bau städtischer Arbeiterwohnhäuser. . . . .*	IV, 2.
22.	1901	Errichtung des städtischen Grundstücksfonds.	IV, 1.
23.	1901	Betriebseröffnung der städtischen Desinfektionsanstalt (bis dahin Privatunternehmen)	VI, 7.
24.	1903	Betriebseröffnung der städtischen Druckerei	VII, 2.
25.	1907	Errichtung des Fonds für Beteiligungen der Stadt Düsseldorf an gewerblichen Unternehmungen	V.

gebrochen. In der Frage der Gasversorgung zunächst noch schwankend und unsicher, in den Erörterungen über die Errichtungen des Wasserwerks bereits bestimmt, wenn auch sachlich begrenzt zum Ausdruck gebracht, noch bei den Beratungen über die Zukunft der Straßenbahn zu Beginn der neunziger Jahre nicht durchaus geklärt, ist diese Überzeugung heute ein Glaubensbekenntnis der Düsseldorfer Kommunalpolitik. Ihre Begründung wie ihre Begrenzung findet sie allein in der Rücksicht auf das Allgemeinwohl.

Neue Bahnen für eine noch weiter ausgreifende Betätigung des kommunalen Unternehmungsgeistes hat der Erwerb von Aktien zweier Industriegesellschaften (S. 67 und 123) gewiesen. Ihre Richtung und ihren nneren Sinn hat der derzeitige Oberbürgermeister, Wilhelm Marx, selbst in aller Prägnanz gekennzeichnet, als er in der Sondernummer der Königsberger Hartungschen Zeitung zur Jahrhundertfeier der Preußischen Städteordnung am 15. August 1908 schrieb:

„Die wirtschaftliche Betätigung der Städte beruht auf der Freiheit, welche in der von Steinschen Gesetzgebung begründet ist. Zögernd nur gelangten zuerst Unternehmungen, welche auf ein Monopol hinweisen, zum gemeindlichen Betriebe. Heute gibt es in der wirtschaftlichen Betätigung der Städte ein noli me tangere nicht mehr. Die sichtbaren Vorteile dieser Betätigung haben das kommunalwirtschaftliche Bewußtsein so gestärkt, daß alles danach drängt, die in Handel und Industrie herrschenden freiheitlichen Gebräuche und Formen anzuwenden. Die weitere Entwicklung wird dahin führen, daß die Städte weit mehr wie bisher sich an wirtschaftlichen Unternehmungen in handelsrechtlicher Gesellschaftsform (Aktiengesellschaft, Kommanditgesellschaft, Gesellschaft mit beschränkter Haftung usw.) beteiligen, wo es nützlich erscheint, ihren rein gemeindlichen Unternehmungen derartige Formen geben und sich zu wirtschaftichen Vereinigungen zusammenschließen, wie dies heute z. B. bereits in der Vereinigung deutscher Gaswerke, Aktiengesellschaft' der Fall ist. Nur chlechte Gesetze, die Gott verhüten wolle, können diese Entwicklung hemmen."

FSC
www.fsc.org
MIX
Papier | Fördert
gute Waldnutzung
FSC® C083411

Kolibri 360 GmbH
Ferdinand-Jühlke-Straße 7
99095 Erfurt, Deutschland
produktsicherheit@kolibri360.de

Druck:
CPI Druckdienstleistungen GmbH
im Auftrag der
Kolibri 360 GmbH
Ferdinand-Jühlke-Str. 7
99095 Erfurt